北洋大学及其章程考证研究

王杰 张世轶◎编著

创于1897
商务印书馆
The Commercial Press

序

　　1894 年，甲午战争"唤起吾国四千年之大梦"，成为"中国近代民族觉醒的新起点"，朝野上下痛定思痛，认识到"自强首在储才，储才必先兴学"。清政府迅疾着手创办中国第一所现代性质的大学，1895 年 10 月 2 日，光绪皇帝朱批建立北洋大学堂，由此，我国第一所具有现代性质的大学建立。

　　紧随其后，1898 年 7 月，光绪皇帝批准设立京师大学堂，1901 年山东巡抚袁世凯奏办山东大学堂，1902 年以后各省陆续建立大学堂。1904 年清政府《奏定学堂章程》公布，省立大学堂一律改为省立高等学堂，作为大学堂的预备学堂，而大学堂则仅存北洋大学堂、京师大学堂和山西大学堂三所，民国《第一次中国教育年鉴》记载了以上史实。1899 年北洋大学堂培养的首批本科生毕业，这是中国自己培养的第一批本科毕业生，从此中国有了自己培养的、掌握现代科技知识和文化的高级技术人才。法科学生王宠惠获得钦字第一号毕业文凭。截止到 1920 年，中国的大学中仅有北洋大学培育出十数届本科毕业生，并资送多批本科生赴欧、美、日留学。

　　北洋大学是由中国政府自己建立的第一所现代性质的大学。北洋大学创办事先拟定办学章程，上报光绪皇帝批准，而后建立学堂，我们将这种开办方式称为"立章办学"，即先有典章制度再建大学。这与西方大学的注册制截然不同。北洋大学堂的创建章程是中国大学的第一个章程，包含办学思想、办学模式、办学规模、办学经费、人员聘请等等。章程分为头等学堂章程（包括头等学堂功课、经费）和二等学堂章程（包括二等学堂功课、经费）两部分，还包括了出国留学等内容。盛宣怀精心草拟此章程的初衷就是"为后起者规式"。北洋大学的建立开中国近代高等教育之先河，是清末我国教育变革的标志性事件，对它的解读和认识，不仅是对于一所学校的认识，也不仅是对于中国高等教育乃至整体教育的认识，更是对于中国近代社会变革的认识，对于中国社会和高等教育演进规律的认识，对于中国文化变革的认识。研究北洋大学及其办学章程，有利于更好地了解历史，前瞻未来。

　　对于北洋大学章程的研究，进行抽丝剥茧式的问题梳理和探究，中国第一所现代性质的大学为何诞生于甲午战后？他的诞生标志了中国社会怎样的变化？自洋务运动以来的西学东渐是怎样的状况？为何中国人要自己建立大学？北洋大学的诞生对于中国高等教育产生何种影响？对于世界高等教育作出怎样的贡献？北洋大学创办章程反映了中国大学怎样的精神追求和文化特色？等等。

　　北洋大学堂章程传承了中华优秀传统文化的特色，融合了世界先进的教育模式，体现了实事求是的精神。章程确定的"兴学强国"精神和家国情怀的"立德树人"，成为中国大学的共识和使命，并且被誉为"世界大学的第三种办学模式"；"日新又新"的卓越追求引领和不断创新中国高等教育的新路径。因此，中国的大学坚定道路自信、文化自信必须追本溯源，从了解和研究中国现代大学的起源北洋大学开始。

　　新时代中国的大学承担着"育新人、兴文化"，"推动中华优秀传统文化创造性转化"的新使命，天津大学大学文化与校史研究所在上海图书馆历史文献中心的支持下，本着"不忘本来、吸收外来、面向未来"的宗旨，编纂《北洋大学及其章程考证研究》一书，希望对当今我国高等教育的"双一流建设"有所启发，期待中国的大学进一步弘扬"兴学强国"精神，为中华民族的伟大复兴作出新的贡献。

　　2025年适逢天津大学130周年校庆，谨以此书表示祝贺。

编者
2024年1月1日

目　录

综　述

目前，中国的大学正在进行着"中国特色、世界一流"的质量变革。正如习近平同志在比利时布鲁日欧洲学院演讲时指出的道理："只有了解一个国家从哪里来，才能弄懂这个国家今天怎么会是这样而不是那样，也才能搞清楚这个国家会到哪里去和不会到哪里去。"今天中国提出建设"中国特色、世界一流"大学的发展目标，提高办学质量，教育部提出"质量文化中国"的口号。实际上，我国已经对焦"中国特色、世界一流"了一百多年，经过一百多年的学习、借鉴、融合、追赶，逐步缩短了与世界一流大学的办学差距，才有了今天建设世界一流大学的底气。因此，了解中国现代大学的历史起源和文化形成，对于今天的大学改革具有"不忘本来、面向未来"的重要借鉴意义。

中国第一所现代大学创立于天津。1895 年 9 月 19 日，中国第一个大学章程起草、完成于天津，是月 30 日由直隶总督王文韶奏折呈报清军机处，光绪皇帝于 10 月 2 日朱批御准，由此，中国人自己创立的第一所现代大学——北洋大学堂诞生。

北洋大学堂的建立开启了中国自己建立现代大学的先例，也开启了中国现代大学文化的先河。它在办学模式、教育教学和制度规范上仿照当时世界一流大学的蓝本，进行严格的精英教育，培育出高质量的掌握现代文化知识和科学技术的人才，这些人才少而精，成材率高，几乎成为中国不同领域现代科学和文化的领军人物和学科奠基者。同时，在精神追求、文化底蕴、办学目的方面却有着强烈的中国传统文化的基础，表现出"立德树人"的教育特色。北洋大学堂的创建可以看作是中国的大学关于"中国特色、世界一流"的开端性尝试。

一

为什么中国第一所现代大学诞生于甲午战争以后，而不是之前？这反映了中国社会在打开国门之后对于世界的认识逐步深刻，也证明大学的诞生与社会变革有着密切的关系，是社会发展到一定阶段的产物。

中国的现代大学诞生于甲午战争以后，是我国有识之士自第一次鸦片战争以来对于西方教育的一次"刻骨铭心"的认识，是笼罩在战争危机下的中国摆脱"国如危卵"的局面，迅速走向现代化的急迫需求。

中国现代高等教育是指与西方现代高等教育的形式与内涵相一致的中国高等教育。近代大学滥觞于欧洲，有由古希腊、古罗马哲学学校演进而来的大学，它的文化基础是哲学；有由英国、俄国的教会学校演进而来的大学，它的文化基础是宗教；有工业革命后建立的新大学，它的文化基础是科学技术。而中国近代大学则不同，它是"后发移植型"（潘懋元先生语），是向西方现代大学学习的产物，是中国社会发展需要的产物，是在民族危难情况下"兴学强国"的产物，它的文化基础是家国情怀。

中国在清末由开办西学到建立西式大学有一个逐步发展的过程。1840 年第一次鸦片战争爆发，中国被迫签订了不平等的中英《南京条约》，随后西方的教会开始在中国的土地上建立西学学校。这些学校仅供外国人使用，包括一些教会大学，他们的注册地都在国外。此时，中国没有自己建立的西学学校，还没有认识到西方现代教育的重要性。1860 年第二次鸦片战争以后，随着一系列不平等条约的签订，外国教会在中国传教、办学规模迅速扩大，在此之前，清政府对于西学还是持一种排外的态度，并没有想自己建立西学学堂，而是进行传统书院的实学改革。

第一次鸦片战争经过 20 年，随着中西贸易的增长，外交事务的增加，军事压力的增大，1861 年清政府设立总理各国事务衙门，用以处理与西方列强的外交事务。随后，以军事近代化和工商实业近代化为主要内容的"洋务运动"开始。1865 年到 1890 年，洋务派在全国建立的军事工业共有 20 多个局厂，其中规模较大的有江南制造局、金陵机器局、福州船政局、天津机器局和湖北枪炮局等。配合外交、贸易和军事的需要，洋务运动建立了"西文""西艺"和军事类新式学堂。

首先建立的是培养翻译人才的"西文"学堂。1862 年恭亲王奕䜣向清政府上《奏设同文馆折》，7 月京师同文馆正式开学。这是洋务派创办的第一所西式学堂，随后 1863 年建立上海广方言馆、1864 年建立广州同文馆等等。这些语言学堂在中国近代教育史上被统称为教授"西文"的学堂。1876 年建立福州电报学堂，1879 年建立天津电报学堂，统称为"西艺"学堂。建立的军事学堂有 15 所左右，如 1866 年建立的福州船政学堂、1874 年建立的上海江南制造局操炮学堂、1880 年建立的天津水师学堂、

1885 年建立的天津武备学堂等。"西文""西艺"和军事学堂以培养实用技术为主，相当于中等专业学校。

这些学堂的建立是中国近代教育的宝贵探索，也为中国创建现代性质的高等教育打下了基础。这些学校的建立对于中国教育的贡献至少有三点：第一点，得到了开办西学的通行证。1860 年之前，中国政府没有批准过中国人开办西式学堂，1860 年以后，中国政府开始批准中国人自己建立西学学堂，西式教育才得以在中国落地。即便是在"中体西用"的原则制约下，由此带来的西学规模的扩大和办学层次的提升也成为可能。第二点，培养了具有新文化、新知识的学生，为中国现代性质高等教育的建立准备了生源。第三点，各类学堂的探索为高等教育的建立积累了经验。如福州船政学堂的教学模式分为基础课和专业课，培养模式分为理论课和实践课，明显是引进了西方的教学模式和培养模式。北洋水师学堂开设驾驶和轮管两科，引进了西方学科设置和分科培养的模式。天津武备学堂课程内容包括了学科和术科两方面，反映了西方教育"重学轻术"和"重术轻学"两种主流的教育思想。这些学堂的办学实践是对西学模式的借鉴，也是探索西式教育的中国本土化之路的过程。

西学在中国登陆和落地的过程，反映了中国的知识阶层和国家管理者对于西方文化的认知过程。第一次鸦片战争前后，对于西方文化有了器物层面的表象认识。如曾国藩就提出了"师夷之智"的主张，魏源提出"师夷长技以制夷"的主张。冯桂芬在《校邠庐抗议·采西学议》中说："以中国之伦常名教为原本，辅以诸国富强之术。"王韬指出："器则取诸西国，道则备自当躬。"此时他们的认识仅局限在西方器物（物质文化）层面。曾国藩认为"洋人论势不论理，彼以兵势相压"，"以船炮称雄海上"，"恃有长技耳"。其长技"一在战舰之精也，一在机器之利也"，提出"师夷智以造炮制船"的主张。曾国藩的这一认识，在清末朝野很具有代表性。

到了第二次鸦片战争以后，中国对于西方列强已经有了切肤之痛的认识，由被动地拒绝西学转而主动地开办西学，这反映出中国的知识阶层和国家管理者对于西学有了工具性的认识，这才出现了 1860 年以后中国人自己开办"西文""西艺"和军事、商务等各类西学的第一次高潮，而此时中国人自己开办的西学都仅具有实用性，尚缺少对于西学中知识和科技系统性的了解和认识，因此，也没有认识到学习西方教育和人才培养方式的重要性。

1894 年，中国甲午战败，同时也宣告了洋务运动的失败，但是洋务运动并没有迅速终止。中国在甲午战争中的失败和屈辱的《马关条约》的签订"唤起吾国四千年之大梦"，是"中国近代民族觉醒的新起点"。光绪皇帝随即发出《强国诏》，"当此创巨痛深之日"，"图自强而弭祸患"，面向朝野征求"自强""求治"之策。这种"创巨痛深"的深刻教训引发了清末有识之士的深入思考，1895年5月，维新派代表康有为等人"公车上书"，主张改良政体，"废科举，兴学校"，批判"中学"，提倡"西学"。洋务派也在反思洋务运动的失败，长期从事洋务运动的盛宣怀指出："日本维新未久，观其来者亦往往接武西士。中国遣使交邻，时逾廿载，同文之馆培植不为不殷，随使之员阅历不为不广，然犹不免有乏才之叹者。何欤？孔孟义理之学未植其本，中外政法之故未通其大，虽娴熟其语言文字，仅同于小道，可观而不足以致远也。"也就是说洋务运动以来所办"同文之馆"类的教育，"仅同于小道，可观而不足以致远"，那么什么教育是"足以致远"的大道呢？就是他在建立北洋大学堂章程中提到的能够开拓"自强之道"，不仅能"娴熟其语言文字"，而且能培养律例、工程、矿冶、机械等高级专门人才的"外国所谓大学堂也"。

盛宣怀的认识代表了中国的有识之士经过三次战争的洗礼，对西方文化认识的不断深化，从认识表象的器物优势深入到认识教育和人才优势。从京师同文馆的建立到北洋大学堂的建立，随着全球化浪潮对于中国社会一浪高过一浪的冲击，高等教育的诞生正是救亡图存的举措。中国自己开办西式大学，反映出国人对于西方认识的逐步深刻，这是一个中国教育主动融入世界的过程，是中国教育的历史性转折点。

二

北洋大学堂的建立，反映出中国教育主动融入世界的过程，在许多方面开中国高等教育之先河，"为后起者规式"，同时反映出植根于中国环境和传统文化土壤中生长起来的中国高等教育的自身特点。如北洋大学堂章程中所反映的：先立章程，后建大学的程式；兴学强国的办学目标和爱国奉献的大学精神；严谨治学，立德树人、培养智识人才的精英教育模式；实事求是，参照世界一流大学建设的办学目标和追赶态势；学科设置与人才培养，服务于国家和社会需求的方针；等等。北洋大学堂明显吸收了世界领先的大学教育经验，又具有鲜明的中国特色。

先立章程，后建大学。盛宣怀草拟的创建北洋大学堂的章程中规定了开办大学的目的、办学模式、课程设置和经费来源等内容，中国的大学建设是一个"照章办事"的过程。

　　中国近代大学起源于制度文化，无论是建立于 1895 年的北洋大学堂、建立于 1898 年的京师大学堂，还是建立于 1902 年以后的山西大学堂、山东大学堂等，都是先立典章制度而后建立大学。北洋大学堂先草拟了《拟设天津中西学堂章程禀》，京师大学堂先草拟了《钦定学堂章程》，而后经过清政府的批准，两所大学才照章办学，其他大学堂亦然。中国近代大学建立在制度文化的基础上，与西方大学建立在契约文化基础上不同。对中国文化传统的继承、对西方文化的吸收和借鉴，乃至于中西文化的融合与碰撞，都在大学的制度和国家的教育制度中清晰地反映出来。

　　北洋大学堂是一所仿照美国哈佛、耶鲁大学的模式建立的大学，创建章程中是这样规定的：

　　第一，北洋大学堂初创是综合性大学。初创之时，头等学堂分设律例、工程、矿冶和机械 4 学科。既有社会科学学科，又有自然科学学科。创办人天津海关道盛宣怀在筹备时期就与丁家立商研策划，并请丁家立出任总教习。

　　丁家立（Charles Daniel Tenney），美籍著名教育家。1857 年生于美国波士顿。他在美国达特茅斯学院（Dartmouth College）毕业后，进入欧柏林学院（Oberlin College）研究院，获得神学硕士学位。1882 年丁家立来华，在山西传教。1886 年脱离了他所属的美国公理会，改以学者的身份来天津从事文化活动，并在天津美国领事馆工作任副领事，这也是北洋大学堂以美国大学为样本的直接原因。北洋大学堂所设学科律例、工程、矿冶和机械是 19 世纪资本主义国家大学中社会科学和自然科学的前沿学科。同时，中国当时政治、经济也急需此方面的人才。在其后的办学过程中，北洋大学堂不断地根据国家需要增设学科。1897 年增设铁路专科；1898 年附设铁路班；1903 年附设法文班、俄文班，培养专门翻译人才；1907 年开办师范科以培养师资。“北洋大学在初创时期，实已包括文、法、工、师范教育诸科，是初具综合性的新式大学。”

　　第二，北洋大学堂初创是本科层次的大学。首先，北洋大学堂建立之初就定位为本科层次的大学，盛宣怀在建立北洋大学堂的请奏章程中写道：“头等学堂，本年拟先招已通大学堂第一年功夫者，精选三十名列作末班。……至第四年底，头等头班三十名，准给考单挑选出堂。或派赴外洋，分途历练；或酌量委派洋务职事。此外国所谓大学堂也。”其次，从学制上看，与美国大学相同，头等、二等学堂学制皆为 4 年，历时 8 年方能培养出高级人才。1899 年北洋大学堂第一届学生毕业，王宠惠获钦字第一号毕业文凭，这也是我国第一张大学毕业文凭。再次，在课程设置上，头等学堂所设课程等同于美国大学本科课程。北洋大学堂毕业生可免试进入美国著名大学的研究院。如北洋大学堂的第一届毕业生王宠惠、王宠佑和吴桂龄等8人就分别进入美国耶鲁、哥伦比亚和康奈尔大学攻读研究生。此外，从师资配备上，头等学堂的教习多为西方大学的著名学者，如美籍学者福拉尔、法籍学者吉德尔、德籍学者罗沙等。还有，从投入经费上看，"头等学堂每年需经费银三万九千余两，二等学堂每年需经费银一万三千余两，……是以常年经费甚巨，势难广设。现拟在天津开设一处以为规式"。

第三，北洋大学堂的二等学堂是大学预科。"头等学堂即现在之正科，以伍廷芳为总办；二等学堂即现在之预科，以蔡绍基为总办。"北洋大学堂创办之初设立二等学堂是为解决头等学堂生源问题。在王文韶奏折中写道："二等学堂，本年即由天津、上海、香港等处先招已通小学堂第三年功夫者三十名，列作头班；已通第二年功夫者三十名，列作二班；已通第一年功夫者三十名，列作三班；来年再招三十名，列作四班。合成一百二十名为额。第二年起，每年即可拔出头班三十名升入头等学堂。"1900年庚子之变学堂停课，1903年复校后停办二等学堂，正式改办预科，召集旧生和北洋水师学堂学生补习普通学科为预备科，1905年毕业升入正科第三班。并将保定直隶高等学堂定为北洋大学堂的预备学堂，该校毕业生不经考试可直接升入北洋大学堂的头等学堂。1902年清政府颁布《钦定学堂章程》，这是我国近代第一个具有各级学校系统的新学制。其将教育分为3段7个层次，第3阶段为高等教育，高等教育又分为高等学堂和大学预科两个层次。1903年清政府又颁布了《奏定学堂章程》，也将教育分为3段7级，第3段为高等教育，高等教育又分为高等学堂和大学预备科、分科大学及通儒院3级。1912年民国教育部公布的《大学令》，就曾规定大学预科的学生入学资格为：须在中学校毕业，或经试验有同等学力者。由此可见预科是大学的一个办学层次。一位1931年考入北洋大学预科、1937年毕业于北洋大学本科的矿业系学生刘树人的在学过程，就是很好的说明。刘树人1931年夏报考了天津北洋工学院预科，8月20日北平各大报纸刊登了北洋大学1931年度录取新生榜，他随即收到学校录取通知书，名字榜列第9名。考入预科后课程除每周有一次国文课为中国老师讲授古文外，其余的数学、物理、化学、英文等均使用英文课本上课，教师亦用英语讲授。下午时间都安排物理试验、化学分析、木金工厂实习、制图等。1933年暑假他升入本科一年级。因为他是二年级工科预科生，按学制规定需要取得高三毕业证书才能升入本科，故暑假留校集中受训。从这个例子中我们可以了解到当时大学预科的课程内容及其与中学的区别。北洋大学是学习美国大学模式创办的，美国在 19 世纪为解决大学本科生源就开办有预科。"美国对中国高等教育的影响是显著的，无论是预科制，还是大学模式，都曾被引入中国。"

在吸收西方大学办学经验时，北洋大学堂并没有受到"中体西用"的限制，而是根据国家与民族的需要凸显了"实事求是"的精神。

北洋大学堂章程中提出的"兴学强国"精神，传承了中国传统文化中的家国情怀，是中国大学独有的精神特质，也是其后陆续建立的大学的精神追求。

盛宣怀在上报光绪皇帝的奏折中提出"自强首在储才，储才必先兴学……伏查自强之道，以作育人才为本；求才之道，尤宜以设立学堂为先"这一"兴学强国"的主张。他以日本为例指出，"日本维新以来，援照西法，广开学堂书院，不特陆军海军将弁皆取材于学堂；即今之外部出使诸员，亦皆取材于律例科矣；制造枪炮开矿造路诸工，亦皆取材于机器工程科地学化学科矣。仅十余年，灿然大备"，"中国智能之士，何地蔑有，但选将才于伍人广众之中，拔使才于诗文帖括之内。至于制造工艺皆取材于不通文理不解测算之匠徒，而欲与各国絜长较短，断乎不能"，"实业与人才相表里，非此不足以致富强"。盛宣怀建立北洋大学堂的目的十分明确，就是"兴学强国"，这是国家和民族的最高利益。

"兴学强国"树立了中国大学的办学精神。

其后，1896 年盛宣怀在上海建立南洋公学，为了在学科设置上与北洋大学堂互补，形成较为完全的高级专门人才的培养形制，他在《筹集商捐开办南洋公学情形折》中指出："窃惟时事之艰大无穷，君子以致远为重。环球各国学校如林，大率形上形下，道与艺兼。惟法兰西之国政学堂，专教出使、政治、理财、理藩四门，而四门之中皆可兼学商务，经世大端，博通兼综。学堂系士绅所设，然外部为其教习，国家于是取才。臣今设立南洋公学，窃取国政之义，以行达成之实。于此次钦定专科，实居内政、外交、理财三事。"他在《请设学堂片》中对于南北两个学堂的关系作了阐述："臣上年在津海关道任内，筹款设立学堂，招选生徒，延订华洋教习，分教天算、舆地、格致、制造、汽机、化矿诸学，禀经直隶督臣王文韶奏明开办。本年春间又在上海捐购基地，禀明两江督臣刘坤一，筹款议建南洋公学，如津学之制而损益之。"谈到开办南洋公学的目的他以日本为例，指出"日本明治初元，魇岛马关战屡失利，诸藩皆择遣藩士翘楚，厚其资装，就学外国。今当路诸人率出于此"，"窃世变日棘，庶政维新，自强万端，非人莫任。中外臣僚与夫海内识时务之俊杰，莫不以参用西制，兴学树人为先务之急"。可见，盛宣怀开办南洋公学的目的与开办北洋大学堂的目的是相同的，都是"兴学强国"。

1896年刑部左侍郎李端棻在给清廷的《请推广学校折》中就提议建立"京师大学堂"。其后，管学大臣张百熙在《奏筹拟学堂章程折》中明确提出了建立京师大学堂的目的和根本："臣谨按古今中外学术不同，其所以致用之途则一。值智力并争之世，为富强致治之规，朝廷以更新之故而求人才，以求人才之故而本之学校，则不能不节取欧美日本诸邦之成法，以佐我中国二百〔千〕余年旧制。"

《钦定京师大学堂章程》的第一章《全学纲领》中规定，"京师大学堂之设，所以激发忠爱、开通智慧、振兴实业。谨遵此次谕旨，端正趋向、造就通才，为全学之纲领"，"中国圣经垂训，以伦常道德为先；外国学堂于知育体育之外，尤重德育，中外立教本有相同之理。今无论京外大小学堂，于修身伦理一门，视他学科更宜注意，为培植人材之始基"，"欧美日本所以立国，国各不同，中国政教风俗亦自有异。所有学堂人等，自教习、总办、提调、学生诸人，有明倡异说，干犯国宪及与名教纲常相违背者，查有实据，轻则斥退，重则究办"，"京师大学堂主持教育，宜合通国之精神脉络而统筹之"。

通过张百熙《奏筹拟学堂章程折》和《钦定京师大学堂章程》，我们看到建立京师大学堂的目的与建立北洋大学堂和南洋公学的目的是一样的，即"为富强致治"而"兴学强国"。

如果说以上三所学堂的建立属于个体行为，各有特点，而1900年以后各省书院改学堂的举措则属于群体行为，具有普遍意义。1901年山东巡抚袁世凯奏办山东大学堂，在其奏折中提出："臣伏惟国势之强弱，视乎人才，人才之盛衰，原于学校。诚以人才者，立国之本，而学校者，又人才所从出之途也。以今日世变之殷，时艰之亟，将欲得人以佐治。"

1902年山西巡抚岑春煊在《旨设立晋省大学堂谨拟暂行试办章程缮草恭折》中提出："学问之道非深入其中者，不能知其中之甘苦，所入之深浅不同，所知之甘苦亦不同。毫发不能假借，中学课程华人自能妥订，至于西学，将以华人拟定则仅得皮毛，难求实际，将倚洋员拟定。"

这一时期，书院改学堂在各省推行，广东将广雅书院改为广东省大学堂，苏州将中西学堂改为省城大学堂，贵州将贵山书院改为贵州大学堂，湖南将求实书院改为省城大学堂，四川将尊经书院改为四川省城大学堂。此外还有浙江求是大学堂、江西大学堂、陕西关中大学堂、河南省城大学堂等。

这些学堂大多参照了山东大学堂的办学模式，其办学目的与山东大学堂和山西大学堂的办学章程中所表述的基本一致，内容都是"兴学强国"。我们看到，这一办学目的与之前开办的北洋大学堂、京师大学堂等是一致的，只是表述上有所差别。

北洋大学堂章程确定的"兴学强国"精神成为中国大学的共识和使命，家国情怀的办学模式被誉为"世界大学的第三种办学模式"。天津大学 120 周年校庆期间举办的校长圆桌会议上，中国高等教育学会瞿振元会长指出："'兴学强国'是中国高等教育与生俱来的历史责任和追求，是继意大利博洛尼亚大学提出'人才培养'、德国洪堡大学提出'科学研究'之后，大学功能在中国的拓展与完善。随后，'服务社会'这一功能被美国威斯康星大学提出。可以说，'兴学强国'拓展了高等教育功能，提升了高等教育境界，彰显了中国大学的精神特质，改变了世界高等教育发展史。"

1903 年清政府下令，除保留北洋大学堂、京师大学堂、山西大学堂三所大学外，各省大学一律降为高等学堂，每个省城一所，相当于大学预科，分文、理工和医学 3 类。

1904 年清政府《奏定学堂章程》公布，省立大学堂一律改为省立高等学堂，作为大学堂的预备学堂，而大学堂则仅存北洋大学堂、京师大学堂和山西大学堂三所，民国《第一次中国教育年鉴》记载了以上史实。1899 年北洋大学堂培养的首批本科生毕业，法科学生王宠惠获得钦字第一号文凭。截止到 1920 年，中国的大学中仅有北洋大学培育出十数届本科毕业生，并资送多批本科生赴欧、美、日留学攻读研究生。

北洋大学堂章程中分别规定了头等（本科）、二等学堂（预科）的课程设置，"中学"课程除汉语外再无"中学"内容。如头等学堂功课分为基础学和专门学：

基础学：第一年几何学、三角勾股学、格物学、笔绘图、各国史鉴、作英文论、翻译英文；第二年驾驶并量地法、重学、微分学、格物学、化学、笔绘图并机器绘图、作英文论、翻译英文；第三年天文工程初学、化学、花草学、笔绘图并机器绘图、作英文论、翻译英文；第四年金石学、地学、考究禽兽学、万国公法、理财富国学、作英文论、翻译英文。

专门学分为五门：工程学（专教演习工程机器、测量地学、重学、汽水学、材料性质学、桥梁房顶学、开洞挖地学、水力机器学）；电学（深究电理学、讲究用电机理、传电力学、电报并德律风学、电房演习）；矿务学（深奥金石学、化学、矿务房演试、测量矿苗、矿务略兼机器工程学）；机器学（深奥重学、材料势力学、机器、汽水机器、机器绘图、机器房演试）；律例学（大清律例、各国通商条约、万国公约等）。无论是授课内容还是学制设计都与当时的西方大学相同。

就连一再强调"西学体用",按照"中学为主、西学为辅"原则建立的京师大学堂,在课程安排上虽然强调"中西并重,观其会通,不得偏废",但实则不然。京师大学堂课程分为普通学和专门学两大类:普通学包括经学、理学、中外掌故学、诸子学、初级的算学、格致学、政治学、地理学以及文学、体操10种,是全体学生的必修课。专门学包括高等算学、高等格致学、高等政治学、高等地理学、农学、矿学、工程学、商学、兵学、卫生学10种。课程设置显然"西学"多于"中学"。

即便是作为国家体制之一的"学制",到了清末也并非是"中学为主"了。就以1902年的"壬寅学制"为例,将整个国家教育从纵向分为3个阶段和7级:第一阶段为初等教育;第二阶段为中等教育;第三阶段为高等教育,分为高等学堂或大学预科、大学堂和大学院。高等教育横向分为高等学堂、师范学堂、高等实业学堂等。明显是参照欧美学制(日本学制的参照物也是欧美学制)设立。

实际上伴随着清末国门的开放和西方文化的涌入,西学逐渐从"中学"的从属地位上升为主要位置。"中学为主、西学为辅"已经名存实亡。

三

中国近代高等教育初创于19世纪末,这是我国教育史上的一次重要变革,对于我国数千年的封建教育而言是一个全新的事物,尤其是对于晚清已经走到山穷水尽的中国教育更是一次柳暗花明的创新。北洋大学堂的建立无疑是中国教育变革的标志,它所制定的办学章程包含了丰富的、承前启新的内容。

中国的传统教育没有分科教学,因此不设层次和学科。而北洋大学堂设置本科和预科,从学制上分为两个层次。从学科上,1895年初创设立法律学门和工学门,既有社会科学学科,又有自然科学学科。1897年增设铁路专科;1898年附设铁路班;1903年附设法文班、俄文班,培养专门翻译人才;1907年开办师范科培养师资,实际已经是包括文、法、工、师范教育等诸多学科的初具综合性的新式大学,为中国现代性质的大学树立了规式。这种学习和包容的背后,是一种实事求是精神的体现,突破了清末妄自尊大、自以为是的国人心态,走上了一条学习借鉴先进经验为我所用的正确道路。

北洋大学堂是国立官办的第一所大学,开中国大学之先河。北洋大学堂由光绪皇帝亲自批准,并任命津海关道盛宣怀兼任首任督办(即校长),此后历任督办皆由津海关道担任。办学经费从国家关税中拨发。其建校之时就定名为"大学堂",为我国教育的最高层次。1895 年 10 月 2 日，报道北洋大学堂开学消息的英文版《京津泰晤士报》，即称北洋大学堂为"University"，而不是 College 或 Senior high school（专科学院或高级中学）。此外，1895 年 11 月 8 日，《直报》刊登的清政府颁布的"劝令加捐"中写道"为晓谕事查前因天津设立头等二等大学堂经费"，北洋大学建立仅月余清政府文书即称为"大学堂"。这是当时中国唯一被称为"大学堂"的学校，它完善了当时中国的教育体系，在直隶省形成了自西式小学、中学到大学，自西文、西艺学堂到大学堂的完整的教育体系，为我国现代教育体系的建立做出了宝贵的探索。

北洋大学堂的创建打开了中国与世界教育交流的大门。学堂创建之初，就将资送毕业生留学作为学堂的主要任务之一。1899 年北洋大学堂第一批本科生毕业，派往美国和日本留学。1901 年至 1907 年我国官费留美学生总计 100 余人，其中北洋大学堂就占有半数以上。他们后来大都成为我国著名的专家学者，如著名经济学家马寅初，医学家刘瑞恒，数学家秦汾，银行金融家钱永铭，冶金学家温宗禹、蔡远泽，法学家赵天麟、冯熙运，师范教育家李建勋、齐璧亭，等等。

北洋大学堂的创建以当时的世界一流大学为标准，实事求是地与国家和民族需要相适应，既建立了新的教育范式，又形成了新的具有中国特色的教育文化，树立了中国时代教育的新形象。

以史为鉴可以知未来。在世界进入全面全球化的今天，中国的"一带一路"串联起世界融通的新模式，中国的当代高等教育如何适应当今形势的变化，实现"中国特色、世界一流"？这是新的时代命题。在中国近代一百多年向世界学习的过程中，中国的高等教育尝试过各种各样的学习和效仿，同时根据中国的社会情况探索自己的办学之路。来路匆匆，前途漫漫，有许多经验和教训值得总结和认识，不忘初心，牢记使命，开拓未来。今天，我们在探索中不断地接近世界先进大学的办学水平，同时也更加清晰地看出西方教育存在的问题，开始思考人类需要怎样的高等教育，在摸索运用中国智慧为世界高等教育的发展作贡献。中国第一所现代大学在中国"新觉醒"时诞生，反映出中华民族的文化自醒、文化自觉和革故鼎新的生命力，对于新时代承担着"育新人、兴文化""推动中华优秀传统文化创造性转化"的新使命的中国大学，有着新的借鉴和启迪作用，温故而知新，请阅读我们编纂的《北洋大学及其章程考证研究》一书。

王杰　张世轶

2024 年 1 月 1 日

一、盛宣怀草拟的学堂章程

盛宣怀

　　盛宣怀，1892 年出任津海关道，积极推进洋务运动。他将兴办学堂作为富国强民的重要措施，着手研究兴办新式学堂事宜。他与当时在天津自办中西书院的美国教育家丁家立来往颇密，共同研讨开办新学之事。后来，盛宣怀秉承直隶总督北洋大臣李鸿章的意旨，开始与丁家立筹办一所新式大学堂，经过详细的商讨，将办学章则、办法、实施计划草拟完成。甲午战争后，盛宣怀仔细研究了日本战胜的原因，认为欲图自强，应当以培养人才、设立学堂为先，提出"兴学强国"的主张。盛宣怀随后将《拟设天津中西学堂章程禀》修改后，于 1895 年 9 月 19 日禀请继任直隶总督北洋大臣王文韶。王文韶于 1895 年 9 月 30 日将该章程禀择要改拟为《津海关道盛宣怀创办西学学堂禀明立案由》，奏折封发具奏光绪皇帝。经光绪皇帝批准，1895 年 10 月 2 日，中国第一所新式大学——北洋大学堂在天津创办，盛宣怀出任首任督办（校长）。

1. 盛宣怀《拟设天津中西学堂章程禀》

擬設天津中西學堂章程禀

盛宣懷

（1895年9月19日）

擬設天津中西學堂章程，請奏明立案，禀北洋大臣王。

敬禀者，竊于光緒二十一年閏五月二十九日，奉憲臺札開——光緒二十一年閏五月二十八日，承準軍機大臣字寄，奉上諭：自來求治之道，必當因時制宜。況當國事艱難，尤宜上下一心，圖自強而弭隱患。朕宵旰憂勤，懲前毖後，惟以蠲除痼習，力行實政為先。疊據中外臣工條陳時務，詳加披覽，采擇實行。如修鐵路，鑄鈔幣，造機器，開礦產，折南漕，減兵額，創郵政，練陸軍，整海軍，立學堂，大抵以籌餉練兵為急務，以恤商惠工為本源，皆應及時舉辦。至整頓厘金，嚴核關稅，稽查荒田，汰除冗員各節，但能破除情面，實力講求，必于國計民生兩有裨益。各直省將軍督撫將以上諸條，各就本省情形與藩臬兩司暨各地方官悉心籌劃，酌度辦法，除文到一月內分析復奏。當此創巨痛深之日，正我君臣臥薪嘗膽之時，各將軍督撫受恩深重，具有天良，諒不至畏難苟安，空言塞責，原折片均著抄給閱看，將此各諭令知之。欽此欽遵，寄信前來。合行恭錄諭旨抄錄原奏，札飭悉心籌議，札到，該司道等即便欽遵，迅速妥籌議後，以憑酌核具奏等因。奉此。伏查自強之道，以作育人才為本。求才之道，尤宜以設立學堂為先。光緒十二年，前任津海關道周馥禀請在津郡設立博文書院，招募學生，課以中西有用之學，嗣因與稅務司德璀琳意見不合，籌款為難，致將造成房屋抵押銀行。蹉跎十年，迄未開辦。可見創舉之事，空言易，實行難，立法易，收效難。日本維新以來，援照西法，廣開學堂書院，不況樹人如樹木，學堂遲設一年，則人才遲起一年。制造槍炮開礦造路諸工、特陸海軍將弁皆取才于學堂，即今之外部出使諸員，亦皆取材于律例科矣。

亦皆取材于機器工程科、地學、化學科矣。僅十餘年，燦然大備。

中國智能之士，何地蔑有，但選將才于僑人廣眾之中，拔使才于詩文帖括之內。至于製造工藝皆取材于不通文理不

解測算之匠徒，而欲與各國絜長較短，斷乎不能。

職道之愚，當趕緊設立頭等、二等學堂各一所，為繼起者規式。惟二等學堂功課，必須四年，方能升入頭等學堂。

頭等學堂功課，必須四年，方能選入專門之學。不能躐等，即難免遲暮之憾。現擬通融求速辦法，二等學堂本年擬由天

津、上海、香港等處先招已通小學堂第三年功夫者三十名，列作頭班；已通第二年功夫者三十名，列作二班；已通第

一年功夫者三十名，列作三班；來年再續招三十名，列作四班。合成一百二十名為額。第二年起，每年即可拔出頭班

三十名升入頭等學堂。其餘以次遞升，仍每年挑選三十名，入堂補四班之缺，源源不絕。此外國所謂小學堂也。至頭等

學堂，本年擬先招已通大學堂第一年功夫者，精選三十名列作末班。來年即可升列第三班，并取二等之第一班三十名，似

升補頭等學堂第四班之缺。嗣後按年遞升，亦以一百二十名為定額。至第四年底，頭等頭班三十名，準給考單挑選出堂，

或派赴外洋，分途歷練；或酌量委派洋務職事。此外國所謂大學堂也。

職道與曾充教習之美國駐津副領事丁家立考究再三，酌擬頭等、二等學堂章程，功課必期切近而易成，大約頭等學

堂每年需經費銀三萬九千餘兩，二等學堂每年需經費銀一萬三千餘兩，共需銀五萬二千兩左右。現值國用浩繁，公款竭

蹶，事雖應辦，而費實難籌，職道查津海鈔關近年有收開平煤稅，每年約庫平銀一萬四五千兩，為從前所無之稅款，似

可盡數專提，以充學堂經費。又天津米麥進口自光緒十九年票明每石專抽博文書院經費銀三厘，每年約收捐銀三四千兩，

擬每石改收銀五厘，亦不為多。又電報局票明由天津至奉天借用官綫遞寄海藍泡出洋電報，每字津貼洋銀一角，電綫通

時，每年約計應交洋三四千元。營口一帶綫斷之後，已經停止。嗣後錦州迄奉天改造商綫，僅借用天津至錦州官綫一段，

貼費更微。擬令電報局以後不計字數，每年捐交英洋二萬元。又招商局迄漕由滬至津輪船，向系援照沙寧船成案，裝運

土貨例準二成免稅。擬令招商局以後在承運漕糧運腳免稅項下，每年捐交規銀二萬兩。以上合計每年捐

銀五萬二千兩左右，全數解交津海關道庫存儲，專備天津頭等、二等學堂常年經費。通籌扯算，似可有盈無絀。

所有頭等學堂，應即照前北洋大臣李批準周前道原擬以博文書院房屋為專堂。現經胡臬司顧全大局，由糧臺設法籌

款、向銀行贖回，作爲公産。其房價內，原有總稅務司赫德及津海關稅務司德璀琳捐款在內，如仍作學堂，稅務司亦必樂從。

所需購辦格致化學器具、書籍等項及聘請教習川資、創辦應用之款，不在常年經費之內。查光緒十九年起，至二十一年四月止，米捐存銀八千餘兩，擬即在此款內核實動用，毋庸請發公款。二等學堂應覓地另行蓋造，擬在開辦初年教習學生尚未齊全應餘經費之內提用，房屋甚寬，足可敷用。頭等學堂擬請憲臺札委二品銜候選道伍廷芳總理，二等學堂擬請札委同知銜候補知縣蔡紹基總理，并擬訂請美國人丁家立爲總教習。該堂延訂中西教習，考取學生，購辦機器書籍等事，均由職道會商伍道蔡令及總教習于年內妥速開辦，以免因循虛曠歲月。向來學堂有會辦提調監督各名目，今擬一概刪除，實爲公便，藉省開銷而杜紛雜。謹繕呈章程清折，是否有當，伏乞憲臺俯賜鑒核迅賜批示遵行，并請奏明立案以垂久遠。

所有學堂事務，任大責重，必須遴選深通西學體用兼備之員總理，方不致有名無實。

謹將擬設天津頭等、二等學堂章程功課經費與總教習丁家立酌議各款，分繕清折，恭呈鈞鑒。

計開

《頭等學堂章程》

頭等學堂，因須分門別類，洋教習擬請五名，方能各擅所長。是以常年經費甚巨，勢難廣設。現擬先在天津開設一處以爲規式。

——房屋必須寬大，擬即就天津梁家園南圍墻外前津海關周道所議造之博文書院作爲北洋頭等學堂，以期名副其實。

——頭等學堂必須諳習西學之大員一人爲駐堂總辦，尤必須熟習西學教習一人爲總教習。所有學堂一切布置及銀錢各事均歸總辦管理。所有學堂考核功課，以及華洋教習勤惰，學生去取，均歸總教習管理。遇有要事，總辦總教習均當和衷商辦。

——頭等學堂，以選延教習、挑取學生兩大端最爲緊要。總教習不得稍有寬徇，致負委任。

——頭等學堂，以四年爲一任。是以總分教習，均訂四年合同。

——任满去留，再行酌定。

——头等学堂第一年功课告竣後，或欲将四年所定功课全行学习，或欲专习一门，均由總辦總教習察看學生資質，再行酌定。然一人之精力聰明，祇有此數，全學不如專學，方能精進而免泛騖。如學專門者，則次年所學功課與原定功課稍有不同。至第三、四年所學功課，與原定功課又相徑庭，應俟屆時再行酌定。

——頭等學堂常年經費，應照第四年教習學生足額，酌定數目。其第一年至第三年，學生未能足額，教習無庸多請，所節省之經費，除另造二等學堂及每次考試花紅外，其餘積存生息，以備四年後挑選學生出洋川資經費。

——格物學、化學機器等房，創辦時均須預備機器式樣，以備各學生閱視考據，并學堂置辦書籍各圖，所有經費應在常年經費之外開支。

——學生將來由二等學堂挑來者，漢文自可講究。現由粵、滬等處挑來者，恐漢文不能盡通。是以漢文教習必須認真訪延，不可絲毫徇情。

——漢文不做八股試帖，專做策論，以備考試實在學問經濟。大約小學堂內《四書》古文均已讀過，此外經史皆當擇要講讀。

頭等學堂功課

歷年課程分四次第

第一年
幾何學、三角勾股學、格物學、筆繪圖、各國史鑒、作英文論、翻譯英文。

第二年
駕駛并量地法、重學、微分學、格物學、化學、筆繪圖并機器繪圖、作英文論、翻譯英文。

第三年
天文工程初學、化學、花草學、筆繪圖并機器繪圖、作英文論、翻譯英文。

第四年

金石學、地學、考究禽獸學、萬國公法、理財富國學、作英文論、翻譯英文。專門學分爲五門

——工程學（專教演習工程機器、測量地學、重學、汽水學、材料性質學、橋梁房頂學、開洞挖地學、水力機器學）

——電學（深究電理學、講究用電機理、傳電力學、電報并德律風學、電房演習）

——礦務學（深究金石學、化學、礦務房演試、測量礦苗、礦務略兼機器工程學）

——機器學（深奧重學、材料勢力學、機器、汽水機器、機器繪圖、機器房演試）

——律例學（大清律例、各國通商條約、萬國公約等）

洋人教習五名

——工程學算學教習一名。

——格物學化學教習一名。

——礦務機器學化學教習一名。

——機器學繪圖學教習一名。

——律例學教習一名。華人教習漢文二名。

——講讀經史之學。

——講讀聖諭廣訓。

——課策論。華人教習洋文六名。

——華人洋文教習一名，視其所通何學，則由洋文總教習調度，幫助洋人教習。

頭等學堂經費

第一年

——洋人總教習一名（每月薪水銀二百兩），每年計銀二千四百兩。

——華總辦一員（每月薪水公費銀二百兩），每年計銀二千四百兩。

——格物學化學洋教習一名（每月薪水銀二百兩），每年計銀二千四百兩。

—漢文教習一名（每月薪水銀四十兩），每年計銀四百八十兩。

—華人洋文教習二名（每人每月薪水銀一百兩），每年計銀二千四百兩。

—學生膏火（三十名，每名每月四兩），每年計銀一千四百四十兩。

—司事兩名（每月共薪水銀三十兩），每年計銀三百六十兩。

—總辦教習學生司事共三十六人，膳費每年計銀一千二百六十兩。

—書籍、紙張、筆墨等費，每年約計銀二百兩。

—聽差、燈油、炭火、雜款等費，每年約計銀六百兩。

共約計銀一萬三千九百四十兩。

（第一年比較第四年經費，約省銀二萬五千五百四十四兩。）（遇閏按月照加）

第二年

—華總辦一員（每月薪水公費銀二百兩），每年計銀二千四百兩。

—洋人總教習一名（每月薪水銀二百兩），每年計銀二千四百兩。

—格物學化學教習洋教習一名（每月薪水銀二百兩），每年計銀二千四百兩。

—工程學算學教習洋教習一名（每月薪水銀二百兩），每年計銀二千四百兩。

—漢文教習二名（每人每月薪水銀四十兩），每年計銀九百六十兩。

—華人洋文教習三名（每人每月薪水銀一百兩），每年計銀三千六百兩。

—學生膏火（三十名，每人每月五兩），每年計銀三千二百四十兩。

—司事二名（每月共薪水銀三十兩），每年計銀三百六十兩。

—總辦教習學生司事共六十八人，膳食費每年計銀二千三百七十六兩。

—書籍、紙、筆、墨等費，每年約計銀四百兩。

—聽差、燈油、炭火、雜款等費，每年約計銀六百兩。

共約計銀二萬一千一百三十六兩（遇閏按月照加）。

（第二年比較第四年經費約省銀一萬八千三百四十八兩。）

第三年

——華總辦一員（每月薪公費銀二百兩），每年計銀二千四百兩。

——洋人總教習一名（每月薪水銀二百兩），每年計銀二千四百兩。

——洋人分門教習五名（每人每月薪水銀二百兩），每年計銀一萬二千兩。

——漢文教習二名（每人每月薪水銀四十兩），每年計銀九百六十兩。

——學生膏火（三十名每月四兩，三十名每月五兩，三十名每月六兩），每年計銀五千四百兩。

——司事二名（每月薪水銀共三十兩），每年計銀三百六十兩。

——總辦教習學生司事共九十九人，膳費每年計銀三千四百九十二兩。

——書籍、紙、筆、墨等費，每年約計銀六百兩。

——聽差、燈油、炭火、雜款等費，每年約計銀八百兩。

共約計銀三萬三千二百十二兩（遇閏按月照加）。

（第三年比較第四年經費，約省銀六千二百七十二兩。）

第四年

——華總辦一員（每月薪水公費銀二百兩），每年計銀二千四百兩。

——洋人總教習一名（每月薪水銀二百兩），每年計銀二千四百兩。

——洋人分門教習五名（每人每月薪水銀二百兩），每年計銀一萬二千兩。

——漢文教習二名（每人每月薪水銀四十兩），每年計銀九百六十兩。

——華人洋文教習六名（每人每月薪水銀一百兩），每年計銀七千二百兩。

——學生膏火（三十名每月四兩，三十名每月五兩，三十名每月六兩，三十名每月七兩），每年計銀七千九百二十兩。

——司事二名（每月共薪水銀三十兩），每年計銀三百六十兩。

——總辦教習學生司事共一百三十一人，膳費每年計銀四千六百四十四兩。

——書籍、紙、筆、墨等費，每年約計銀八百兩。

——聽差、燈油、炭火、雜費，每年約計銀八百兩。

——共約計銀三萬九千四百九十四兩（遇閏按月照加）。

計開

《二等學堂章程》

——二等學堂即外國所稱小學堂，日本一國不下數百處，西學之根皆從此起。現擬先在天津開設一處，以後由各省會推而至于各郡縣，由各通商口岸推而至于各鎮市，官紳商富皆可仿照集資開辦，輕而易舉。

——凡欲入二等學堂之學生，自十三歲起至十五歲止。按其年歲，考其讀過《四書》，并通一二經，文理稍順者，酌量收錄。十三歲以下、十五歲以上者俱不收入。

——二等學堂之學生，照章須學西文四年，方能挑入頭等學堂。現因頭等學堂亟須挑選，不得已本年先選已通西文學生九十名，以充頭二三班之額。至來年起，每年挑選三十名，以補四班之額。

——房屋必須另造。現因頭等學堂人未齊集，尚可暫借博文書院房屋，以一院分作兩堂，足敷布置。來年另行擇地購造，須能容學生一百二十名之用。

——二等學堂必須諳習西學之員一人為駐堂總辦。所有學堂一切布置及銀錢各事，均歸總辦管理。所有學堂考核功課，以及教習勤惰，學生優劣，均歸總教習考核。遇有要事，總辦總教習均當和衷商辦。

——二等學堂以選延教習，挑取學生兩大端最為緊要，總教習不得稍有寬徇，致負委任。

——二等學堂洋文教習均用華人，每班須用英文正教習一名，幫教習一名，必須學業充足，故不得不酌寬薪水。如四年任滿，所教學生堪勝頭等之選，準由總辦詳情從優保獎。

——二等學堂漢文教習，每班須用一名，必須認真訪延品學兼優、精神充足者方能講學得力，不得絲毫徇情。

——漢文不作八股試帖，專作策論，以備考試實在學問經濟。第一年現選學生九十名，皆自外來，漢文必淺，尤應認真講誦以立造就根基。

——二等學堂之學生，每月貼膳銀二兩。第一年學生每人每月膏火銀一兩，第二年學生每人每月一兩五錢，第三年學生每人每月二兩，第四年學生每人每月二兩五錢。俟風氣大開，咸知西學有進身之階，漸推漸廣，膏火或酌裁。

二等學堂功課

歷年課程分四次第

第一年

英文初學淺言、英文字拼法、朗誦書課、數學。

第二年

英文文法、英文字拼法、朗誦書課、英文尺牘、翻譯英文、數學并量法啓蒙。

第三年

英文講解文法、各國史鑒、地輿學、英文官商尺牘、翻譯英文、代數學。

第四年

各國史鑒、坡魯伯斯第一年、格物學、英文尺牘、翻譯英文、平面量地法。　洋文華教習八名

——四班，每班英文正教習一名，幫教習一名。

漢文華教習四名

——講讀四書經史之學。

——講讀聖諭廣訓。

——課策論。

二等學堂經費

以第二年核算

——華總辦一員（每月薪水銀六十兩），每年計銀七百二十兩。

——漢文華教習四名（每人每月薪水銀二十兩），每年計銀九百六十兩。（第一年少一人，可節省二百四十兩）

——洋文華教習四人（每人每月薪水銀五十兩），每年計銀二千四百兩。

——第一年少一人，可節省銀六百兩。

——洋文幫教習四人（每人每月薪水銀二十五兩），每年計銀一千二百兩。

——第一年少一人，可節省銀三百兩。

——學生膏火一百二十名，每年計銀二千五百二十兩。

——第一年少第四班三十名，可節省銀三百六十兩。

——總辦教習學生司事共一百三十四人，膳費每年計四千八百二十四兩。

——司事一人（每月薪水銀十五兩），每年計銀一百八十兩。

——第一年少三十三人，可節省銀一千一百八十八兩。

——書籍、紙、筆、墨等費，每年約計銀六百兩。

——聽差、燈油、炭火、雜費，每年約計銀六百兩。

自第一年起二年經費，共約計銀一萬四千四百兩。

（第一年計可節省銀二千六百八十八兩。）

凡頭等二等歷年經費，祇能約核銀數。此外如有額外用款實難節省者，應在開辦初年節存經費之內票請批準開支。所有收支各款，按月由堂申報北洋大臣一次。并咨津海關道衙門招商局電報局一次。至第一年期滿將學生功課、等第及收支經費刊布一次，以備中外考核。

以上頭等、二等學堂章程功課經費各條，皆就目前擬議具陳，深恐未盡確當。如開辦後須有變通之處，應準隨時隨地商稟補定，以期精益求精合并聲明。

拟设天津中西学堂章程禀（简体）

盛宣怀

（1895 年 9 月 19 日）

拟设天津中西学堂章程，请奏明立案，禀北洋大臣王。

敬禀者，窃于光绪二十一年闰五月二十九日，奉宪台札开——光绪二十一年闰五月二十八日，承准军机大臣字寄，奉上谕："自来求治之道，必当因时制宜。况当国事艰难，尤宜上下一心，图自强而弭隐患。朕宵旰忧勤，惩前毖后，惟以蠲除痼习，力行实政为先。叠据中外臣工条陈时务，详加披览，采择实行。如修铁路，铸钞币，造机器，开矿产，折南漕，减兵额，创邮政，练陆军，整海军，立学堂，大抵以筹饷练兵为急务，以恤商惠工为本源，皆应及时举办。至整顿厘金，严核关税，稽查荒田，汰除冗员各节，但能破除情面，实力讲求，必于国计民生两有裨益。各直省将军督抚将以上诸条，各就本省情形与藩臬两司暨各地方官悉心筹划，酌度办法，除文到一月内分析复奏。当此创巨痛深之日，正我君臣卧薪尝胆之时，各将军督抚受恩深重，具有天良。谅不至畏难苟安，空言塞责，原折片均著抄给阅看，将此各谕令知之。"钦此钦遵，寄信前来。合行恭录谕旨抄录原奏，札饬悉心筹议，札到，该司道等即便钦遵，迅速妥筹议后，以凭酌核具奏等因。奉此。伏查自强之道，以作育人才为本。求才之道，尤宜以设立学堂为先。光绪十二年，前任津海关道周馥禀请在津郡设立博文书院，招募学生，课以中西有用之学，嗣因与税务司德璀琳意见不合，筹款为难，致将造成房屋抵押银行。蹉跎十年，迄未开办。可见创举之事，空言易，实行难，立法易，收效难。

况树人如树木，学堂迟设一年，则人才迟起一年。日本维新以来，援照西法，广开学堂书院，不特陆海军将弁皆取才于学堂，即今之外部出使诸员，亦皆取材于律例科矣。制造枪炮开矿造路诸工、亦皆取材于机器工程科、地学、化学科矣。仅十余年，灿然大备。

中国智能之士，何地蔑有，但选将才于倚人广众之中，拔使才于诗文帖括之内。至于制造工艺皆取材于不通文理不解测算之匠徒，而欲与各国絜长较短，断乎不能。

职道之愚，当赶紧设立头等、二等学堂各一所，为继起者规式。惟二等学堂功课，必须四年，方能升入头等学堂。头等学堂功课，必须四年，方能选入专门之学。

不能躐等，即难免迟暮之憾。现拟通融求速办法，二等学堂本年拟由天津、上海、香港等处先招已通小学堂第三年功夫者三十名，列作头班；已通第二年功夫者三十名，列作二班；已通过第一年功夫者三十名，列作三班；来年再续招三十名，列作四班。合成一百二十名为额。第二年起，每年即可拔出头班三十名升入头等学堂。其余以次递升，仍每年挑选三十名，入堂补四班之额，源源不绝。此外国所谓小学堂也。至头等学堂，本年拟先招已通大学堂第一年功夫者，精选三十名列作末班。来年即可升列第三班，并取二等之第一班三十名，升补头等学堂第四班之缺。嗣后按年递升，亦以一百二十名为定额。至第四年底，头等头班三十名，准给考单挑选出堂。或派赴外洋，分途历练；或酌量委派洋务职事。此外国所谓大学堂也。

职道与曾充教习之美国驻津副领事丁家立考究再三，酌拟头等、二等学堂章程，功课必期切近而易成，大约头等学堂每年需经费银三万九千余两，二等学堂每年需经费银一万三千余两，共需银五万二千两左右。现值国用浩繁，公款竭蹶，事虽应办，而费实难筹，职道查津海钞关近年有收开平煤税，每年约库平银一万四五千两，为从前所无之税款，似可尽数专提，以充学堂经费。又天津米麦进口自光绪十九年禀明每石专抽博文书院经费银三厘，每年约收捐银三四千两，拟每石改收银五厘，亦不为多。又电报局禀明由天津至奉天借用官线递寄海蓝泡出洋电报，每字津贴洋银一角，电线通时，每年约计应交洋三四千元。营口一带线断之后，已经停止。嗣后锦州至奉天改造商线，仅借用天津至锦州官线一段，贴费更微。拟令电报局以后不计字数，每年捐交英洋二万元。又招商局迄漕由沪至津轮船，向系援照沙宁船成案，装运土货例准二成免税，藉以抵制洋商。拟令招商局以后在承运漕粮运脚免税项下，每年捐交规银二万两。以上合计每年捐银五万二千两左右，全数解交津海关道库存储，专备天津头等、二等学堂常年经费。通筹扯算，似可有盈无绌。

所有头等学堂，应即照前北洋大臣李批准周前道原拟以博文书院房屋为专堂。现经胡皋司顾全大局，由粮台设法筹款，向银行赎回，作为公产。其房价内，原有总税务司赫德及津海关税务司德璀琳捐款在内，如仍作学堂，税务司亦必乐从。

所需购办格致化学器具、书籍等项及聘请教习川资、创办应用之款，不在常年经费之内。查光绪十九年起，至二十一年四月止，米捐存银八千余两，拟即在此款内核实动用。二等学堂应觅地另行盖造，拟在开办初年教习学生尚未齐全应余经费之内提用，毋庸请发公款。其房屋未造成之先，应即借用头等学堂，房屋甚宽，足可敷用。

所有学堂事务，任大责重，必须遴选深通西学体用兼备之员总理，方不致有名无实。头等学堂拟请宪台札委二品衔候选道伍廷芳总理，二等学堂拟请札委同知衔候补知县蔡绍基总理，并拟订请美国人丁家立为总教习。该堂延订中西教习，考取学生，购办机器书籍等事，均由职道会商伍道蔡令及总教习于年内妥速开办，以免因循虚旷岁月。向来学堂有会办提调监督各名目，今拟一概删除，藉省开销而杜纷杂。谨缮呈章程清折，是否有当，伏乞宪台俯赐鉴核迅赐批示遵行，并请奏明立案以垂久远，实为公便，肃此敬请勋安伏乞垂鉴。

谨将拟设天津头等、二等学堂章程功课经费与总教习丁家立酌议各款，分缮清折，恭呈钧鉴。

计开

《头等学堂章程》

——头等学堂，因须分门别类，洋教习拟请五名，方能各擅所长。是以常年经费甚巨，势难广设。现拟先在天津开设一处以为规式。

——房屋必须宽大，拟即就天津梁家园南围墙外前津海关周道所议造之博文书院作为北洋头等学堂，以期名副其实。

——头等学堂必须谙习西学之大员一人为驻堂总办，尤必须熟习西学教习一人为总教习。所有学堂一切布置及银钱各事均归总办管理。所有学堂考核功课，以及华洋教习勤惰，学生去取，均归总教习管理。遇有要事，总办总教习均当和衷商办。

——头等学堂，以选延教习、挑取学生两大端最为紧要。总教习不得稍有宽徇，致负委任。

——头等学堂，以四年为一任。是以总分教习，均订四年合同。

任满去留，再行酌定。

——头等学堂第一年功课告竣后，或欲将四年所定功课全行学习，或欲专习一门，均由总办总教习察看学生资质，再行酌定。然一人之精力聪明，只有此数，全学不如专学，方能精进而免泛骛。如学专门者，则次年所学功课与原定功课稍有不同。至第三、四年所学功课，与原定功课又相径庭，应俟届时再行酌定。

——头等学堂常年经费，应照第四年教习学生足额，酌定数目。其第一年至第三年，学生未能足额，教习无庸多请，所节省之经费，除另造二等学堂及每次考试花红外，其余积存生息，以备四年后挑选学生出洋川资经费。

——格物学、化学机器等房，创办时均须预备机器式样，以备各学生阅视考据，并学堂置办书籍各图，所有经费应在常年经费之外开支。

——学生将来由二等学堂挑来者，汉文自可讲究。现由粤、沪等处挑来者，恐汉文不能尽通。是以汉文教习必须认真访延，不可丝毫徇情。

——汉文不做八股试帖，专做策论，以备考试实在学问经济。大约小学堂内《四书》古文均已读过，此外经史皆当择要讲读。

头等学堂功课

历年课程分四次第

第一年

几何学、三角勾股学、格物学、笔绘图、各国史鉴、作英文论、翻译英文。

第二年

驾驶并量地法、重学、微分学、格物学、化学、笔绘图并机器绘图、作英文论、翻译英文。

第三年

天文工程初学、化学、花草学、笔绘图并机器绘图、作英文论、翻译英文。

第四年

金石学、地学、考究禽兽学、万国公法、理财富国学、作英文论、翻译英文。专门学分为五门

——工程学（专教演习工程机器、测量地学、重学、汽水学、材料性质学、桥梁房顶学、开洞挖地学、水力机器学）

——电学（深究电理学、讲究用电机理、传电力学、电报并德律风学、电房演习）

——矿务学（深奥金石学、化学、矿务房演试、测量矿苗、矿务略兼机器工程学）

——机器学（深奥重学、材料势力学、机器、汽水机器、机器绘图、机器房演试）

——律例学（大清律例、各国通商条约、万国公约等）

洋人教习五名

——工程学算学教习一名。

——格物学化学教习一名。

——矿务机器学化学教习一名。

——机器学绘图学教习一名。

——律例学教习一名。华人教习汉文二名。

——讲读经史之学。

——讲读圣谕广训。

——课策论。华人教习洋文六名。

——华人洋文教习，视其所通何学，则由洋文总教习调度，帮助洋人教习。

头等学堂经费

第一年

——华总办一员（每月薪水公费银二百两），每年计银二千四百两。

——洋人总教习一名（每月薪水银二百两），每年计银二千四百两。

——格物学化学洋教习一名（每月薪水银二百两），每年计银二千四百两。

——汉文教习一名（每月薪水银四十两），每年计银四百八十两。

——华人洋文教习二名（每人每月薪水银一百两），每年计银二千四百两。

——学生膏火（三十名，每名每月四两），每年计银一千四百四十两。

——司事两名（每月共薪水银三十两），每年计银三百六十两。

——总办教习学生司事共三十六人，膳费每年计银一千二百六十两。

——书籍、纸张、笔墨等费，每年约计银二百两。

——听差、灯油、炭火、杂款等费，每年约银六百两。

共约计银一万三千九百四十两。（遇闰按月照加）

（第一年比较第四年经费，约省银二万五千五百四十四两。）

第二年

——华总办一员（每月薪水公费银二百两），每年计银二千四百两。

——洋人总教习一名（每月薪水银二百两），每年计银二千四百两。

——格物学化学洋教习一名（每月薪水银二百两），每年计银二千四百两。

——工程学算学洋教习一名（每月薪水银二百两），每年计银二千四百两。

——汉文教习二名（每人每月薪水银四十两），每年计银九百六十两。

——华人洋文教习三名（每人每月薪水银一百两），每年计银三千六百两。

——学生膏火（三十名，每人每月四两。三十名每人每月五两），每年计银三千二百四十两。

——司事二名（每月共薪水银三十两），每年计银三百六十两。

——总办教习学生司事共六十八人，膳食费每年计银二千三百七十六两。

——书籍、纸、笔、墨等费，每年约银四百两。

——听差、灯油、炭火、杂款等费，每年约计银六百两。

共约计银二万一千一百三十六两（遇闰按月照加）。

（第二年比较第四年经费约省银一万八千三百四十八两。）

第三年

——华总办一员（每月薪公费银二百两），每年计银二千四百两。

——洋人总教习一名（每月薪水银二百两），每年计银二千四百两。

——洋人分门教习五名（每人每月薪水银二百两），每年计银一万二千两。

——汉文教习二名（每人每月薪水银四十两），每年计银九百六十两。

——学生膏火（三十名每月四两，三十名每月五两，三十名每月六两），每年计银五千四百两。

——司事二名（每月薪水银共三十两），每年计银三百六十两。

——总办教习学生司事共九十九人，膳费每年计银三千四百九十二两。

——书籍、纸、笔、墨等费，每年约计银六百两。

——听差、灯油、炭火、杂款等费，每年约计银八百两。

共约计银三万三千二百十二两（遇闰按月照加）。

（第三年比较第四年经费，约省银六千二百七十二两。）

第四年

——华总办一员（每月薪水公费银二百两），每年计银二千四百两。

——洋人总教习一名（每月薪水银二百两），每年计银二千四百两。

——洋人分门教习五名（每人每月薪水银二百两），每年计银一万二千两。

——汉文教习二名（每人每月薪水银四十两），每年约计九百六十两。

——华人洋文教习六名（每人每月薪水银一百两），每年计银七千二百两。

——学生膏火（三十名每月四两，三十名每月五两，三十名每月六两，三十名每月七两），每年计银七千九百二十两。

——司事二名（每月共薪水银三十两），每年计银三百六十两。

——总办教习学生司事共一百三十一人，膳费每年计银四千六百四十四两。

——书籍、纸、笔、墨等费，每年约银八百两。

——听差、灯油、炭火、杂费，每年约计银八百两。

共约计银三万九千四百九十四两（遇闰按月照加）。

计开

《二等学堂章程》

——二等学堂即外国所称小学堂，日本一国不下数百处，西学之根皆从此起。现拟先在天津开设一处，以后由各省会推而至于各郡县，由各通商口岸推而至于各镇市，官绅商富皆可仿照集资开办，轻而易举。

——凡欲入二等学堂之学生，自十三岁起至十五岁止。按其年岁，考其读过《四书》，并通一二经，文理稍顺者，酌量收录。十三岁以下、十五岁以上者俱不收入。

——二等学堂之学生，照章须学西文四年，方能挑入头等学堂。现因头等学堂亟须挑选，不得已本年先选已通西文学生九十名，以充头二三班之额。至来年起，每年挑选三十名，以补四班之额。

——房屋必须另造。现因头等学堂人未齐集，尚可暂借博文书院房屋，以一院分作两堂，足敷布置。来年另行择地购造，须能容学生一百二十名之用。

——二等学堂必须谙习西学之员一人为驻堂总办。所有学堂一切布置及银钱各事，均归总办管理。所有学堂考核功课，以及教习勤惰，学生优劣，均归总教习考核。遇有要事，总办总教习均当和衷商办。

——二等学堂以选延教习，挑取学生两大端最为紧要，总教习不得稍有宽徇，致负委任。

——二等学堂洋文教习均用华人，每班须用英文正教习一名，帮教习一名，必须学业充足，故不得不酌宽薪水。如四年任满，所教学生堪胜头等之选，准由总办详情从优保奖。

——二等学堂汉文教习，每班须用一名，必须认真访延品学兼优、精神充足者方能讲学得力，不得丝毫徇情。

——汉文不作八股试帖，专作策论，以备考试实在学问经济。第一年现选学生九十名，皆自外来，汉文必浅，尤应认真讲诵以立造就根基。

——二等学堂之学生，每月贴膳银二两。第一年学生每人每月膏火银一两，第二年学生每人每月一两五钱，第三年学生每人每月二两，第四年学生每人每月二两五钱。俟风气大开，咸知西学有进身之阶，渐推渐广，膏火或酌裁。

二等学堂功课

历年课程分四次第

第一年

英文初学浅言、英文功课书、英文字拼法、朗诵书课、数学。

第二年

英文文法、英文字拼法、朗诵书课、英文尺牍、翻译英文、数学并量法启蒙。

第三年

英文讲解文法、各国史鉴、地舆学、英文官商尺牍、翻译英文、代数学。

第四年

各国史鉴、坡鲁伯斯第一年、格物学、英文尺牍、翻译英文、平面量地法。洋文华教习八名

——四班，每班英文正教习一名，帮教习一名。

汉文华教习四名

——讲读四书经史之学。

——讲读圣谕广训。

——课策论。

二等学堂经费

以第二年核算

——华总办一员（每月薪水银六十两），每年计银七百二十两。

——汉文华教习四名（每人每月薪水银二十两），每年计银九百六十两。（第一年少一人，可节省二百四十两）

——洋文华教习四人（每人每月薪水银五十两），每年计银二千四百两。

（第一年少一人，可节省银六百两）

——洋文帮教习四人（每人每月薪水银二十五两），每年计银一千二百两。

（第一年少一人，可节省银三百两）

——学生膏火一百二十名，每年计银二千五百二十两。

（第一年少第四班三十名，可节省银三百六十两）

——司事一人（每月薪水银十五两），每年计银一百八十两。

——总办教习学生司事共一百三十四人，膳费每年计四千八百二十四两。

（第一年少三十三人，可节省银一千一百八十八两）

——书籍、纸、笔、墨等费，每年约计银六百两。

——听差、灯油、炭火、杂费，每年约计银六百两。

自第一年起二年经费，共约计银一万四千四百两。

（第一年计可节省银二千六百八十八两。）

凡头等二等历年经费，只能约核银数。此外如有额外用款实难节省者，应在开办初年节存经费之内禀请批准开支。所有收支各款，按月由堂申报北洋大臣一次。并咨

津海关道衙门招商局电报局一次。至第一年期满将学生功课、等第及收支经费刊布一次，以备中外考核。

以上头等、二等学堂章程功课经费各条，皆就目前拟议具陈，深恐未尽确当。如开办后须有变通之处，应准随时随地商禀补定，以期精益求精合并声明。

阐释：

盛宣怀所拟为北洋大学堂创办章程，上报北洋大臣直隶总督王文韶时，奏折名称为《拟设天津中西学堂章程禀》，学堂名称为"中西学堂"。而王文韶呈报光绪皇帝的奏折《津海关道盛宣怀创办西学学堂禀明立案由》，将"中西学堂"改名为"西学学堂"。光绪皇帝朱批的是王文韶的奏折，而清政府下文件时称为"大学堂"。

"大学堂"源自盛宣怀奏折"职道之愚，当赶紧设立头等、二等学堂各一所，为继起者规式"，头等学堂"此外国所谓大学堂也"。

（一）"中西学堂"的称谓见于盛宣怀草拟的办学章程

1895年9月19日（清光绪二十一年八月初一），盛宣怀草拟的筹划建立北洋大学的章程名为《拟设天津中西学堂章程禀》，其首行写道："拟设天津中西学堂章程，请奏明立案，禀北洋大臣王。"[1] 由此可见盛宣怀筹备建立的学堂名称为"天津中西学堂"。

起名"天津中西学堂"的原因，从章程内容解读，章程中写道："光绪十二年，前任津海关道周馥禀请在津郡设立博文书院，招募学生，课以中西有用之学，嗣因与税务司德璀琳意见不合，筹款为难，致将造成房屋抵押银行。蹉跎十年，迄未开办。"[2] 根据章程中的文意我们可以了解到盛宣怀是要将"前任津海关道周馥"没办成的"课以中西有用之学"的学堂办成，因此学堂起名为"天津中西学堂"。而且，根据1896年出版的《教务杂志》的记述，周馥和德璀琳筹建的博文书院也是要办一所大学。

（二）"西学学堂"的称谓见于王文韶上报朝廷的奏折

1895年9月30日，北洋大臣王文韶将盛宣怀的奏折择要改拟为《津海关道盛宣怀创办西学学堂禀明立案由》，于1895年9月30日（清光绪二十一年八月十二日）

---

① 天津大学校史编辑室：《北洋大学－天津大学校史》（一卷），天津大学出版社，1990年，第3页。
② 天津大学校史编辑室：《北洋大学－天津大学校史》（一卷），第4页。

具奏光绪皇帝审批。对比两个奏折，我们可以知道盛宣怀提议的"中西学堂"被王文韶改为了"西学学堂"，并且以此名称上报给了光绪皇帝。也就是说正式上报朝廷的学堂名称为"西学学堂"。

起名"西学学堂"的原因，从奏折内容解读，奏折中写道："所拟章程亦均周妥，应即照办。惟堂内事繁责重，必须通晓西学才堪总核之员认真经理，方不致有名无实。查二品衔候选道伍廷芳，堪以委派总办头等学堂；同知衔候补知县蔡绍基，堪以委派总办二等学堂；并延订美国人丁家立为总教习。一切应办事宜，仍责成盛宣怀会商伍廷芳等妥速办事，以免因循虚旷岁月。"① 根据奏折中的文意我们得知该学堂的办学内容以西学为主，学堂分为头等学堂和二等学堂，头等学堂即"此外国所谓大学堂也"，为"不致有名无实"，故而安排"通晓西学"的要员负责学堂事务。伍廷芳，1874年自费留学英国，后获法学博士学位；蔡绍基，1872年首批留美幼童，入耶鲁大学学习法律；丁家立是美国人，本科毕业于达特茅斯学院，硕士学位在欧柏林神学院获得，1882年来华，1886年在天津开设"中西书院"。这些人都是清末为数不多的"通晓西学"的人才。学堂所设学门为法律、工程（土木）、机械、冶金，皆为西学；开设课程皆为西学课程；聘请的教师多为欧、美、日、俄或有留学国外经历的中国教员；管理人员也皆为留学归国人员，改称"西学学堂"准确地反映了学校的西学性质和办学层次。

对于"西学学堂"的名称，在清朝记载北洋大学创办的文件中还有这样的记述：光绪皇帝实录载："直隶总督王文韶奏。津海关道盛宣怀倡捐集资创办西学学堂。请饬立案。下所司知之。"清军机处随手档载："朱批王折报四百里马递发回——六、津海关道盛宣怀创办西学学堂禀明立案由。"② 由此可见，北洋大学堂在创办过程中皆被称为"西学学堂"，而非"中西学堂"。

（三）"大学堂"的称谓见于政府批文和英文报纸的报道

目前，我们所见到的光绪皇帝的批准是在王文韶奏折上朱批"该衙门知道"五个字，那么"大学堂"的称谓是怎么来的呢？

《直报》于1895年11月8日刊登的清政府颁布的"劝令加捐"文告中写道："钦命头品顶戴监督天津新钞两关北洋行营翼长办理直隶通商事务兼管海防兵备道盛，为晓谕事查前因天津设立头等、二等大学堂经费浩繁，曾经该道具详于博文书院三厘米

---

① 天津大学校史编辑室:《北洋大学 – 天津大学校史》（一卷），第18页。
② 天津大学校史编辑室:《北洋大学 – 天津大学校史》（一卷），第20页。

捐之外加捐二厘已奉，奏准每石收银五厘籍充学堂经费，当经本道委员劝令粮商遵照去后兹据津郡众粮商公议情愿加捐前来除详情，督宪查核立案并禀批示外合函出示晓谕，为此示仰粮商人等知悉，自本年九月十五日起，无论有无护照，凡系商贩米麦进口，每石一律捐银五厘毋得违抗，切切特示。"① 在学堂成立的第二个月的政府文告中即称为"大学堂"，这是目前看到的文献记载着最早使用"大学堂"的政府文件。说明朝廷承认了盛宣怀所拟办学章程中的提法：头等学堂"此外国所谓大学堂也"，并同意了经费的使用建议。

1895 年 12 月 7 日英文版的《京津泰晤士报》刊登了采访北洋大学的文章，英文标题为 "A visit to the Tientsin University"，副标题为"北洋大学堂见闻"。②

1896 年英文版《教务杂志》先后两期刊登了有关北洋大学堂的内容，其中一篇写道：

"As the traveler approaches the emporium of the north on his way to the Imperial capital，his attention is arrested by a conspicuous pile of building on the banks of the Peiho. That is the nucleus of a new university，now under the presidency of an American.（Mr. C. D. Tenney）"③

从以上举例可以看到北洋大学成立后即被称为"大学堂"或"北洋大学堂"。中国政府和外国媒体都承认其为"大学堂"。从目前查阅到的资料看，在北洋大学堂成立之前没有学校使用"大学堂"的称谓，在 1898 年京师大学堂建立之前，凡使用"大学堂"字样的唯有"北洋大学堂"一所学校。

据民国《第一次中国教育年鉴》记载，在 1902 年以前，我国称为"大学堂"的学校仅 3 所：北洋大学堂、京师大学堂和山西大学堂。

关于北洋大学堂的名称，编者还收集了一些佐证资料：

《北洋大学堂题名录》中第一页"堂政"六条，第一条称"本堂……"。此书是 1897 年所印，说明 1897 年以前已称为"北洋大学堂"。④

《天津海关一八九二至一九〇一年十年调查报告书》载："在一八九八年事件后……发生了德国军队占住北洋大学堂的事件。"⑤ 说明在海关文书中使用北洋大学堂

---

① 《劝令加捐》，刊于《直报》，光绪二十一年九月二十二日，第二百四十六号，第 3 页。

② 《京津泰晤士报》，1895 年 12 月 7 日，第 367 页。

③ 《教务杂志》，The Chinese Recorder, v. 28. Presbyterian Mission Press, 1896, p. 383.

④ 天津大学校史编辑室：《北洋大学－天津大学校史》（一卷），第 15 页。

⑤ 天津市历史研究所：《天津历史资料》（4），天津市历史研究所出版社，1965 年，第 79 页。

名称。

1900 年初颁发的《1899 年头等学堂头班毕业生考凭》，凭文为："给发考凭事照得天津北洋大学堂招取学生……"[①] 此用北洋大学堂名称。

1900 年南洋公学总理何嗣昆为接收因德军侵占校园而停学逃散的北洋大学堂铁路班学生给盛宣怀的呈文："于本年度间……北洋大学堂被毁，以至各该学生分投逃散……"关于经费："从前北洋大学堂于此项经费，系向铁路公司领取整款，阐释月支付。"[②] 呈文均使用北洋大学堂名称。

1901 年盛宣怀通过南洋公学资送北洋大学堂毕业生及头等学生派遣外洋留学之事札，原文为："为札饬事照得北洋大学堂毕业及头等学生前经考取数名酌派遣外洋肄业专门，嗣因北方肇乱未及举行……"[③] 行札使用北洋大学堂名称。

1902 年 11 月 21 日关于资送留学生经费事，铁路公司事务大臣给美国大书院总教习傅兰雅的照会："照会事……有名江顺德者乃前北洋大学堂之学生，于本季之首已入此处大学院学习……"[④] 对外照会使用北洋大学堂名称。

综上所述，北洋大学在创办之初名称即为"北洋大学堂"，因此，盛宣怀禀请北洋大臣王文韶转呈光绪皇帝，经御批创建的"大学堂"的名称是"北洋大学堂"。盛宣怀所拟章程即是"中国第一个大学章程——北洋大学堂章程"。

至于为什么是第一个章程，盛宣怀在章程中反复说明"职道之愚，当赶紧设立头等、二等学堂各一所，为继起者规式"，"是以常年经费甚巨，势难广设。现拟先在天津开设一处以为规式"。

---

① 王杰：《学府探赜》，天津大学出版社，2015 年，第 9 页。

② 上海图书馆：《上海图书馆藏盛宣怀档案萃编》（下），上海古籍出版社，2008 年。

③ 上海图书馆：《上海图书馆藏盛宣怀档案萃编》（下）。

④ 上海图书馆：《上海图书馆藏盛宣怀档案萃编》（下）。

2. 盛宣怀拟设天津中西学堂的有关奏折

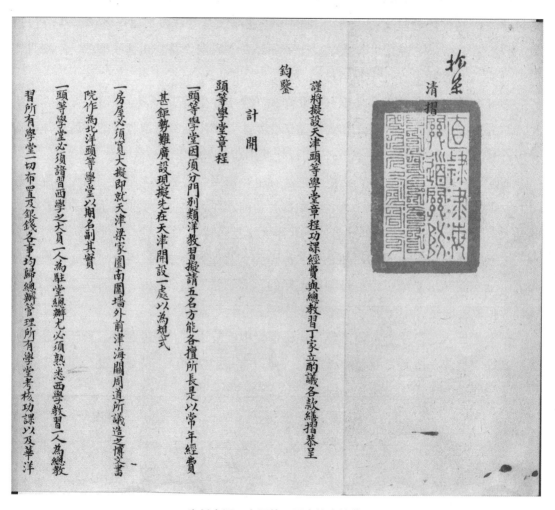

谨将拟设天津头等学堂章程功课经费与总教习丁家立酌议各款缮摺恭呈

钧鉴

計開

頭等學堂章程

一頭等學堂因須分門別類洋教習擬請五名方能各擅所長是以常年經費甚鉅勢難廣設現擬先在天津開設一處以為規式

一房屋必須寬大擬即就天津梁家園南圍墻外前津海關周道所議造之博文書院作為北洋頭等學堂以期名副其實

一頭等學堂必須諳習西學之大員一人為駐堂總辦尤必須熟悉西學教習一人為總教習所有學堂一切布置及銀錢各事均歸總辦管理所有學堂考核功課以及華洋

资料来源：中国第一历史档案馆藏

3. 盛宣怀《拟设天津头等学堂章程、功课、经费
与总教习丁家立酌议各款事清折》

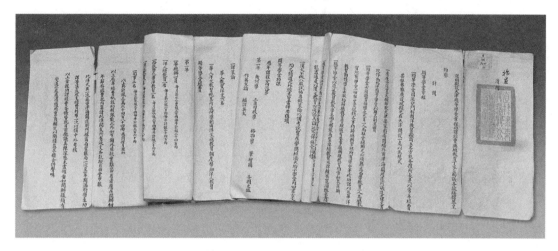

资料来源：中国第一历史档案馆藏

谨将拟设天津头等、二等学堂章程功课经费与总教习丁家立酌议各款，分缮清折，恭呈钧鉴。

计开

《头等学堂章程》

——头等学堂，因须分门别类，洋教习拟请五名，方能各擅所长。是以常年经费甚巨，势难广设。现拟先在天津开设一处以为规式。

——房屋必须宽大，拟即就天津梁家园南围墙外前津海关周道所议造之博文书院作为北洋头等学堂，以期名副其实。

——头等学堂必须谙习西学之大员一人为驻堂总办，尤必须熟习西学教习一人为总教习。所有学堂一切布置及银钱各事均归总办管理。所有学堂考核功课，以及华洋教习勤惰，学生去取，均归总教习管理。遇有要事，总办、总教习均当和衷商办。

——头等学堂，以选延教习、挑取学生两大端最为紧要。总教习不得稍有宽徇，致负委任。

——头等学堂，以四年为一任。是以总分教习，均订四年合同。

任满去留，再行酌定。

——头等学堂第一年功课告竣后，或欲将四年所定功课全行学习，或欲专习一门，均由总办、总教习察看学生资质，再行酌定。然一人之精力聪明，只有此数，全学不如专学，方能精进而免泛骛。如学专门者，则次年所学功课与原定功课稍有不同。至第三、四年所学功课，与原定功课又相径庭，应俟届时再行酌定。

——头等学堂常年经费，应照第四年教习学生足额，酌定数目。其第一年至第三年，学生未能足额，教习无庸多请，所节省之经费，除另造二等学堂及每次考试花红外，其余积存生息，以备四年后挑选学生出洋川资经费。

——格物学、化学机器等房，创办时均须预备机器式样，以备各学生阅视考据，并学堂置办书籍各图，所有经费应在常年经费之外开支。

——学生将来由二等学堂挑来者，汉文自可讲究。现由粤沪等处挑来者，恐汉文不能尽通。是以汉文教习必须认真访延，不可丝毫徇情。

——汉文不做八股试帖，专做策论，以备考试实在学问经济。大约小学堂内《四书》古文均已读过，此外经史皆当择要讲读。

头等学堂功课

历年课程分四次第

第一年

几何学、三角勾股学、格物学、笔绘图、各国史鉴、作英文论、翻译英文。

第二年

驾驶并量地法、重学、微分学、格物学、化学、笔绘图并机器绘图、作英文论、翻译英文。

第三年

天文工程初学、化学、花草学、笔绘图并机器绘图、作英文论、翻译英文。

第四年

金石学、地学、考究禽兽学、万国公法、理财富国学、作英文论、翻译英文。专门学分为五门

——工程学（专教演习工程机器、测量地学、重学、汽水学、材料性质学、桥梁房顶学、开洞挖地学、水力机器学）

——电学（深究电理学、讲究用电机理、传电力学、电报并德律风学、电房演习）

——矿务学（深奥金石学、化学、矿务房演试、测量矿苗、矿务略兼机器工程学）

——机器学（深奥重学、材料势力学、机器、汽水机器、机器绘图、机器房演试）

——律例学（大清律例、各国通商条约、万国公约等）

洋人教习五名

——工程学算学教习一名。

——格物学化学教习一名。

——矿务机器学化学教习一名。

——机器学绘图学教习一名。

——律例学教习一名。华人教习汉文二名。

——讲读经史之学。

——讲读圣谕广训。

——课策论。华人教习洋文六名。

——华人洋文教习，视其所通何学，则由洋文总教习调度，帮助洋人教习。

头等学堂经费

第一年

——华总办一员（每月薪水公费银二百两），每年计银二千四百两。

——洋人总教习一名（每月薪水银二百两），每年计银二千四百两。

——格物学化学洋教习一名（每月薪水银二百两），每年计银二千四百两。

——汉文教习一名（每月薪水银四十两），每年计银四百八十两。

——华人洋文教习二名（每人每月薪水银一百两），每年计银二千四百两。

——学生膏火（三十名，每名每月四两），每年计银一千四百四十两。

——司事两名（每月共薪水银三十两），每年计银三百六十两。

——总办教习学生司事共三十六人，膳费每年计银一千二百六十两。

——书籍、纸张、笔墨等费，每年约计银二百两。

——听差、灯油、炭火、杂款等费，每年约银六百两。

共约计银一万三千九百四十两。（遇闰按月照加）

（第一年比较第四年经费，约省银二万五千五百四十四两。）

第二年

——华总办一员（每月薪水公费银二百两），每年计银二千四百两。

——洋人总教习一名（每月薪水银二百两），每年计银二千四百两。

——格物学化学洋教习一名（每月薪水银二百两），每年计银二千四百两。

——工程学算学洋教习一名（每月薪水银二百两），每年计银二千四百两。

——汉文教习二名（每人每月薪水银四十两），每年计银九百六十两。

——华人洋文教习三名（每人每月薪水银一百两），每年计银三千六百两。

——学生膏火（三十名，每人每月四两。三十名每人每月五两），每年计银三千二百四十两。

——司事二名（每月共薪水银三十两），每年计银三百六十两。

——总办教习学生司事共六十八人，膳食费每年计银二千三百七十六两。

——书籍、纸、笔、墨等费，每年约银四百两。

——听差、灯油、炭火、杂款等费，每年约计银六百两。

共约计银二万一千一百三十六两（遇闰按月照加）。

（第二年比较第四年经费约省银一万八千三百四十八两。）

第三年

——华总办一员（每月薪公费银二百两），每年计银二千四百两。

——洋人总教习一名（每月薪水银二百两），每年计银二千四百两。

——洋人分门教习五名（每人每月薪水银二百两），每年计银一万二千两。

——汉文教习二名（每人每月薪水银四十两），每年计银九百六十两。

——学生膏火（三十名每月四两，三十名每月五两，三十名每月六两），每年计银五千四百两。

——司事二名（每月薪水银共三十两），每年计银三百六十两。

——总办教习学生司事共九十九人，膳费每年计银三千四百九十二两。

——书籍、纸、笔、墨等费，每年约计银六百两。

——听差、灯油、炭火、杂款等费，每年约计银八百两。

共约计银三万三千二百十二两（遇闰按月照加）。

（第三年比较第四年经费，约省银六千二百七十二两。）

第四年

——华总办一员（每月薪水公费银二百两），每年计银二千四百两。

——洋人总教习一名（每月薪水银二百两），每年计银二千四百两。

——洋人分门教习五名（每人每月薪水银二百两），每年计银一万二千两。

——汉文教习二名（每人每月薪水银四十两），每年约计九百六十两。

——华人洋文教习六名（每人每月薪水银一百两），每年计银七千二百两。

——学生膏火（三十名每月四两，三十名每月五两，三十名每月六两，三十名每月七两），每年计银七千九百二十两。

——司事二名（每月共薪水银三十两），每年计银三百六十两。

——总办教习学生司事共一百三十一人，膳费每年计银四千六百四十四两。

——书籍、纸、笔、墨等费，每年约银八百两。

——听差、灯油、炭火、杂费，每年约计银八百两。

共约计银三万九千四百九十四两（遇闰按月照加）。

阐释：

盛宣怀《拟设天津中西学堂章程禀》和《拟设天津头等学堂、章程、功课、经费与总教习丁家立酌议各款折》，反映了北洋大学堂章程的所有内容，从中可以看到，北洋大学的建立是中西文化交融的产物，是中国文化和西方科学教育文化融会贯通的典范。

北洋大学堂章程具有"中国特色"：先立典章，后建大学的制度文化特点；兴学强国，家国情怀的精神文化特点；西学体用的文化实践的探索。

北洋大学堂章程具有"世界一流水平"：以美国哈佛、耶鲁大学为蓝本规划北洋大学堂；以世界当时最流行的层级教育模式设置头等、二等学堂和留学学堂；以当时最先进的学科分类，设置北洋大学堂的学科；以现代大学管理模式管理学校。

（一）先立典章，后建大学的制度文化特点

近代大学滥觞于欧洲，有由古希腊、古罗马哲学学校演进而来的大学，它的文化基础是哲学；有由英国、俄国的教会学校演进而来的大学，它的文化基础是宗教；有工业革命后建立的新大学，它的文化基础是科学技术。而中国近代大学则不同，它是"后发移植型"，是向西方近代大学学习的产物。中国近代大学起源于制度文化，无论是建立于1895年的北洋大学堂、建立于1898年的京师大学堂，还是建立于1902年以后的山西大学堂、山东大学堂等等，都是先立典章制度而后建立大学。北洋大学堂先草拟了《拟设天津中西学堂章程禀》，京师大学堂先草拟了《钦定学堂章程》，而后经过清政府的批准，两所大学才照章办学，其他大学堂亦然。所以中国近代大学的文化基础是制度。制度文化所体现出的对于中国文化传统的继承、对于西方文化的吸收和借鉴，乃至于中西文化的融合与碰撞，都在大学制定的制度和国家制定的教育制度中明显地反映出来。

从宏观上讲制度本身属于文化范畴，从微观上讲制度又体现了不同的文化内涵。大学制度文化体现在大学制度之中。大学制度是维系大学内部运行以及维系大学与外部关系的法律、法规和相关的条例、规定等。如在清末大学制度中对于教育方针、学科结构、课程设置、教学管理、人事管理、校园管理、招生制度、教师守则、学生守则乃至于作息时间和休假等都做出了明确的制度要求。这些制度无处不体现了文化的特点，如在《钦定学堂章程》中规定了学生与管理者、教师之间的礼遇形式；规定了经史子集的课程内容；规定了"中学体用"的教育方针，这些都体现了中国封建文化的特点。同时，对于教师的聘任又体现了西方文化的契约精神、对于实用学科的实验要求也体现了工业革命后的科学精神。此外，制度以规范的形式把学校的规章制度内化为师生员工自觉的行为规范和习惯，形成全体师生共同的办学理念和行为准则乃至行为方式，由此形成了学校的校训和校风。

　　分析"先立典章，后建大学"的历史原因：其一，1895年到1900年的五年间中国社会经历了一次新的大变故，其间从义和团运动到八国联军攻占北京，清政府再一次吃了"船坚炮利"的苦头，"兴学强国"成为朝野共识，从而推进了从教育入手以救国难的举措的实施，既然是国家举措，大学由国家审批就是必然程序。其二，从教育入手以救国难不能指望传统的教育，也不能停留在洋务运动初期的教育水平，必须像日本那样"援照西法"，开办西学，进而提高教育的层次，创办高等教育。对几千年传统教育的改变关系到文脉传承和创新，自然是国之大者，必须由国家决策。其三，自1840年以来，战祸连连，创伤不断，清朝统治更加岌岌可危，朝廷恐慌，既要开办西学培养新式人才以自强，又怕开办西学会加深这种危机。在这种"退亦忧、进亦忧"的局面下，强调"中学为体"之本，制定系统的教育体制对新式教育进行控制，使其为我所用，而有利无害，正是清政府的出发点。由此确立了中国大学与国家之间的关系，形成了清末我国开办的大学都必须经过国家批准才能开办的范式，先立典章，经过皇帝审批再建大学，成为我国近代大学初创时期开办大学的固定程序。其四，我国近代大学初创时期开办大学的章程，虽然是学校办学的具体章程，但是和国家的教育章程有所混淆，如京师大学堂的办学章程，由于它既是国家的最高学府，又是国家教育的管理部门，因此其章程既是学校的管理章程又具有国家制度的法律性质。综上所述，中国近代大学初创制度体现了大学"国治"的原则。

　　（二）兴学强国，家国情怀的精神文化特点

　　兴学强国，家国情怀是中国大学的精神文化特点，源起于盛宣怀的奏折："敬禀者，窃于光绪二十一年闰五月二十九日，奉宪台札开——光绪二十一年闰五月二十八日，承准军机大臣字寄，奉上谕：'自来求治之道，必当因时制宜。况当国事艰难，尤宜上下一心，图自强而弭隐患。朕宵旰忧勤，惩前毖后，惟以蠲除痼习，力行实政为先。叠据中外臣工条陈时务，详加披览，采择实行。如修铁路，铸钞币，造机器，开矿产，折南漕，减兵额，创邮政，练陆军，整海军，立学堂，大抵以筹饷练兵为急务，以恤商惠工为本源，皆应及时举办。至整顿厘金，严核关税，稽查荒田，汰除冗员各节，但能破除情面，实力讲求，必于国计民生两有裨益。各直省将军督抚将以上诸条，各就本省情形与藩臬两司暨各地方官悉心筹划，酌度办法，除文到一月内分析复奏。当此创巨痛深之日，正我君臣卧薪尝胆之时，各将军督抚受恩深重，具有天良。谅不至畏难苟安，空言塞责，原折片均著抄给阅看，将此各谕令知之。'钦此钦遵，寄信前来。合行恭录谕旨抄录原奏，札饬悉心筹议，札到，该司道等即便钦遵，迅速妥筹议后，以凭酌核具奏等因。奉此。伏查自强之道，以作育人才为本。求才之道，尤宜以设立学堂为先。""自强首在储才，储才必先兴学"，提出了开办大学的目的就是"兴学强国"。"兴学强国"是中国大学的使命与责任，也是中国大学的精神追求。

2014 年 9 月天津大学校长李家俊以"育英才圆兴学强国使命"为题，回答了《天津日报》记者的采访，他指出"与西方大学不同的是，中国大学发端于民族危亡之际，成长于外敌入侵之时。可以说，在当时中国办大学，首要目标并不是单纯地开展学术研究，而是把兴学作为手段，把强国作为目标"，"兴学强国来源于反侵略、反压迫、追求自强的民族诉求，是中华民族百折不挠精神在大学文化中的体现，同时也体现了现代大学捍卫真理、坚守正义的基本理念，成为中国大学与生俱来的历史使命"。[①]

李家俊的谈话讲出了中国大学开办时期的一个历史事实。1898 年管学大臣张百熙在《拟设京师大学堂的奏折》中提到"为富强致治之规，朝廷以更新故而求之人才，以求人才之故而本之学校"[②]，也表明兴学乃强国之基础的观点。1901 年山东巡抚袁世凯奏禀开办山东大学堂，在其奏折中提出："臣伏维国势之强弱，视乎人才，人才之盛衰，源于学校。诚以人才者，立国之本，而学校者，又人才所从出之途也。以今日世

① 李家俊：《西北联大与"兴学强国"精神》，刊于《光明日报》，2013 年第 1 期，第 16 页。
② 王杰、祝士明：《学府典章》，天津大学出版社，2010 年，第 142 页。

变之殷，时艰之亟，将欲得人以佐治，必须兴学以培才。"①浙江巡抚任道镕在申请开办浙江求是大学堂的奏折中写道："伏维国势之强弱在乎人才，人才之兴替视乎学术。古昔盛时，州序党庠，莫不以学为重。近日中西各国，亦务广建学舍，以励群才。盖非预储于平时，必难收效于异日。方今急务，莫先于此。"②虽然各个大学堂的表述词语不同，但是所表示的为国家强盛而开办大学的办学理念是一致的。"兴学强国"是中国现代大学创建以来的历史所赋予的大学使命与精神。

这一使命与精神的基础是中国文化中的"家国情怀"。

大学文化学者王冀生先生在《大学文化哲学》一书中提出：中国封建教育的核心是"人文化成"。中国古代教育的功能首先表现为对人的影响，注重教育对于人的道德品质和文化素养的作用。著名的儒家学派就提出了"大学之道在明明德，在亲民，在止于至善"的"垂世立教"目标，在修身的道德修养中完善人格，实现"兼济天下"的远大抱负。康熙皇帝在《学校论》中提出："治天下者，莫亟于正民心，厚风俗，其道在尚教化以先之。学校者，教化所从出，将以纳民于轨物者也……教化者为治之本，学校者教化之原。"③可见中国传统教育几千年始终重视"人文化成"精神的养成。

儒学教育千百年来重视人文精神，培养了中国知识分子以天下兴亡为己任，"先天下之忧而忧，后天下之乐而乐"的家国情怀，形成了"苟利国家生死以，岂因祸福避趋之"的责任担当，奠定了"兴学强国"的思想基础，形成了中国大学与西方大学文化本质上的区别，正如梅贻琦先生所言："今日中国之大学教育，溯其源流，实自西洋移植而来，顾制度一事，而精神又一事。"④

历史学者罗志田指出"中国士人因屡挫于西方和日本而大谈国家富强"，"富强本不为儒家所强调，寻求富强正是在西潮影响下产生的国家目标"。⑤而这个国家目标在近代却成了大学人的奋斗目标和精神追求，究其原因，台湾学者王尔敏使用了"学战"一词："中国士人，特别是年青一代，逐渐得出中西文化竞争最终是一场'学战'的观念，他们因而更自觉地重视起这场文化竞争。"⑥文化竞争关系到国家和民族的根

---

① 王杰、祝士明:《学府典章》，第175页。
② 王杰、祝士明:《学府典章》，第190页。
③ 李国钧:《清代前期教育论著选》(中册)，人民教育出版社，1990年，第341页。
④ 梅贻琦:《大学一解》，刊于《清华学报》，1941年，第13卷第1期。
⑤ 罗志田:《权势转移》，北京师范大学出版社，2014年，第22页。
⑥ 罗志田:《权势转移》，第13页。

本利益，而大学人则是这场竞争的主角。曾担任过北京大学校长的胡适在《非留学篇》中提出"救国千万事，造人为重要"，"今日造因之道，首在树人，树人之道，端在教育"。[①]这与北洋大学创始人盛宣怀提出的"自强之道，以作育人才为本"如出一辙。西班牙学者奥尔特加在《大学的使命》一书中提出"信念是每个人生活的基本组成部分"，"把大学当作一种精神比把他当作一个机体更为合适"。[②]中国的近代大学正是生活在兴学强国的信念中，实践在兴学强国的精神里。因此，原中国高教学会会长曲振元在 2015 年天津大学举办的校长圆桌会议上指出："'兴学强国'是中国高等教育与生俱来的历史责任和追求，是继意大利博洛尼亚大学提出'人才培养'、德国洪堡大学提出'科学研究'之后，大学功能在中国的拓展与完善。随后，'服务社会'这一功能被美国威斯康星大学提出。可以说，'兴学强国'拓展了高等教育功能，提升了高等教育境界，彰显了中国大学的精神特质，改变了世界高等教育发展史。"[③]

（三）西学体用的文化实践的探索

盛宣怀在创建北洋大学堂章程中提出"西学体用"的主张，这在清末是极其大胆的、前卫的，甚至有政治风险的主张。

清末，随着社会的变革，作为政治制度中的人才选拔（主要是官吏选拔）制度的"科举取士"弊端越来越明显，已经不适应国家选拔人才的需要，并且制约了新式教育的发展。康有为在《请废八股试帖楷法试士改用策论折》中指出："若夫今者万国交通，以文学政艺相竞，少不若人，败亡随之。当此绸缪未雨之时，为兴学育才之事，若追亡救火之急，犹恐其不能立国也；而乃以八股试多士，以小题枯困截搭缚人才，投举国才智于盲瞽，惟恐其稍为有用之学，以为救时之才也，不亦反乎？然则中国之割地败兵也，非他为之，而八股致之也。"[④]为了弥补科举取士之不足，第二次鸦片战争以后，就提出了改革科举取士的建议。1874 年，李鸿章提出在科举考试中增设"洋务进取一格"，使那些研习西学的人"与正途出身无异"。这在今天看来不过是一个微小的变动，但是在当时却引起了轩然大波。赞同者称这是"中国转弱为强之机，而怀抱利器者处囊脱颖之会也"。反对者称："今欲弃经史章句之学，而尽趋向洋学，试问电学、算学、化学、技艺学，果足以御敌乎？"认为绝不能在科举中增加洋务一科，

① 罗志田:《权势转移》。
② 胡显章:《当代中国大学精神研究》，高等教育出版社，2017 年，第 8—9 页。
③ 王杰、张世轶:《大学文化讲演集》，天津大学出版社，2018 年，第 155 页。
④ 舒新城:《中国近代教育史资料》（下册），人民教育出版社，1961 年，第 39 页。

此事关系到社稷安危。直到 1887 年，江南道监察御史陈琇莹提出："不必特设洋务专科，允许明习算学之人归入正途考试，中试者准予科甲出身。"此奏折才得到清政府的批准。1988 年有 32 人参加总理衙门的特别考试，仅取中算学举人一名，与当时每届录取大约 1500 名举人的总数相比不过凤毛麟角，微乎其微。

清末，主流的教育方针是"中体西用"，既"中学为主，西学为辅"。"中学为主"其实质是以中国纲常名教为根本的儒教经学为主。我国传统的"中学"又称"旧学"。张之洞《劝学篇》中作了明确规定："四书五经、中国史事、政书、地图为旧学，西政、西艺、西史为新学，旧学为体，新学为用，不使偏废。"

中国传统教育自从汉武帝"罢黜百家，独尊儒术"之后，儒家一统天下的局面逐渐形成。尤其是科举制的确立，使功名利禄与儒家学术直接挂钩，就更加凸显了儒学的地位。此后虽一度有佛教和道教的影响，但始终未能动摇儒学的正统地位。四书五经的考试内容和八股行文的答题形式固定化。科举是封建社会中政府对知识分子的政策指挥棒，也是封建教育制度的核心。科举凌驾于学校教育之上，学校教育是为科举服务的，培养的是为封建政权服务的官吏。

古代传统教育只认识到教育具有端正人心、强化政治的作用，而没有认识到教育具有开发人的智力，培养人的能力，促进生产力发展的作用，只把它看成是一种政治力，而没有把它看作是一种生产力。按照张之洞的说法："中学为内学，西学为外学；中学治身心，西学应世事。""中学"最重要的是"明纲"，即"三纲五常"，通过教育使学生"读经以存圣教"，强调教育要为现实政治服务，为维护封建统治服务。甚至将教育与政治混同为一，如清朝除文科、武科之外设有博学鸿词科、孝廉方正科等，目的在于缓和社会矛盾，稳定知识群体。将教育的考试与国家用人制度混同为一，将科举考试置于教育之上。教育的核心目的是"尊孔忠君"，正因如此，封建王朝始终将"中学"视为固国之本。

洋务运动之前的清朝，虽然"中学"内部也进行过变革，但是都没有脱离圣教儒学的大范畴。如清初出现的实学思潮，其三大代表人物有黄宗羲、顾炎武、王夫之。黄宗羲身处明末清初"天移地转"的社会变动之中，鉴于明朝灭亡的现实，提出"天子之所是，未必是；天子之非，未必非"，废除"一己之法""一家之法"建立"天子之法"的主张。教育上重视"绝学"，即历算、乐律、火器等技术教育。顾炎武提倡治学要"经世致用""明道救世"，反对士大夫的空谈。提倡兴百家之言，而不是儒教一家之言。王夫之提出"天下唯器""无其器则无其道"的唯物主义观点，批判了程朱理学的"知先行后"和王守仁提倡的"知行合一"的理论，提出了"行先知后"的教育观。清末龚自珍再一次提出"经世致用"，认为"自古及今，法无不改，势无不积，事例无不变迁，风气无不移易"，主张变法革新。但是他推崇的不过是《周易》"穷则变，变则通，通则久"的思想。尽管这些思想在当时具有一定的时代进步意义，但是并没有突破封建思想的藩篱，与西方现代思想和西学教育相距甚远。

"中学为主"其实是以官学为主。清朝仿照明朝建立了以官学为主、以私学为补充的教育体系，教育内容皆为儒家经学。清末的封建教育制度在形式上十分完备。中央设有国子监，另有宗学、觉罗学、八旗官学、景山官学、咸安宫官学等。地方上设有府学、州学、县学、卫学、社学义学和井学。表面上，中国封建社会从京都到府、州、县、乡均有学校，但各类学校教育并不衔接。儒家经学教育是学校教育的主要类型，学校教育不分专业，科学技术教育相当贫乏，缺乏西方近代意义上的中等教育概念，初等教育为通俗的儒家道德教育和识字教育，与西方近代的初等、中等、高等三级教育体制截然不同。教育只与生产关系联系而不直接与生产联系。在《中国教育制度通史》中列举了清末官学名存实亡的情况，如"教官多昏耄"滥竽充数；教学管理松弛；学风、士风败坏等弊端。当时书院也是"积弊丛生"，多课帖括，无裨实用；山长不问品行；士子志趣卑陋，私塾步履维艰。在整个"中学"教育萎靡不振的情况下，官学依靠科举制度垂死维系。

"中学为主，西学为辅"在私学中也有所反映。如康有为于1858年创办的万木草堂，办学宗旨为变革旧学，培养"兼通中西学说"、德智体多方面发展的人才。学纲定为"克己""慎独""敦行孝悌"等，课程设置为"义理之学""经世之学""考据之学"和"文字之学"。课程内容大多为"中学"内容，也有泰西哲学、万国政治、外国语言文字学等"西学"内容。到了梁启超1897年创办时务学堂，"西学"内容有了明显的增加。时务学堂课程分为普通学和专门学，普通学设有诸子学、经学、公理学和中外史志及格致、算学。专门学设有公法学、掌故学和格致算学，但是都没有突破"中体西用"的框架。

"中学为主，西学为辅"是以中国传统的伦理教育为主，而以西方国家科学教育为辅。西方文化精神提倡教育平等、学术自由，鼓励科学探索，尊重个人选择。中国传统教育具有强烈的伦理政治色彩，主张个性对于整体的服从和社会秩序的维系，"存天理，灭人欲"，反对个性的解放和人格的独立与自由。西方教育凸显对于科学技艺的重视，中国传统教育则表现出对科技的贬抑和对人伦的崇尚。孔子的理论体现了其"天下归仁"的伦理本位精神，技艺之学在儒家价值系统中是不受重视的。儒家学说虽然在历史发展演变中呈现出诸多不同的学术论调，但"德上艺下"的传统观念一以贯之。儒学教育长期以来以"重本抑末""重义轻利"为基本价值取向。儒家教育的人才选拔标准典型特征就是伦理至上，它强调了道德修身教育的优先性，然后由"学"而"仕"，由"内圣"向"外王"转换，以实现伦理道德教育的政治功用。它强调了"修身为本"，突出了教育的伦理政治价值和社会责任意识，适用于封闭的中国自给自足的封建社会的需要。儒家人才选拔的泛道德主义特征也扼杀了多样化专门人才的成长。①"所学非所用，所用非所学"，乃是"中学"教育的最大缺陷。

清末的学校教育制度，在形式上十分完备，而实际上是"儒学浸衰，教官不举其职"，官学名存实亡，学风颓败，学校完全成为科举的附庸。

清末，虽然"西学为辅"，但是为辅的西学自1860年以后逐渐得到发展。最初的西学多为语言学校，如京师同文馆、上海同文馆、新疆俄文馆等，为了培养与洋人打交道的翻译和外交人才。随着形势的发展，洋务派从"求强"中感到"西人制器尚象之法，皆从算学出，若不通算学，即精熟西文亦难施之实用"，进而扩大外语学堂的培养目标，增加培养"掌握推算格物之理，制器尚象之法，钩河摘洛之方，并能专精务实，得中国自强之道的人才"，②随后军事学堂、技术学堂兴建。

为辅的西学所传授的教育内容并不是以西学为辅，而是以西学为主。以清末我国自己建立的第一所现代教育学堂京师同文馆为例，课程内容分为：文字、天文、地理、算学、化学、格致学等，而汉文功课的学习是为了更好地学会外文翻译。表面上同文馆执行的是"中体西用"的教育方针，实质上实行的已经是西学为主的教育实践。

而盛宣怀直接按照"西学体用"的主张建立北洋大学堂，"中学"课程除汉语外再无其他"中学"内容。如头等学堂功课分为基础学和专门学：

基础学：第一年几何学、三角勾股学、格物学、笔绘图、各国史鉴、作英文论、翻译英文；第二年驾驶并量地法、重学、微分学、格物学、化学、笔绘图并机器绘图、作英文论、翻译英文；第三年天文工程初学、化学、花草学、笔绘图并机器绘图、作英文论、翻译英文；第四年金石学、地学、考究禽兽学、万国公法、理财富国学、作英文论、翻译英文。

专门学分为五门：工程学（专教演习工程机器、测量地学、重学、汽水学、材料

---

① 张瑞璠：《教育哲学史》，山东教育出版社，2000年，第45页。
② 金林祥：《中国教育制度通史》（第六卷），山东教育出版社，2000年，第110页。

性质学、桥梁房顶学、开洞挖地学、水力机器学）；电学（深究电理学、讲究用电机理、传电力学、电报并德律风学、电房演习）；矿务学（深奥金石学、化学、矿务房演试、测量矿苗、矿务略兼机器工程学）；机器学（深奥重学、材料势力学、机器、汽水机器、机器绘图、机器房演试）；律例学（大清律例、各国通商条约、万国公约等）。无论是授课内容还是学制设计都与当时的西方大学相同。

北洋大学堂的开拓性实践符合世界教育的发展方向，带来了中国教育的根本变革。1902 年的"壬寅学制"将整个国家教育从纵向分为 3 个阶段和 7 级：第一阶段为初等教育；第二阶段为中等教育；第三阶段为高等教育，分为高等学堂或大学预科、大学堂和大学院。高等教育横向分为高等学堂、师范学堂、高等实业学堂等。明显摆脱了"中学为体西学为用"的限制，走入了世界教育的大潮。

实际上，伴随着清末国门的开放和西方文化的涌入，西学逐渐由"中学"的从属地位上升为主流位置。"中学为主、西学为辅"已经名存实亡。究其原因主要有三点：

其一，社会形态的发展趋势。人类社会进程在由农业社会走向工业社会，中国社会已经进入了世界社会模式变革的潮流，无论是主动变革还是被动变革，无论是以固守的姿态还是以探索的态度，清末中国社会都必然向前发展。当社会主义还没有出现，资本主义作为人类社会的新生事物影响着人类社会的走向，学习西学是当时中国社会发展的唯一出路。"中学为主、西学为辅"只不过是留恋封建体制的遗老遗少们的一厢情愿，最终也只能感叹"无可奈何花落去"。

其二，民族利益的要求。中华民族欲与西方列强"絜长较短"，改变其受侵略、受压迫的状况，就必须发展自己的现代军事和工业。洋务运动"求强""求富"也是从这里起步。现代军事和工业的发展，尤其是机器大生产本身的运作，不仅要求人们掌握具体的操作技能，而且必须掌握生产和支配这些技术的科学原理，因此客观上提出了培养本国高层次科学技术人才的要求。由于中国传统的儒学没有建构起现代科学的知识体系，不能够满足工业发展的技术需求；传统的儒家文化也与现代工业文明严重背离，不适应与工业文明国家的交往；"中学"教育培养的人才，不能够在现代社会发挥作用，这就很大程度上凸显了洋务运动中现代人才的匮乏。创办不同于传统儒学的新式学堂，为洋务运动的继续开展提供人力资源保障，成为前进中的现实问题。洋务运动初期，"中学为主、西学为辅"的弊端尚未显现，随着甲午战争宣告洋务运动的失败，国人对"中学为主、西学为辅"的立场提出质疑。此后，虽然朝廷中的顽固派还对此固守不移，但是在具体的办学实践中，"西学"已经冲破"中学为主、西学为辅"的藩篱，成为教育发展的必然趋势。而北洋大学堂则是"西学体用"的先行者。

其三，不同的道路选择，本质上反映了对不同文化的选择。西方用"船坚炮利"的方式将其文化以狰狞的面目灌输给中国，不免引起国人的猜忌和抵制。尤其是不谙世界风云的清政府面对其政权受到的冲击，采取守成的态度并坚持"中学为主、西学为辅"的立场也是一种必然。从固守到渐变，从渐变到吸纳、融合，客观反映了中西文化交融的曲折过程。这种选择一开始区别很明显，其后随着封建体制的瓦解，中华民族摆脱了封建文化的束缚，我国现代教育呈现出中西文化融合的新态势。

由此，我们可以体会到盛宣怀的高瞻远瞩和办事魄力，北洋大学堂的办学实践是中国教育文化转折的标志。

北洋大学堂以美国哈佛、耶鲁大学为蓝本；以当时世界最流行的层级教育模式设置头等、二等学堂和留学学堂；以当时最先进的学科分类设置学科；以现代大学管理模式管理学校，"为后起者规式"，树立了中国现代大学的典范。

二、直隶总督王文韶呈光绪皇帝奏折

王文韶

　　王文韶，浙江仁和（今杭州）人，清末大臣。咸丰二年（1852年）进士。初为户部主事，同治间任湖南巡抚，光绪间权兵部侍郎，直军机，后任云贵总督。甲午中日战争爆发后，清廷以天津为京畿门户，1894年（光绪二十年）10月3日，召王文韶入觐。翌年（1895年）初，命充帮办北洋事务大臣。是年2月13日，李鸿章被召入京，作为赴日谈判头等全权大臣，诏王文韶署理直隶总督、北洋大臣。在此期间，他奏设北洋大学堂、山海关北洋铁路官学堂、育才馆、俄文馆、西学水师各学堂、上海南洋大学。后以户部尚书协办大学士，官至政务大臣、武英殿大学士。

　　王文韶是非常重视教育的。北洋大学堂的拟建源自甲午战前，盛宣怀请示李鸿章并筹办此事。甲午战败，李鸿章调入京城，王文韶接任李鸿章督直隶，他不仅没有搁置北洋大学堂的筹建，而是加快了北洋大学堂的建立，使得中国第一所现代意义上的大学得以在甲午之战后的天津迅速建立。北洋大学堂以及其他经由他手建立的新式学堂足以证明王文韶是清末"睁眼看世界"，思想较为深刻的人。

1.《津海关道盛宣怀创办西学学堂禀明立案由》（王文韶起草）

奏

直隸總督北洋大臣臣王文韶跪

奏為道員創辦西學學堂倡捐集資不動公款

奏明立案恭摺仰祈

聖鑒事竊據津海關道盛宣懷禀稱自強之道以作

育人材為本求才之道以設立學堂為先光緒

十二年前關道周馥請在津郡設立博文書院

製造開礦等工亦皆取材於學堂中國智能之

軍海軍將弁取材於學堂即外部出使諸員及

出一年日本援照西法廣開學堂書院不特陸

押銀行未能開辦惟學堂遲設一年則人材遲

德璀琳意見不合籌款維艱致將造成房屋抵

招募學生課以中西有用之學嗣因與稅務司

士何地蔑有但選將才於儔人廣衆之中拔使

才於詩文帖括之內至於製造工藝則皆用不

通文理不解測算之匠徒而欲與各國絜長較

短難矣該道擬請設立頭等二等學堂各一所

以資造就人材惟二等學堂功課必須四年方

能升入頭等學堂頭等學堂功課亦必須四年

方能造入專門之學不能躐等現擬通融求速

二等學堂本年即由天津上海香港等處先招

已通小學堂第三年功夫者三十名列作頭班

已通第二年功夫者三十名列作二班已通第

一年功夫者三十名列作三班來年再續招三

十名列作四班合成一百二十名為額第二年

起每年即可拨出頭班三十名升入頭等學堂

其餘以次遞升仍每年挑選三十名入堂補四

班之額源源不絕此外國所謂小學堂也至頭

等學堂本年先招已通大學堂第一年功夫者

精選三十名列作末班來年即可升列第三班

並取二等之第一班三十名升補頭等第四班

之缺嗣後按年遞升亦以一百二十名為額至

第四年頭等頭班三十名准給考單挑選出堂

或派赴外洋分途歷練或酌量委派洋務職事

此外國所謂大學堂也該道與曾充教習之美

國駐津副領事丁家立考究再三酌擬頭等二

等學堂章程功課必期切近易成約計頭等學

堂每年需經費銀四萬餘兩二等學堂每年需

經費銀一萬五千餘兩共需銀五萬五千餘兩

現值

國用浩繁庫款竭蹶事雖應辦而費實難籌查津

海鈔關近年稅項尚旺該道情願每年倡捐銀

一萬五千兩又天津米麥進口自光緒十九年

禀明每石專抽博文書院經費銀三釐每年得

收捐銀三四十兩今擬每石改收銀五釐尚不

為多又電報局衆商每年擬捐繳英洋二萬元

招商局衆商每年捐繳規銀二萬兩統計每年

可收銀五萬四五千兩以之撥充學堂經費不

相上下所有頭等學堂即照前督臣李鴻章批

准周馥原议以博文书院房屋为专堂现经广
西臬司胡燏棻设法筹款向银行赎回至应购
格致化学器具书籍等项及聘请教习川资创
办应用各款不在常年经费之内计自光绪十
九年起至本年四月止米捐存银八千馀两应
即核实动支其二等学堂须觅地另行盖造拟

在開辦初年教習學生尚未齊全應餘經費內

提用毋庸請發公款房屋未成之先借用頭等

學堂暫行棲止擬定章程功課稟請具

奏立案前來臣查光緒二十一年閏五月二十八

日奉

上諭自來求治之道必當因時制宜況當國事艱難

尤宜上下一心圖自強而弭隱患朕宵旰憂勤懲

前毖後惟以蠲除痼習力行實政為先疊據中外

臣工條陳時務詳加披覽採擇施行如修鐵路鑄

鈔幣造機器開礦產折南漕減兵額創郵政練陸

軍整海軍立學堂大抵以籌餉練兵為急務以恤

商惠工為本源皆應及時舉辦等因欽此設立學

堂即其中應辦之一端凡鐵路機器開礦治軍
諸務均可以西法為宗則造就人材尤當以學
堂為急該道仰體時艱就本任及經管招商電
報各局設法籌款創辦此事不動絲毫公帑洵
屬講求時務公而忘私所擬章程亦均周妥應
即照辦惟堂內事煩責重必須通曉西學才堪

綜核之員認真經理方不致有名無實查二品

銜候選道伍廷芳堪以委派總辦頭等學堂同

知銜候補知縣蔡紹基堪以委派總辦二等學

堂並延訂美國人丁家立為總教習一切應辦

事宜仍責成盛宣懷會商伍廷芳等妥速辦理

以免因循虛曠歲月其會辦提調監督等名目

一概刪除籍省開銷而杜紛雜除分飭遵照並

將章程咨送軍機處總理衙門查核外所有創

設北洋西學學堂緣由理合恭摺具陳伏乞

皇上聖鑒訓示謹

奏　、

該衙門知道

光緒二十一年八月　十二　日

《津海关道盛宣怀创办西学学堂禀明立案由》（简体）

王文韶

（1895年9月30日）

王文韶奏。据津海关道盛宣怀禀称：自强之道，以作育人才为本。求才之道，以设立学堂为先。光绪十二年，前关道周馥请在津郡设立博文书院，招募学生，课以中西有用之学，嗣因与税务司德璀琳意见不合，筹款维艰，致将造成房屋抵押银行，未能开办。惟学堂迟设一年，则人才迟出一年。日本援照西法广开学堂书院，不特陆军、海军将弁取材于学堂，且外部出使诸员及制造开矿等工亦皆取材于学堂。中国智能之士，何地蔑有，但选将材于侪人广众之中，拔使材于诗文帖括之内，至于制造工艺，则皆用不通文理不解测算之匠徒，而欲与各国絜长较短难矣。

该道拟请设立头等、二等学堂各一所以资造就人材。惟二等学堂功课，必须四年方能升入头等学堂。头等学堂功课，亦必须四年方能造入专门之学。不能躐等，现拟通融求速，二等学堂，本年即由天津、上海、香港等处先招已通小学堂第三年功夫者三十名，列作头班；已通第二年功夫者三十名，列作二班；已通第一年功夫者三十名，列作三班；来年再续招三十名，列作四班。合成一百二十名为额。第二年起，每年即可拔出头班三十名升入头等学堂。其余以次递升，仍每年挑选三十名入堂，补四班之额，源源不绝。此外国所谓小学堂也。至头等学堂，本年先招已通大学堂第一年功夫者精选三十名，列作末班，来年即可升列第三班，并取二等之第一班三十名，升补头等第四班之缺。嗣后按年递升，亦以一百二十名为额。至第四年头等头班三十名，准给考单，挑选出堂，或派赴外洋分途历练；或酌量委派洋务职事。此外国所谓大学堂也。该道与曾充教习之美国驻津副领事丁家立考究再三，酌拟头等学堂、二等学堂章程功课，必期切近易成。约计头等学堂每年须经费银四万余两，二等学堂每年须经费银一万五千余两，共须银五万五千余两。现值国用浩繁，库款竭蹶。事虽应办而费实难筹。查津海钞关近年税项尚旺。该道情愿每年倡捐银一万五千两。又天津米麦进口，自光绪十九年禀明每石专抽博文书院经费银三厘，每年得收捐银三四千两。今拟每石改收银五厘，尚不为多。又电报局众商每年拟捐交英洋二万元，招商局众商每年交规银二万两。统计每年可收银五万四五千两。以之拨充学堂经费，不相上下。

所有头等学堂，即照前督臣李鸿章批准周馥原议，以博文书院房屋为专堂。现经广西臬司胡燏棻设法筹款，向银行赎回。至应购格致化学器具、书籍等项及聘请教习川资，创办应用各款，不在常年经费之内。计自光绪十九年起至本年四月止，米捐存银八千余两，应即核实动支。其二等学堂须觅地另行盖造，拟在开办初年教习学生尚未齐全应余经费内提用，毋庸请发公款。房屋未成之先，借用头等学堂暂行栖止。拟定章程功课，禀请具奏立案前来。

臣查光绪二十一年闰五月二十八日奉上谕：自来求治之道，必当因时制宜。况当国事艰难，尤宜上下一心，图自强而弭隐患，朕宵旰忧勤，惩前毖后，惟以蠲除痼习，力行实政为先。叠据中外臣工条陈事务，详加披览，采择实行。如修铁路，铸钱币，开矿产、折南漕，减兵额、创邮政，练陆军，整海军，立学堂，大抵以筹饷练兵为急务，以恤商惠工为本源，皆应及时举办。钦此。设立学堂，即其中应办之一端。凡铁路机器开矿治军诸务，均可以西法为宗。则造就人才，尤当以学堂为急。该道仰体时艰，就本任及经管招商电报各局设法筹款，创办此事，不动丝毫公帑，洵属讲求时务，公而忘私。所拟章程亦均周妥，应即照办。惟堂内事繁责重，必须通晓西学才堪总核之员认真经理，方不致有名无实。查二品衔候选道伍廷芳，堪以委派总办头等学堂；同知衔候补知县蔡绍基，堪以委派总办二等学堂；并延订美国人丁家立为总教习。一切应办事宜，仍责成盛宣怀会商伍廷芳等妥速办事，以免因循虚旷岁月。其会办提调监督等名目一概删除，藉省开销而杜纷杂。下所司知之。

阐释：

王文韶的奏章选取了盛宣怀呈折中的主要内容，同时增加了自己的建议。他选取的盛宣怀呈折的内容包括：

其一，王文韶同意盛宣怀提出的"兴学强国"的主张，因此在他的奏章中开头便引用了盛宣怀呈折中的内容，"自强之道，以作育人才为本。求才之道，以设立学堂为先"，"惟学堂迟设一年，则人才迟出一年"。

其二，他提议使用盛宣怀拟定的办学结构，"拟请设立头等、二等学堂各一所以资造就人材。惟二等学堂功课，必须四年方能升入头等学堂。头等学堂功课，亦必须四年方能造入专门之学"，"至第四年头等头班三十名，准给考单，挑选出堂，或派赴外洋分途历练"。

其三，他同意盛宣怀提出的开办大学的层次和经费预算。"或酌量委派洋务职事。

此外国所谓大学堂也。该道与曾充教习之美国驻津副领事丁家立考究再三，酌拟头等学堂、二等学堂章程功课，必期切近易成。约计头等学堂每年须经费银四万余两，二等学堂每年须经费银一万五千余两，共须银五万五千余两。"

在盛宣怀呈折的基础上，王文韶提出了自己的建议：

其一，设立学堂乃当务之急。"设立学堂，即其中应办之一端。凡铁路机器开矿治军诸务，均可以西法为宗。则造就人才，尤当以学堂为急。该道仰体时艰，就本任及经管招商电报各局设法筹款，创办此事，不动丝毫公帑，洵属讲求时务，公而忘私。所拟章程亦均周妥，应即照办"，"不能躐等，现拟通融求速"。因特事特办，这才促成王文韶奏报建立北洋大学堂的章程能够以"四百里马"加急速报朝廷，得到光绪皇帝的速批速办。

其二，提出学堂管理人选。"查二品衔候选道伍廷芳，堪以委派总办头等学堂；同知衔候补知县蔡绍基，堪以委派总办二等学堂；并延订美国人丁家立为总教习。一切应办事宜，仍责成盛宣怀会商伍廷芳等妥速办事，以免因循虚旷岁月。"

伍廷芳，1874 年（同治十三年）赴英国伦敦留学，入林肯法律学院（一说伦敦大学学院），获法学博士学位，并取得大律师资格。这是中国第一位法学博士。北洋大学堂创建章程中，头等学堂拟办四个学门，第一个就是法律学门，请伍廷芳来"委派总办头等学堂"无疑是最佳人选。

蔡绍基，1872 年（同治十一年）首批留美幼童之一，先后入读哈特福德小学、哈特福德高中，入耶鲁大学学习法律。1881 年奉诏回国。请蔡绍基"堪以委派总办二等学堂"。伍、蔡二人联手掌校可谓珠联璧合。

丁家立，毕业于美国达特茅斯学院、欧柏林神学院，1882 年来华，后在天津开办中西书院，兼任美国驻天津领事馆副领事。丁家立熟悉美国教育，又了解中国国情，还协助盛宣怀规划了北洋大学堂的创办，也决定了北洋大学堂参照美国教育模式办学。"延订美国人丁家立为总教习"最有利于北洋大学堂的建立和运行。

盛宣怀是北洋大学堂的策划者，又是提议者，还是经费的筹划人，让盛宣怀来具体落实此事，更有利于"妥速办事，以免因循虚旷岁月"。由此可见王文韶的知人善任和为速成此事的良苦用心。

从王文韶奏折中的学校结构设置、人员聘用等方面，都能够理解他为什么将盛宣怀提出的"中西学堂"改为"西学学堂"。

2.直隶总督王文韶呈光绪皇帝《津海关道盛宣怀创办西学学堂禀明立案由》奏折

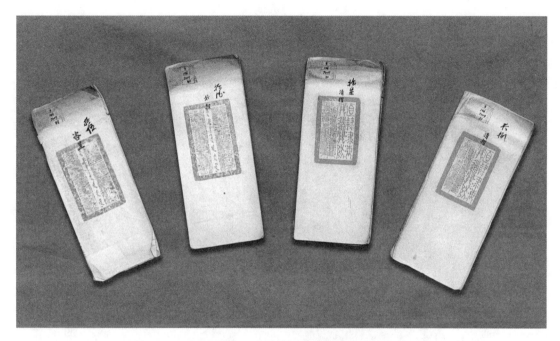

资料来源：中国第一历史档案馆藏

3. 光绪皇帝朱批直隶总督王文韶奏折《津海关道盛宣怀创办西学学堂禀明立案由》照片

招募學生課以中西有用之學嗣因與稅務司
德璀琳意見不合籌款艱致將造成房屋抵
押銀行未能開辦惟學堂遲設一年則人材遲
出一年日本援照西法廣開學堂書院不特陸
軍海軍將弁取材於學堂即外部出使諸員及
製造開礦等工亦皆取材於學堂中國智能之

士何地蔑有但選將才於傳人廣眾之中拔使
才於詩文帖括之內至於製造工藝則皆用不
通文理不解測算之匠徒而欲與各國絜長較
短難矣該道擬請設立頭等二等學堂各一所
以資造就人材惟二等學堂功課必須四年方
能升入頭等學堂頭等學堂功課亦必須四年

方能造入專門之學不能躐等現擬通融求速
二等學堂本年即由天津上海香港等處先招
已通小學堂第二年功夫第三年功夫作頭班
已通第二年功夫者三十名列作二班
一年功夫者三十名列作三班來年再續招三
十名列作四班合成一百二十名為額第二年

起每年即可拔出頭等班三十名升入頭等學堂
其餘以次遞升仍每年挑選三十名入堂補四
班之額源源不絕此外國所謂小學堂也至頭
等學堂本年先招已通大學堂第一年功夫者
精選三十名列作頭班來年即可升補頭等第三班
並取二等之第一班三十名升補頭等第四班

之缺嗣後按年遞升亦以一百二十名為額至
第四年頭等頭班三十名准給考單挑選出堂
或派赴外洋分途歷練或酌量委派洋務職事
此外國所謂大學堂也該道與曾充教習之美
國駐津副領事丁家立考究再三酌擬頭等二
等學堂章程功課必期切近易成約計頭等學

堂每年需經費銀四萬餘兩二等學堂每年需
經費銀一萬五千餘兩共需銀五萬五千餘兩
現值
國用浩繁庫款竭蹶事雖應辦而費實難籌查津
海鈔關近年稅項尚旺該道情願每年借捐銀
一萬五千兩又天津米麥進口自光緒十九年

禀明每石專抽博文書院經費銀三釐每年得
收捐銀三四十兩今擬每石改收銀五釐尚不
為多又電報局眾商每年擬捐繳英洋二萬元
招商局眾商每年捐繳規銀二萬兩統計每年
可收銀五萬四五千兩以之撥充學堂經費不
相上下所有頭等學堂即照前督臣李鴻章批

准周額原議以博文書院房屋為專堂現經廣
西臬司胡燏棻設法籌款向銀行贖回至應購
格致化學器具書籍等項及聘請教習川資創
辦應用各款不在常年經費之內計自光緒十
九年起至本年四月止未捐存銀八千餘兩應
即核實動支其二等學堂須覓地另行蓋造擬

在開辦初年教習學生尚未齊全應餘經費內
提用毋庸請發公款房屋未成之先借用頭等
學堂暫行棲止擬定章程功課請具
奏立案前來臣查光緒二十一年閏五月二十八
日奉

上諭自來求治之道必當因時制宜況當國事艱難

尤宜上下一心圖自強而弭隱患朕宵旰憂勤懲
前毖後惟以蠲除痼習力行實政為先盡撤中外
臣工條陳時務詳加披覽採擇施行如修鐵路鑄
鈔幣造機器開礦產折南漕減兵額創郵政練陸
軍整海軍立學堂大抵以籌餉練兵為急務以恤
商惠工為本源皆應及時舉辦等因欽此設立學

堂即屬其中應辦之一端凡鐵路機器開礦治軍
諸務均可以西法為宗則造就人材尤當以學
堂為急道仰體時艱就本任及經管招商電
報各局設法籌款創辦此事不動絲毫公帑
屬講求時務公而忘私所擬章程亦均周妥應
即照辦惟堂內事煩責重必須通曉西學才堪

綜核之員認真經理方不致有名無實查二品
銜候選道伍廷芳堪以委派總辦頭等學堂同
知銜候補知縣蔡紹基堪以委派總辦二等學
堂並延訂美國人丁家立為總教習一切應辦
事宜仍責成盛宣懷會商伍廷芳等妥速辦理
以免因循虛曠歲月其會辦提調監督等名目

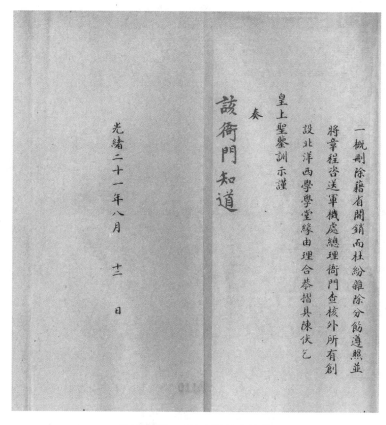

一概刪除藉省閒銷而杜紛雜除分飭遵照並

將章程咨送軍機處總理衙門查核外所有創

設北洋西學學堂緣由理合恭摺具陳伏乞

皇上聖鑒訓示謹

　奏

該衙門知道

光緒二十一年八月　十三　日

资料来源：天津大学档案馆藏

4. 王文韶《奏为道员创办北洋西学学堂倡捐集资不动公款事致军机处咨呈》

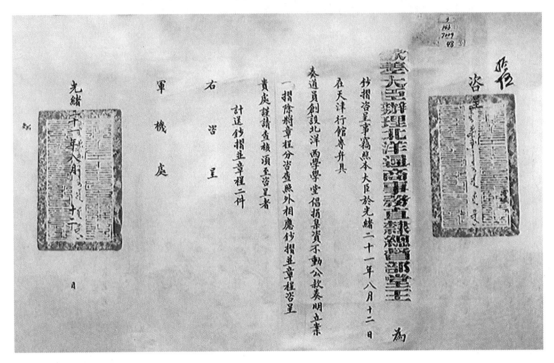

资料来源：中国第一历史档案馆藏

阐释：

从王文韶的奏折中可以了解到，他是同意盛宣怀将建立北洋大学堂作为"兴学强国"的举措的，这种把教育提升到国家安危层面的高度，并给予"四百里马递"急办的情况是前所未有的。它反映了王文韶和盛宣怀对于教育和人才重要性的深刻认识，这在清末的有识之士中亦是思想领先的。

1840 年第一次鸦片战争爆发，中国被迫签订了不平等的中英《南京条约》，其中明文规定："耶稣天主教原系为善之道，自后有传教者来至中国，需一体保护。" 1844年《中法黄埔条约》规定："法兰西人亦一体可以建造礼拜堂、医人院、周急院、学房……"在不平等条约的保护下，外国传教士在五个通商口岸和香港等地广开教堂、学校、医院。如1844年英国东方女子教育协进会在宁波开办了女塾；1845年美国长老会差会在宁波建立了崇信义塾；1846年美国圣公会在上海建立了男塾；1849年法国天主教耶稣会在上海建立徐汇公学；等等。这是西学以实体教育形式登陆中国。但是，此时的中国人只是看到了英国的船坚炮利，曾国藩就提出了"师夷之智"的主张，魏源提出："师夷之长技以制夷"的主张，并没有看到英国教育的先进，更没有自己开办西式学校的意识。

20年后的第二次鸦片战争，国人在痛定思痛中提高认识，从看到与西方在表面上器物（物质文化）层面的差距，深入认识到其背后教育层面的差距，"泰西之强，强于学……然则欲与之争强，非徒在枪炮战舰而已，强在学中国之学而又学其所学也"。由此，中国人开始自己办西式教育。

1861年清政府设立总理各国事务衙门，用以处理与西方列强的外交事务。随后，以军事近代化和工商实业近代化为主要内容的"洋务运动"兴起。"洋务活动，是对中国传统外交、军事和工业生产方式的重大变革。"配合军事和外交需要，洋务运动建立了"西文""西艺"和军事类新式学堂。这些学堂还是根据实际需要而设置的技艺类学校。

这时的清廷既要借助西方先进的文化为我所用，又要防范西方文化对于清朝统治的冲击，处于两难之中。清廷上层官员希望能够将中西文化融合起来。如冯桂芬在《校邠庐抗议·采西学议》中说："以中国之伦常名教为原本，辅以诸国富强之术。"王韬指出"器则取诸西国，道则备自当躬"，限于"取西人器数之学，以卫吾尧、舜、禹、汤、文、武、周、孔之道"，"以中国之道，用泰西之器"。张之洞在《劝学篇》中更是明确提出："中学为内学，西学为外学，中学治身心，西学应世事。"清政府将"中学为体、西学为用"确定为办学宗旨。《议覆开办京师大学堂折》中提出："中国五千年来，圣神相继，政教昌明，决不能如日本之舍己芸人，尽弃其学而学西法。今中国京师创立大学堂，自应以中学为主，西学为辅；中学为体，西学为用；中学有未备者，以西学辅之，中学其失传者，以西学还之。以中学包罗西学，不能以西学凌驾中学，此是立学宗旨。"这一宗旨反映出清政府不愿放弃传统的封建文化，又不能不接受西方的先进文化的一种矛盾心态。在这种主流认识笼罩下，盛宣怀、王文韶提出"西学体用"，阐释照西式教育办大学，而且迅速付诸实际，这在当时是要有一定的魄力和承担精神的，既反映了他们思想认识的透彻，也体现出二人超强的行动能力。

王文韶奏折《津海关道盛宣怀创办西学学堂禀明立案由》中明确写道："光绪十二年，前海关道周馥请在津郡设立博文书院，招募学生，课以中西有用之学，嗣因与税务司德璀琳意见不合，筹款维艰，致将造成房屋抵押银行，未能开办。""所有头等学堂，即照前督臣李鸿章批准周馥原议，以博文书院房屋为专堂。现经广西臬司胡燏棻设法筹款，向银行赎回。""其二等学堂须觅地另行盖造，……房屋未成之先，借用头等学堂暂行栖止。"由此可见，北洋大学初创校址为博文书院旧址。但是，北洋大学并非博文书院之继续。博文书院的英文名称为 Tenney College，音译为吞纳学院。是一所拟"课以中西有用之学"的中等学校，因经费紧张未能开办，致将建成的校舍抵押给银行，校舍空闲七八年。盛宣怀为创建北洋大学花钱从银行赎回校舍，用作北洋大学堂头等学堂校舍。

盛宣怀为了筹措学堂开办经费也是煞费苦心，想尽办法。北洋大学堂是清政府批准建立的一所国立新式大学，经费本应由国家直接拨款。但是从鸦片战争开始，清王朝对外签订了一系列丧权辱国的不平等条约，如《中英南京条约》《天津条约》《北京条约》等，都要割地、赔偿巨款。仅 1895 年 4 月 17 日签订的《马关条约》，就规定赔偿日本军费白银二万万两，再加日本"退还"辽东半岛勒索白银三千万两。巨额赔款使人民负担沉重，国库极为拮据。这一情况盛宣怀是很清楚的，奏折提到"现值国用浩繁，公款竭蹶，事虽应办，而费实难筹"[1]。可是，兴办新式大学又刻不容缓，盛宣怀凭借其职权及其办理洋务之条件，想尽办法，从各条渠道筹措本该交纳国库之收入，作为办学经费，便于批准，免遭拖延。经费主要来源于国家收入的重要组成部分——财政税收及电政收入。盛宣怀《拟设天津中西学堂章程禀》中提出："大约头等学堂每年需经费银三万九千余两，二等学堂每年需经费银一万三千余两，共需银五万二千两左右。"[2]"职道查津海钞关近年有收开平煤税，每年约库平银一万四五千两，为从前所无之税款，似可尽数专提，以充学堂经费。又天津米麦进口自光绪十九年禀明每石专抽博文书院经费银三厘，每年约收捐银三四千两，拟每石改收五厘，亦不为多。又电报局禀明由天津至奉天借用官线递寄海兰泡出洋电报，每字津贴洋银一角，电线通时，每年约计应交洋三四千元。营口一带线断之后，已经停止。嗣后锦州至奉天改造商线，仅借用天津至锦州官线一段占费更微。拟令电报局（盛宣怀当时为电报局、轮船招商局总办）以后不计字数，每年捐交英洋之万元。又招商局运漕由沪

---

① 天津大学校史编辑室：《北洋大学–天津大学校史资料选编》（一卷），天津大学出版社，1991年，第16页。
② 天津大学校史编辑室：《北洋大学–天津大学校史资料选编》（一卷），第16页。

至津轮船，向系援照沙宁船成案，装运土货例准二成免税，藉以抵制洋商，拟令招商局以后在承运溜粮运脚免税项下，每年捐交规银二万两。以上合计每年捐银五万二千两左右。"① 以上所拟诸款，本应上缴国库，但为开办学堂，光绪皇帝批准将以上款项全数解交津海关道库储存，专备天津北洋大学堂经费。至于学校创办之初，所需购买仪器设备、书籍等项及聘请教习川资，创办应用之款，不在常年经费之内。经奏准动用光绪十九年至二十一年四月米捐存银八千余两②。由此可见创建北洋大学堂之艰难，不是盛宣怀这样的洋务派实力人物根本无法作为。

从王文韶的奏折中，我们既能够体会到盛宣怀创建北洋大学堂的艰难，又能够了解到王文韶给予鼎力支持的重要性；既能够体会到王文韶、盛宣怀思想的开明，又能够了解到北洋大学堂的办学特点。北洋大学堂正因为其独特性，才起到"为继起者规式"的示范作用。

---

① 天津大学校史编辑室：《北洋大学 – 天津大学校史资料选编》（一卷），第 16 页。
② 《劝令加捐》，刊于《直报》，光绪二十一年九月二十二日，第二百四十六号，第 3 页。

三、丁家立草拟的学堂章程

丁家立（Charles Daniel Tenney），创建北洋大学堂的规划人之一，首任总教习和实际掌校人。生于1857年，卒于1930年，美国波士顿城人。1878年，丁家立在美国达特茅斯（Dartmouth）大学毕业获学士学位后，进入欧柏林大学研究院，1879年获神学硕士学位。1882年来华，在山西省太谷传教，他曾力劝当地富绅捐资兴学，但收效不大。失望之际，又值其妻罹病赴天津医治，遂于1886年辞去教会职务，以学者身份来天津从事文化活动，就任李鸿章的家庭英文教师，并在天津租房开办中西书院，自任院长，直到1895年。同时，丁家立还兼任美国驻天津领事馆副领事，1895年被聘任为天津北洋大学堂第一任总教习。

丁家立

1. 丁家立草拟的北洋大学堂规划书

Tientsin 10th September 1895

Tientsin University

There should be 2 foreign Head-masters, viz one for the Preparatory School and one for the Technical College. The latter to be one of the Technical Professors.

The Preparatory School could be started without delay, with foreign Teachers to be engaged in China or Hongkong

The Technical College

cannot be opened at once because

1° The students will have to study for some time at the Preparatory School

2° The planning & establishment of the College, the engagement of qualified Technical Professors, the fitting up of workshops & laboratories will take probably One year.

2.

<u>Establishment</u>
of
the <u>Technical College</u>

A Commission should be appointed, composed of the Chinese Director of the University and 3 competent foreign <u>Civil Engineers</u> of different Nationalities (say English German, American, French or others available.)

This Commission should collect from the principal countries in Europe, America the Official printed Plans for technical Colleges, rules and regulations and all sorts of information about such institutes abroad, — these under included:

Cost of establishing such Colleges with workshops & laboratories —
Yearly Working Expenses —
Number of Professors (of different qualifications) required, their salaries — etc etc etc

The Commission could procure

3

such information either direct from the Technical Colleges abroad — or through the assistance of the Foreign Ministers at Peking

The Commission should then systematically arrange all the information obtained and in a Report show the merits (or demerits) of the different systems —
All the original official Plans Rules and Regulations should be annexed to the Report

Finally the Commission should submit a report with a complete and detailed proposal for the establishment in China of a Technical College, adapted to China's requirements and circumstances

<u>NB</u>   Special attention must be given to the selection of an <u>unbiassed</u> Professor of <u>History</u>, (<u>International Law</u> and <u>Political Economy</u>)

The language used for teaching in the College should be <u>English</u>

4

which language the Chinese students
in the College must understand
thoroughly.
　　The Technical Professors therefore must be
capable of teaching in the English
language — but it is not necessary
that they should all be of Eng-
lish nationality.

5

Remarks ad
C. D. T's Proposals

There should be 2 foreign Head-
masters, viz one for the Preparatory
School and one for the Technical
College; — the latter to be one of
the Technical Professors

ad Preparatory School

History. — A textbook should be
compiled especially for the use at
a Chinese University.
　　No foreign book of history is
unbiassed — Each praises their
own country —

Geography is very important,
& should be taught in the 2nd,
3rd and 4th Year Classes —
First Geography of China
then Geography of neighbouring countries
(Russia, India, Tongking, Korea, Japan)
then Geography of Europe America
and other countries —
Means of communications, former
& present, in China & out of China.

6.

A good handwriting is of utmost importance

Gymnastics (and elementary military drill) should be daily practised

Sanatory instructions lessons should be given

ad College

During the 1st year (common for the different branches) should also be given lessons in Commercial Science, accounts, money systems of different countries, banking, exchange

A special course must be added for Factory Chemistry (oil factories, dye factories etc etc etc) – this is very important

The proposed salaries of Taels 200 for a Technical Professor

7.

is not high enough

A really competent Technical Professor is paid as much (and sometimes more) at home. He would not like to break off his career, loose his pension and leave his country, unless he could better his pecuniary circumstances

Money Allowances to Students could be given to all in the preparatory school, if necessary as an inducement.

But in the college such allowances should not be given to those who can afford to keep themselves

Punishments should be fixed on – Fines – dismissal – etc etc

Strict Discipline to be maintained in the college under the supervision of an Inspector

Fixed hours for everything (bedtime meals study hours etc etc

Final Examinations should be public and Outsiders should be invited as Censors.

资料来源：上海图书馆藏盛宣怀档案

阐释：

该手稿起草于 1895 年 9 月 10 日，画线处标题即是"天津大学"（Tientsin University）。正文第一段指出北洋大学堂创立最初的组织结构，包括预科（Preparatory school）和本科（Technical college）两级学堂。第一段英文为：There should be 2 foreign Head-masters, viz. one for the Preparatory School and one for the Technical College. The latter to be one of the Technical Professors.

中文著作中对此类西式专有名词的翻译历来五花八门，并不统一，但从英文来看，School 与 College 当是两种不同层级的学校，北洋大学最初即是以英美现代大学的模式创办，大学（University）包含学院（College），聘请美国教授（Professor）讲学。

2. 丁家立向盛宣怀提出的学堂章程建议

盖闻兴学校即以育人才学校者人才之根本
也然欲讲求实学必自格致诸学始而后所成
之才乃为真才所学之学乃为真学知此者其
惟
津海关道盛杏荪方伯平方伯
泰西之学皆係有用之学一事一物均有实
验是无以为之
国之本乃请于
各大宪恳恩有以创办而振兴之于是商议章程以
备北洋大臣

立为总理教习之事辨法拟以学校分为二等一为二
等学堂一为头等学堂二等学堂拟先在天津设立
一处以后再于别处推广凡欲入学堂之学生自十
三岁起至十五岁止按其年纪考其四书五经并文
理通顺者酌量收录第一年英文初学浅书英文功
课书英字拼法朗诵书课英文尺牍缮译英文文法英
字拼法朗诵书课数学并量法启
蒙第二年英文尺牍缮译英文文法官史数学并量法启
家第三年英文诗解文法各国史鑑地舆学英文官
商尺牍缮译英文代数学第四年各国史鑑坡鲁伯

斯第一年格物书作英文诗英文尺牍缮译英文平面
量地法四年内每日华洋字共写若干每年分为夏冬两
季各放假半月遇中外节令放假凡礼拜日休息二
日每年考试两次定其优者或留或黜以为进退每学
生每月贴膳银三两第一年每学生每月膏火银一两
二年一两五钱三年二两四年二两五钱延请华人洋文
教习为之教导此二等学堂大概情形也头等学堂
在天津南园博文书院中第一年载何学三年
句股法格物学笔绘图各国史鑑作英文诗缮译英

文第二年驾驶并量地法学微分学格物学化学绘
图并机器绘图作英文诗缮译英文第三年天文工程
初学化学苑草学作英文诗缮译笔绘图并机器绘图
英文第四年金石学地学考完禽兽学万国公法理财
富国学作英文诗缮译英文如欲专习一门者均听
便计专门学一工程一电气一矿务一模范一样例第一
年每学生每月津贴膏火银四两二年五两三年六两四
年七两另择其最优者数名送至外国游历二三
年以资磨练川资由学堂给发其不欲出洋者酌量

委派差事此頭等學堂大概情形也現在頭等學堂一
班二等學堂三班擬即招集本趟教習擬在天津上
海香港招集頭等學堂一班學生二等學堂三班學生
如有按照以上二等學堂功課學至四年者即撿歸頭
等學堂第一班其餘視其術二等學堂功課學多少
年再定班次通曉西學者堂及時奮興幸毋觀望自候
以後如考試以上各處學生屆時再行出示曉諭可也
此啓

　　　　　　　洋總教習丁家立啓

3. 丁家立给盛宣怀的函

敬禀者總教習前開
北洋大臣王擬於本堂添各樣文學如讀德法東洋
各文之類並開囑
津海關道李興
貴大臣商辦云云伏查本堂自開辦之初總教習曾興
貴大臣面陳本堂不作繙譯學堂俾學生得有實學此
事最關緊要如添各樣文學總教習可擬一善法俾學
生以後不但可充繙譯並與現在緊要功課無有妨礙
計除二等四三二各班英文算學等功課照舊不添外俟
升入二等頭班時可以分開選數名學生每日讀一點鐘
德文選數名學生每日讀一點鐘法文選數名學生每日
讀一點鐘之外每日仍照舊讀英文算
學等功課其由二等頭班升入頭等時亦照以上凡讀德文
者每日讀一點鐘德文凡讀法文者每日讀一點鐘法文讀
東文者每日讀一點鐘東文除去一點鐘之外所有頭等專
門各功課仍由英文專門教習課讀倘照此辦理俟該生

阐释：

此函写于光绪二十三年十一月二十九日（1897年12月22日）。由文中可知，本年北洋大臣欲在北洋大学堂添设德、法、东洋语言之学。但丁家立在创办之初曾与盛宣怀商议，不将北洋大学堂办为专门的语言学堂，"俾学生得有实学"。南洋公学开办后，有人建议北洋大学堂也改称北洋公学，丁家立对此表示反对，认为北洋大学堂"盖开办订请时说明系中国大学堂"。在丁家立心目中北洋大学堂应为"大学"，不能改名；所聘请大学教授也皆欲辞职，因机构降级不符合其身份。

盛宣怀草拟学堂创建蓝图时是与美国教育家丁家立商议，以美国哈佛大学为蓝本的，他在奏章中明确提出："头等学堂，本年拟先招已通大学堂第一年功夫者，精选三十名列作末班。……至第四年底，头等头班三十名，准给考单挑选出堂。或派赴外洋，分途历练；或酌量委派洋务职事。此外国所谓大学堂也。"

丁家立（Charles Daniel Tenney），美籍著名教育家。1882 年丁家立来华，在山西传教。1886 年脱离了他所属的美国公理会，改以学者的身份来天津从事文化活动，并在天津美国领事馆担任副领事。其间他在天津开办了一所不带宗教色彩的中西书院，自任校长。此时他结识了天津的上层政要，并与清政府洋务派实力人物李鸿章、盛宣怀交往密切，因而在当时社会上享有很高的声誉。盛宣怀与丁家立讨论办学之事，得到丁家立的赞同和鼎力相助。关于这一经过在丁家立担任总教习后的启示中是这样讲的，"盖闻兴学校，即以育人才。学校者，人才之根本也。然欲讲求实学，必自格致诸学始，而后所成之才乃为真才，所学之学乃为真学。知此者其惟津海关道盛杏荪方伯乎。方伯知时局维艰，需才甚急。雅慕泰西之学皆系有用之学，一事一物均有实际，舍是无以为自强之本"，"思有以创办而振兴之，于是妥议章程以家立为总理教习"。可见，丁家立对于盛宣怀"兴学强国"的主张是赞同的，因此积极参加学堂的筹备工作。

丁家立熟悉美国大学的办学模式，因此参照美国哈佛、耶鲁等大学模式规划了北洋大学堂的办学模式。对此，盛宣怀非常赞同，因为日本的教育也是向欧美学习的，与其学习日本，不如直接学习欧美。

其一，借鉴美国教育模式，形成层次教育结构。规划北洋大学堂设立头等学堂、二等学堂各一所，"头等学堂即今之正科，二等学堂即今之预科"。当时的美国高等教育分为 3 个层次，即预科（为解决本科生源问题而设立）、本科和研究生。北洋大学堂的二等学堂 4 年毕业后，方可升入头等学堂，再学习 4 年才能毕业，因而经过 8 年的学习才可培养出本科层次的高级人才。8 年后挑选毕业生"分赴出洋分途历练"，即送往国外大学的研究院进行研究生层次的培养。关于研究生的培养在制定北洋大学堂规划时就被写入了章程。

其二，借鉴美国大学的班级授课制，头等、二等学堂各分为 4 个班，由高到低依次为头班、二班、三班、四班（末班），每班招生 30 人，学生按年依次升班，各学堂规模保持在 120 人。

其三，仿照哈佛、耶鲁设置课程体系。北洋大学堂设置的各类课程如下：

北洋大学堂基础课程一览
二等学堂

第一年（四班）

英文初等浅言、英文功课书、英字拼字、数学、朗读书课

第二年（三班）

英文文法、英文字拼法、朗读书课、英文尺牍、翻译英文、数学并量法启蒙

第三年（二班）

英文讲解文法、各国史鉴、地舆学、英文官商尺牍、翻译英文、代数学

第四年（头班）

各国史鉴、翻译英文、英文尺牍、平面量地法、格物学

头等学堂

第一年（四班）

几何学、三角勾股学、格物学、笔绘图、各国史鉴、作英文论、翻译英文

第二年（三班）

驾驶并量地学、重学、微分学、格物学、化学、笔绘图并机器绘图、作英文论、翻译英文

第三年（二班）

天文工程初学、化学、花草学、作英文论、翻译英文、笔绘图并机器绘图

第四年（头班）

金石学、地学、考究禽兽学、万国公约、理财富国学、作英文论、翻译英文

北洋大学堂头等学堂专业课程一览

工程学

工程机器、测量地学、重学、汽水学、材料性质学、桥梁房顶学、开洞挖地学、水利机器学

电学

深究电理学、讲究用电机理、传电力学、电房演试、电报并德律风（电话）学

矿物学

深奥金石学、化学、矿物房演试、测量矿苗、矿物略兼机器工程学

机器学

深奥重学、材料势力学、机器、汽水机器、绘机器图、机器房演试

律例学

大清律例、各国通商条约、万国公约等

其四，遵循现代教育规律，严格延聘教习和执行招生环节。丁家立提出头等学堂工程学、算学、格物学、化学、矿物机器学、地学、机器学、绘图学、律例学等拟聘洋人教习授课。奏章中对学生的考取作了规定，头等学堂学生"将由二等学生挑来"，"凡欲入二等学堂之学生自十三岁起至十五岁止，阐释期年岁考其读过四书，并通一二经，文理稍顺者酌量收录"。

其五，贯彻精英教育原则，严格教学培养。头等学堂课程安排、讲授内容、使用教材，均以美国哈佛、耶鲁等大学为标准，起点高，教学水平高，所以学生毕业可以不经考试直接升入美国著名大学的研究生院。北洋大学堂把资送留学生作为本科教育的继续，丁家立亲自担任留美学堂监督，每次都亲自带领学生赴美留学。

其六，参照美国的大学管理，制定详备的管理制度。北洋大学堂创建之初按照盛宣怀和丁家立商定的《拟设天津中西学堂章程禀》制订了管理学校的制度，对于总办、总教习的职权、教习的延请、功课的考核、学堂的经费、学生的录取以及学生在校期间的补助等，都一一作出规定。

正是因为丁家立在北洋大学的筹备中作出了重要贡献，盛宣怀在奏章中明确提出："所有学堂事务，任大责重，必须进选深通西学体用之员总理，方不致有名无实，拟订请美国人丁家立为总教习。"

四、北洋大学堂创建名称考证

北洋大学初创时校名就几经变更，盛宣怀奏折《拟设天津中西学堂章程禀》中，学堂校名拟称为"中西学堂"。王文韶奏折《津海关道盛宣怀创办西学学堂禀明立案由》中改称为"西学学堂"。光绪皇帝按奏折御批后学校成立，名为"大学堂"。学堂所用关防文字为"北洋大学堂"，而当年的招生启事上用的却是"天津大学堂"，那北洋大学初创时究竟是哪个名称？

1. 西学学堂还是大学堂

《天津大词典》《天津全书》《天津简志》基本采用"北洋大学堂前身为北洋西学学堂，建于清光绪二十一年。1902 年迁至西沽武库复校，次年改名为北洋大学堂。"[①]的说法。此说法源于《第一次中国教育年鉴》："清光绪二十九年，天津西学学堂改为北洋大学堂。"[②]此提法的依据是 1901 年 9 月清政府颁布"兴学诏书"，诏书晓谕全国："除京师大学堂应确实整顿外，著各省所有书院，于省城均改设大学堂。"[③]1902 年、1903 年各省纷纷改书院为大学堂。因此，一般将"书院"改为"大学堂"的时间定为 1902 年至 1903 年。北洋大学堂因庚子之变停办，又恰恰于 1903 年在西沽复校，也就误将北洋大学堂改名的时间定为 1903 年。另一种说法为："本校始设于天津海大道梁园门外，名为'北洋大学堂'。"北洋大学自己的出版物大都采用此说法。

其实，北洋大学堂创办之初即称为"大学堂"。例如《直报》1895 年 11 月 8 日刊登的清政府颁布的"劝令加捐"中写道："为晓谕事查前因天津设立头等、二等大学

---

① 来新夏：《天津大词典》，天津社会科学院出版社，2001 年，第 433 页；朱其华：《天津全书》，天津人民出版社，1991 年，第 761 页；天津地方志编修委员会：《天津简志》，天津人民出版社，1991 年，第 969 页。

② 中华民国教育部：《第一次中国教育年鉴》（丙编），教育概况：第一学校教育概况，商务印书馆，1933 年，第 9 页。

③ ［清］朱寿朋：《光绪朝东华录》，中华书局，1958 年，第 4719 页。

堂经费……"[①]北洋大学建立仅月余清政府文书即称为"大学堂"。这是当时中国唯一被称为"大学堂"的学校。据中华民国教育部《第一次中国教育年鉴》记载,1902 年以前我国称为"大学堂"的学校仅有 3 所:北洋大学堂、京师大学堂和山西大学堂。[②]

  王文韶的奏折使用了"天津北洋西学学堂"这一名称,这个概念讲的是学校性质,即西学学堂。既然"北洋西学学堂"只是讲创办学堂的性质,为的是申报供上级批准,所以它不是校名,后来在大学堂运作实践中也并没有真正用作校名,更没有使用过"西学学堂"的校名。

---

 ① 《劝令加捐》,刊于《直报》,光绪二十一年九月二十二日,第二百四十六号,第 3 页。
 ② 中华民国教育部:《第一次中国教育年鉴》(丙编),教育概况:第一学校教育概况,第 9 页。

2. 北洋大学堂与天津大学堂

北洋大学堂初创时，王文韶、盛宣怀、丁家立反复强调，头等学堂"此外国所谓大学堂也"，清政府下发文件也称为"大学堂"。可是，校名究竟是北洋大学堂还是天津大学堂？

目前，天津大学校史研究确定初创时校名为"北洋大学堂"，其主要依据：

（1）1895 年 10 月至 1911 年底，大学堂印章为"监督北洋大学堂事务之关防"①，这是国家批准使用的公章，据此公章确定建校校名称为北洋大学堂。

（2）1895 年 12 月 7 日，英文版《京津泰晤士报》刊登采访北洋大学堂的文章，英文标题"A Visit to the Tientsin University"译为中文标题《北洋大学堂见闻》（亦有译为《对天津大学的一次访问》的）。文中出现加大号加粗繁体中文字样"北洋大学堂"，是迄今为止最早记述"北洋大学堂"的例证。②

（3）代理津海关道黄花农于 1896 年 3 月 16 日至 22 日连续七天在《直报》上刊登招生广告，在广告中使用了"钦命二品顶戴代理津海关道督办北洋大学堂黄"的字样。

（4）《北洋大学题名录》（应为《北洋大学堂题名录》）中第一页"堂政"六条，第一条称"本堂……"。此书是 1897 年所印，说明 1897 年以前已称为"北洋大学堂"。③

（5）1900 年首批学生王宠惠获得钦差大臣、直隶总督裕禄颁发的盖有"钦差大臣关防"的大清皇帝钦字第一号大学生考凭，该考评有"给发考凭照得天津北洋大学堂招取学生"等字样。④

（6）《天津海关一八九二——一九〇一年十年调查报告书》载："在一八九八年事件后……发生了德国军队占住北洋大学堂的事件。"⑤ 说明在海关文书中已使用"北洋大学堂"名称。

---

① 王杰主编：《天津大学志·综合卷》，天津大学出版社，2015 年，第 20 页。

② 王杰主编：《天津大学志·综合卷》，第 61 页。

③ 天津大学校史编辑室：《北洋大学 – 天津大学校史》（一卷），第 40—43 页。

④ 中国第一历史档案馆、天津大学编：《中国近代第一所大学——北洋大学（天津大学历史档案珍藏图录）》，天津大学出版社，2005 年，第 26 页。

⑤ 天津市历史研究所：《天津历史资料》（4），第 79 页。

（7）1901年盛宣怀通过南洋公学资送北洋大学堂毕业生及头等学生派遣外洋留学之事札，原文为："为札饬事照得北洋大学堂毕业及头等学生前经考取数名酌派遣外洋肄业专门，嗣因北方肇乱未及举行……"兴札使用"北洋大学堂"字样。①

（8）1904年11月，《盛宣怀复载振函》中说："宣怀前在天津所设北洋大学堂成材尚多，惜因庚子遭乱散而之。沪嗣经派头等毕业生游学美国。"②

根据上述史料，《天津大学志·综合卷》编者认为：自创办头等学堂，开学就称为北洋大学堂。可是，自北洋大学堂初创，同时也出现天津大学堂的名称。天津大学堂说的主要依据：

（1）1896年（光绪二十二年）2月，盛宣怀"禀商补定"校名为"天津大学堂"。于3月1日在《申报》《新闻报》上发表"督办天津大学堂正任津海关道盛示"的招生广告，这是经过半年筹备校方第一次在新闻媒体上公布，标志着中国第一所大学真正校名的诞生。其次，盛宣怀亲自"代拟登招考天津大学堂学生告白"，现存上海档案馆。③

（2）上海图书馆所藏的丁家立1895年9月10日撰写的英文规划书亦使用了"天津大学堂"这一概念。这一珍贵的史料，与盛宣怀档案相印证，证明最早的校名是"天津大学堂"。④

（3）"天津大学堂"这个校名，首先得到美国国家档案馆有关驻津领事馆档案的证实。由于1895—1896年丁家立担任美国驻津副领事、署理领事，又兼大学堂总教习，其领事馆档案的可信度和准确率高于其他资料，当数第一手档案史料。该档案中1896年至1897年明确记载为 Imperial Tientsin University 即"帝国天津大学堂"，亦可称为"皇家天津大学堂"。⑤

（4）1896年底，王修植接替伍廷芳出任天津大学堂总办。他在1897年5月，《致盛宣怀函》的信封上落款为"天津大学堂"，可是在丁家立给盛宣怀的信封上落款为"北洋大学堂"。⑥

① 天津大学校史编辑室：《北洋大学 - 天津大学校史》（一卷），第40—43页。
② 上海图书馆：《上海图书馆藏盛宣怀档案萃编》（下），第443—444页。
③ 《直报》，1895年12月20日，一版；1896年3月18日，一版。
④ 中国第一历史档案馆、天津大学编：《中国近代第一所大学——北洋大学（天津大学历史档案珍藏图录）》，天津大学出版社，2005年，第29页。
⑤ 《1896至1897美国与外国商业关系（Commercial Relations of the United States with Foreign Countries, 1896, 1897）》（第一卷），美国国务院外国商业署发行，华盛顿政府印务局，1896年，第1029页。
⑥ 上海图书馆：《上海图书馆藏盛宣怀档案萃编》（下），第395页。

（5）1898年1月春节，钦差大臣、直隶总督王文韶在日记中记载了"大学堂总教习丁家立拜年"的情况。[①] 这印证了"大学堂"名称是真的存在。

（6）北洋大学堂还是天津大学堂，在学人中认识也不统一。例如：北洋工学院院长李书田在《北洋大学过去五十三年》一文中明确指出学堂"初名天津大学堂"。可是，校长刘仙洲考证在1897年之前，学校名称已经是北洋大学堂了。[②]

（7）天津有一张珍贵的照片，这张照片中有一座城堡式的门楼，门楣上方镶嵌着一块大幅门匾，上刻有楷书"天津大学堂"五个大字。[③]

（8）1903年3月，复校后举办招考新生工作。校方在《直报》上连续三天刊登"天津大学堂启"。[④]

（9）1904年《天津大学堂沈（桐）道订立各项规则请立案禀并批》一文中，亦明确制定出"《天津大学堂新订各规则》"。[⑤]

（10）1911年《直隶总督陈夔龙奏为北洋大学堂办学出力各员事折》中指出："北洋大学堂于光绪二十八年经前袁世凯奏设，原名天津大学堂，至三十一年四月改为今名。计自开办至今，已逾十五学期之久。"[⑥]

（11）对此，袁世凯回应，予以证实，他在光绪三十二年（1906年）六月关于《直隶总督北洋大臣袁世凯奏为缕陈直隶历年学务事折》中说："以天津大学堂设立多年，程度颇高，业经分设专科照章作为大学，即名北洋大学堂。"皇帝朱批："学部知道。钦此。"[⑦]

阐释：

学校初创时期，北洋大学堂和天津大学堂的名称互见，北洋大学堂的名称多出于

---

① 袁英光、胡逢祥整理：《王文韶日记》，中华书局，2014年，第983页。
② 左森主编：《回忆北洋大学》，天津大学出版社，1989年，第146页。
③ 张诚：《从博文书院到北洋大学堂》，载于王杰、张世轶编著：《北洋大学与天津》，天津大学出版社，2017年，第36页。
④ 《直报》，1904年3月20—22日，第一版。
⑤ 天津大学校史编辑室：《北洋大学 – 天津大学校史资料选编》（一卷），第21页。
⑥ 中国第一历史档案馆、天津大学编：《中国近代第一所大学——北洋大学（天津大学历史档案珍藏图录）》，第117页。
⑦ 中国第一历史档案馆、天津大学编：《中国近代第一所大学——北洋大学（天津大学历史档案珍藏图录）》，第30—31页。

公函、关防，而天津大学堂的名称多出于信函、报纸。作为老照片，北洋大学堂和天津大学堂校门照片皆有，且时间次序难定。虽然直隶总督陈夔龙奏折中提出，"北洋大学堂于光绪二十八年经前袁世凯奏设，原名天津大学堂"，袁世凯也作了回应，但是，1900 年清政府颁发盖有钦差大臣关防的北洋大学堂毕业文凭上，赫然写着北洋大学堂。显然陈夔龙和袁世凯的表述不符合史实，因此，目前天津大学校史研究的成果，还是根据清政府颁发盖有钦差大臣关防的北洋大学堂毕业文凭为准，将初创时学校名称认定为北洋大学堂。

五、关于北洋大学的档案材料

1. 盛宣怀《拟设天津中西学堂禀》（盛宣怀报王文韶的奏折）

职道之愚，当赶紧设立头等二等学堂各一所，为继起者规式。惟二等学堂功课，必须四年，方能升入头等学堂。头等学堂功课，必须四年，方能选入专门之学。不能躐等，即难免迟暮之憾。现拟通融求速办法，二等学堂本年拟由天津、上海、香港等处先招已通小学堂第三年功夫者三十名，列作头班；已通第二年功夫者三十名，列作二班；已通第一年功夫者三十名，列作三班；来年再续招三十名，列作四班。合成一百二十名为额。第二年起，每年即可拔出头班三十名升入头等学堂。其余以次递升，仍每年挑选三十名，入堂补四班之额，源源不绝。此外国所谓小学堂也。至头等学堂，本年拟先招已通大学堂第一年功夫者，精选三十名列作末班。来年即可升列第三班，并取二等之第一班三十名，升补头等第四班之缺。嗣后按年递升，亦以一百二十名为定额。至第四年底，头等头班三十名，准给考单挑选出堂。或派赴外洋，分途历练；或酌量委派洋务职事。此外国所谓大学堂也。

资料来源：朱有瓛等编《中国近代学制史料》，第一辑（下），
华东师范大学出版社，1983年，第490—491页。

2. 丁家立草拟头等学堂、二等学堂招生启事

擬登直報草底一件

蓋聞興學校即以育人才學校者人才之根本
也然欲請求實學必自格致諸學始而後所成
之才乃為真才所學之學乃為真學知此者其
惟
津海關道盛杏蓀方伯乎方伯
泰西之學省係有用之學一事一物均有實際
念是無以為中國之本乃請於
北洋大臣

存大心思有以創辦而振興之指是妥議章程以章

立為總理教習之事辦法擬以學校分為二等一為二
等學堂一為頭等學堂二等學堂擬先在天津設立
一處以後再於別處推廣凡欲入學堂之學生自十
三歲起至十五歲止按其年紀者其四書五經並文
理通順者酌量收錄第一年英文文法英文
課書英字拼法朗誦書課數學第二年英文文法英文
字拼法朗誦書課英文尺牘翻譯英文數學量法成
家第三年英文諮解文法各國史鑑地與學英文官
商人牘繕譯英文代數學第四年各國史鑑地輿票伯

资料来源：上海图书馆编《上海图书馆藏盛宣怀档案萃编》（下），第394—395页。

阐释：

据此，头等学堂无论在教学内容还是分科设置上均已初步具备大学性质。仅从第四年课程来看，金石学、地学、考究禽兽学、万国公法、理财富国学、作英文论、翻译英文，都不是一般中学学生所能学习和掌握的。更何况设立了具有特色的四个专门学：工程，矿务，机械，律例，这些都由重金聘请外国的教授授课。

3. 丁家立代拟招生告白

代拟登招考天津大学堂学生告白

正任津海关道盛示

天津大学堂招考二等头班学生已於初九日考过

因语代数诸学者少不敷缺额特再续招如有通晓

地理算学代数学读过英文三四年以上华文亦须

能做讲论年轻体壮身家清白者即日到郑家木

桥电报学堂挂号洋文总教习丁家立汉文教习

范膏民等准于三月十六日早八点钟在电报学堂面

试幸勿迟误

资料来源：上海图书馆编《上海图书馆藏盛宣怀档案萃编》（下），第 394 页。

阐释：

1895 年，丁家立以洋教习身份代盛宣怀草拟了大学堂招生启事和招生告白。

招生启事题为《教育英才》。全文如下：

　　盖闻兴学校，即以育人才。学校者，人才之根本也。然欲讲求实学，必自格致诸学始。而后有所成之才乃为真才，所学之学乃为真学。知此者，其惟津海关道盛杏荪方伯乎？方伯知时局艰难，需才甚急，雅慕泰西之学皆系有用之学，一事一物均有实际，舍是无以为自强之本。乃请于前任北洋大臣、大学士李。未及举行。今复请于现任北洋大臣、直隶督宪王。思有以创办而振兴之。于是，妥议章程，以家立为总理教习之事办法。拟以学校分为二等：一为二等学堂，一为头等学堂。

　　二等学堂拟先在天津设立一处，以后再于别处推广。凡欲入学堂之学生，自十三岁至十五岁止，按其年纪，考其四书五经并文理通顺者，酌量收录。第一年，英文初学浅书、英文功课书、英字拼法、朗诵书课、数学。第二年，英文文法、英字拼法、朗诵书课、英文尺牍、翻译英文、数学并量法启蒙。第三年，英文讲解文法、各国史鉴、地典学、英文官商尺牍、翻译英文、代数学。第四年，各国史鉴、坡鲁伯斯第一年、格物书、作英文论、英文尺牍、翻译英文、平面量地法。四年内每目华洋字共写若干。每年分为夏冬两季，各放假半月。每逢中外节令，放假一日。凡礼拜日休息一日。每年考试两次，定其优劣，或留或黜，以为准程。每学生每月贴膳银三两。第一年，每学生每月膏火银一两；二年，一两五钱；三年，二两；四年，二两五钱。延请华人洋文教习为之教导。此二等学堂大概情形也。

　　头等学堂在天津南围墙外博文书院中。第一年，几何学、三角勾股法、格物学、笔绘图、各国史鉴、作英文论、翻译英文。第二年，驾驶并量地法学、微分学、格物学、化学、笔绘图并机器绘图、作英文论、翻译英文。第三年，天文、工程初学、化学、花草学、作英文论、笔绘图并机器绘图、翻译英文。第四年，金石学、地学、考究禽兽学、万国公法、财富富国学、作英文论、翻译英文。如欲专习一门者，均听自便。计专门学：工程、电气、矿务、机器、律例。第一年，每学生每月津贴膏火银四两；二年，五两；三年，六两；四年，七两。另择其学问最优者数名，送至外国游历二三年、以资历练。川资由学堂给发。其不欲出洋者，酌量委派洋务差事。此头等学堂大概情形也。

　　现在头等学堂一班、二等学堂三班拟即招集。本总教习拟在天津、上海、香港招集头等学堂一班学生、二等学堂三班学生，如有按照以上二等学堂功课学至四年者、即拨归头等学堂第四班。其余视其将二等学堂功课学多少年再定班次。通晓西学者，望及时奋兴，幸勿观望自误。以后如考试、以上各处学生届时再行出示晓可也。

此启　洋教习丁家立启

1895年9月7日（七月十九日）及9月9日（七月廿一日），连续两天，丁家立以"洋文总教习"名义在天津《直报》刊登招生启事称津海关道盛宣怀"知时局艰难，需才甚急，雅慕泰西之学"，决定要创办西式学堂，先前已请示过北洋大臣李鸿章，但没有来得及举办。今又请示现任北洋大臣王文韶，"思有以创办而振兴之"。于是，"妥议章程，以家立为总理教习之事办法"，请丁家立为总教习负责招生工作。招生启事并详细列明招生年限、学制、课程、月膏火费、肄业出路等情况。在该招生启事中的一段文字——"乃请于前任北洋大臣、大学士李。未及举行。今复请于现任北洋大臣、直隶督宪王"——是盛宣怀亲笔批改的。

在该招生启事中，对二等学堂和头等学堂都分别给予介绍，由此可以得知头等学堂学满四年毕业后，"择其学问最优者数名，送至外国游历"，按现在说法就是"派出国留学"。"其不欲出洋者，酌量委派洋务差事"，按现在说法就是"分配工作"。头等学堂相当于现在的大学本科，当时称"大学堂"。

1895年9月10日（七月廿二日），天津《直报》之"中西招考"栏中又刊登了丁家立的一则通告。通告称："七月十九、廿一两日，本总教习曾将拟在天津设立北洋二等、头等学堂章程登之报中，兹本总教习订于中历七月廿九日，在天津中西书院中招考二等学堂三班学生，头等学堂一班学生，如有情愿赴考者，务于七月廿八日赴中西书院报名届期候考。"

丁家立还称："现察中国修铁路、办矿务以及创办各事，实为富强紧要关键。而此项人才，是以待用甚急。盖非得智慧之士、精通之学，不足以收成效。而期得力，本总教习情殷教导。尚望及早奋兴，幸勿失此机缘也。"

该通告提及"考场设在紫竹林营门中西书院"，赴考者须"于七月廿八日赴中西书院报名"。

4.盛宣怀《遵查轮电两局款目酌定报效银数并陈办理艰难情形折》

北洋大学堂奏明头等四班，二等四班，每班三十名。递年工夫长进升至头班，头等再派出洋。此皆取法于西，不容紊乱。中国学无次序，浅尝辄止，故无成效。此学堂幸蒙督帅主持允许，历久不渝。商、电两公司始乐捐输，成斯美举，各国称为中国第一学堂。方冀人才辈出，不负督帅及诸公成全盛意。顷接少东观察来函，忽欲改六十名分学法、德、东三国之文，是殆误会此堂仅学文字，不知内有分类专门工夫。为小失大，弊莫甚焉。前据丁家立面商，头等三十名应分律例、矿务、制造各若干名。以后每年每类仅得数名，正恐不敷派用。时势需才如此其急，讵可一误再误！铁路学生同是英文，宣尚不肯假借以损大学。况改习他国文字便须另聘他国教习，此堂隳废即在目前，为天下笑。且二等四班学生例应就三等学堂挑升。年来苏浙皆有三等学堂，津则无之。开正应挑四班生三十名，本拟南二北一。少翁既欲在津多挑，可否南北各半？此系育才要政，实不可稍有徇情。南省求情者皆不收录也。再德文已有武备学堂，法文似可附入俄文学堂，东文或在大学堂左近另盖数椽专设一堂，费似无多。拙见如此，伏乞钧裁示复。

资料来源：盛宣怀《愚斋存稿》卷三，《遵查轮电两局款目酌定报效银数并陈办理艰难情形折》，光绪二十三年十二月十五日（1898年1月7日）。

阐释：

北洋大学堂创办之初即取得不错的办学成绩，被各国称为"中国第一学堂"。盛宣怀认为要在北洋大学堂添设各国语言之学，是误会了北洋大学堂，指出北洋大学堂"内有专门工夫"，即为分科性质的大学。若改部分学生学习各国语言文字，则"为小失大，弊莫甚焉"。由此文可见盛宣怀与丁家立对北洋大学堂作为一所大学的坚持。

5. 王修植上盛宣怀禀

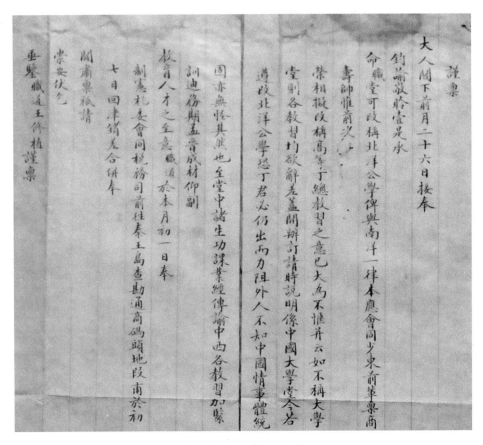

资料来源：上海图书馆藏

阐释：

南洋公学开办后，有人建议北洋大学堂也改称北洋公学，丁家立对此表示反对，认为北洋大学堂"盖开办订请时说明系中国大学堂"。在丁家立心目中，北洋大学堂应为"大学"，不能改名；所聘请大学教授也皆欲辞职，因机构降级不符合其身份。

6. 王宠惠等致盛宣怀函

杏

蓀宮保閣下敬稟者自頃得蒙　曠典奏派

出洋以資學習感佩莫銘他日稍有寸進

自當歸而効力庶不負　裁成之雅意故

不揣冒昧欲有所言者瀆陳於　宮保之

前竊願有以　教之生等遊學是邦以商

律商務為專科　卜忌利大學堂創辦伊始

學科多未完備與美國東方各省所設諸

學堂其程度相去甚遠　蓋卜忌利為美國

西鄙僻處一隅誠如甘陝之於中國不問

而知其非求學之地矣且美國東方為文

學士夫執政樞要萃聚之所美國學生非

萬不得已無在卜忌利肄業者即傅蘭雅

先生之子家亦在東方學堂肄業現

卜忌利學堂各教習均在東方聘求所用

教科講義盡是東方各學堂教師所著錄

古人所謂立法夫上僅得其中今肄業於下

等之學級而欲學問之上進也蓋亦難矣生

等項在學堂中己居畢業之列學堂所教

授之書籍多在北洋大學堂時經己習聞

欲求新學實無幾矣若久居於此亦徒廳

國帑而貢　雅意耳且卜忌利一省美國

新得於墨西哥者僅數十年其留寓寓人識

俱開礦種植諸工人居多欲求一美國碩學

名望之博士而不可得一旦歸而國辦理交

涉事宜必不能措置裕如蓋外交之事必以

識人多交情深為第一義也若夫遊學東方

一切費用與在卜忌利畧同所異者東方

最有名之大學堂每年須加脩金百五十元

而卜忌利則無此例卜忌利為加利寬尼省

公立之大學為養育一省人才而設生等為

異國人雖免脩金他日畢業離校時亦須

饋贈禮物以答厚意則所費亦無異也與

其先後皆須備金昌若遊學東方之為愈

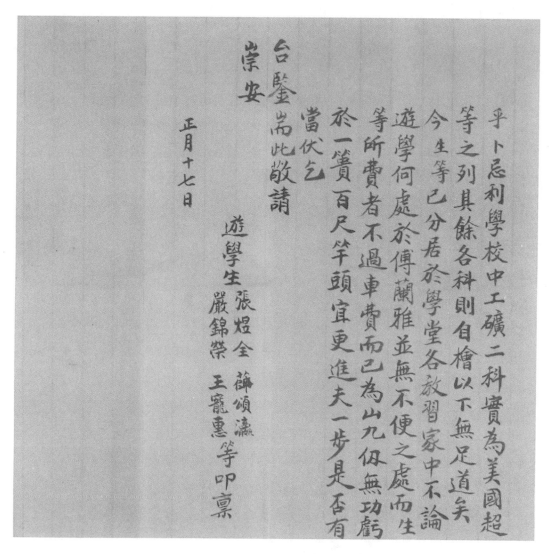

资料来源：上海图书馆编《上海图书馆藏盛宣怀档案萃编》（下），第 403—405 页。

阐释：

卜忌利大学堂即 Berkeley University（伯克利大学）。王宠惠是北洋大学堂头等学堂第一届毕业生，毕业后赴美国留学。此函为王宠惠等赴美学生到美国后，认为伯克利大学在当时"学科多未完备，与美国东方各省所设诸学堂其程度相去甚远"，向盛宣怀请求转学之信件。

由文中可知，"大学堂"的称呼即西方之大学，如函中称呼为"卜忌利大学堂""北洋大学堂"等，并指出"卜忌利为加利宽尼省公立之大学"。可见北洋大学堂与西方大学相同。

在办学水平上，北洋大学堂已达到美国水平甚至超过卜忌利（伯克利）。如函中指出："生等顷在学堂中已居毕业之列，学堂所教授之书，类多在北洋大学堂时经已习闻，欲求新学，实无几矣。"可见当时北洋大学堂的课程设置、教学水平已与卜忌利大学相当。

7.盛宣怀致（北洋大）学堂总教习丁家立的函

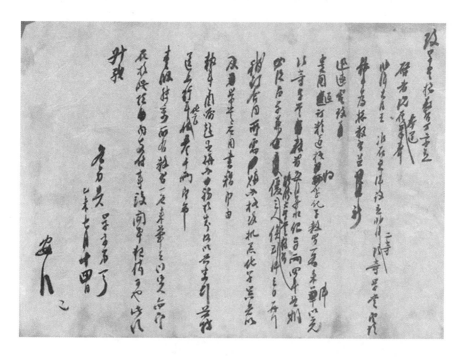

原文内容如下：

盛宣怀致（北洋大）学堂总教习丁家立

启者：

现在本道禀奉北洋大臣王（文韶）准在天津设立北洋二等、头等学堂，即请执事为总教习，并祈迅速电致贵国延订精通格物学、化学教习一名来津，以充头等学堂教习，每月薪水银二百两，四年为期，必须品学兼优，能胜大学堂教习之人，俟到津三日再行补订合同。所需购办格致机器、化学器具以及学堂应用书籍即由执事函嘱赶紧购办，务于封河以前寄到。兹特送上行平化宝银三千两，即希查收转寄。所有教习一名来华之川资亦即在于此款内支付，事竣开单报销可也。

此请升祺。名另具。

学堂第一号

乙未七月十四日

阐释：

　　这份档案是1895年9月2日（光绪二十一年七月十四日）盛宣怀致（北洋大学堂）总教习丁家立的函，是在朝廷批准学堂建立之前，反映了学堂筹备期间的情况。

　　上海图书馆盛宣怀档案中关于北洋大学的档案资料，大多收录在国家清史编纂委员会主编的《盛宣怀档案选辑》第86卷中。在此，我们仅仅选用了一部分档案资料说明北洋大学的建立经过和办学水平。

六、关于北洋大学的佐证材料

1.《直报》劝令加捐

钦命头品顶戴监督天津新钞两关北洋行营翼长办理直隶通商事务兼管海防兵备道盛，为晓喻事查前因天津设立头等、二等大学堂经费浩繁，曾经该道具详于博文书院三厘米捐之外加捐二厘已奉，奏准每石收银五厘籍充学堂经费，当经本道委员劝令粮商遵照去后兹据津郡众粮商公议情愿加捐前来除详情，督宪查核立案并秉批示外合函出示晓谕，为此示仰粮商人等知悉，自本年九月十五日起，无论有无护照，凡系商贩米麦进口，每石一律捐银五厘毋得违抗，切切特示。

《直报》光绪二十一年九月二十二日　第二百四十六号

1895 年 11 月 8 日

2. 1895 年《京津泰晤士报》

A visit to the Tientsin University
（北洋大学堂见闻）

This Institution, established under official sanction, has now been open about a fortnight. The arrangements are fairly complete for commencing the first year's studies, though there has not been time to secure the services of the six Professors, whom it is proposed to appoint in addition to the President. The aim of the promoters was to admit 120 youths for the first year, in four classes of thirty each, taking only such as had already a working knowledge of English. About 95 have been already secured. They have been selected by examinations held in Tientsin, Shanghai and Hongkong. At present they are divided into four classes, each under the charge of a competent native teacher. The students are in class from 8: 30 a.m. to noon in the morning, and from 2 p.m. to 5: 30 p.m. in the afternoon. They have in addition evening studies from 8 p.m. to 10 p.m.

Although our arrival was considerably earlier than the time appointed, we found the President in his room ready to receive us, and, without much preface, he plunged into a very succinct and orderly explanation of the manner in which the University had been organized, —its division into Preparatory and Higher Grades, the curriculum for the four years course of study in each Grade, the duties and power of the Principal, the Foreign Professors and Native Tutors respectively, together with the privileges enjoyed by the scholars. All these particulars have been arranged with great care, and seem well calculated to secure harmonious working among all concerned. Each of the two divisions of the University is under the charge of a Chinese Director, who has control of its finances and general arrangements, but delegates the entire charge of the teaching and discipline of the students to the President. The President and the Directors of the University are in consultation with each other in all important matters, and the fact that the two Directors, Messrs. Wu Ting-fang and Ts'ai Chao-chi, are both men of foreign education is of great advantage to the institution. Each Professor in turn will have entire control of his special department, the duties and powers of Native Tutors being alike carefully defined. The course of study is to include, in the Preparatory Grade: the English Primer, Reading, Grammar, Letter-writing, Translation, Arithmetic, Mensuration, Algebra, Geography, Plane Geometry, English Composition, the Elements of Science and History; in the College Grade: a very comprehensive course in Physics, Solid and Spherical Geometry, Drawing, Chemistry, Astronomy, Botany, Biology, Mineralogy and Geology, Political Economy, International Law, with special courses in Civil, Electrical, Mining and Mechanical Engineering. Liberal allowance is made for the board of the students, with not ungenerous allowances for incidental expenses; and they will be admitted, now that the College and Preparatory School are founded, by examination in Chinese, and, for the first few years, without Fees.

These interesting particulars having been given, Mr. Tenney conducted us round the building, explaining, as we went around, the various arrangements made for the comfort and convenience of the pupils. Every precaution is taken to secure cleanliness, and to keep the rooms well ventilated, the health of the residents being a most important consideration. The Chinese Tutors reside in the building, and are provided with good-sized rooms, airy and Pleasant, for sleeping and study. There are about 30 beds in each Dormitory, divided from each other by wooden, stall-like enclosures (cubicles), giving comparative privacy, and each one well supplied with bedding. A servant is in charge of each Dormitory. "This," said the President, pointing to a code of instructions in Chinese, hung upon the walls, is the statement of the 'servants' duties, always before him." At what "hour to light the fire, when to scrub the floor" and when to supply fresh water. Once servants are broken in to their duties all will go with clock-like punctuality, and a large bell in the spacious quadrangle announces the hours, From the Dormitories we proceeded to the Dining Hall, a spacious, comfortable room, with kitchens underneath and a lift for bringing up the provisions from below. Everything clean and orderly. We were show the Reception Rooms for Foreign or for Chinese visitors, neatly furnished and creditable to the establishment. Another important part of the building is the large class-room for evening classes. The University building, as is well-known, was built several years ago by Mr. Detring, under the auspices of H.E.Li Hung-chang, but had never come into permanent use. Though the structure is by no means a model of structural economy, and has not the architectural pretensions of such institutions in the west. It is most substantially built, has an imposing appearance viewed from the river or the railway, and, it cannot be denied, gives plenty of room and light and air to all its inmates, The rooms are two storied, in the form of a quadrangle, and enclosing a spacious inner court. The grounds outside are amply sufficient for all out-door sports which we hope will be a feature of the place. We see no reason why the 120 youths, destined to spend their brightest years within these walls, should not know the joys of cricket, of base-ball or foot-ball, the strenuous ardour of the race, the keen emulation of jumping and throwing, the strain of muscle and throb of pulse, which will add zest to the intellectual struggle within the building, and realize for them the Roman ideal of complete health, - "Meus sana in corpora sane."

"And now to see them at their work!" The first class to which the President introduced us was deep in a Geometry Lesson. All rose from their seats behind the desks at our entrance and after shaking hands with the teacher — "Go on with the lesson Mr. Hsdeh," said the President. A large diagram hung upon the wall, with a proposition from Euclid illustrated on it, and in clear, intelligible English the teacher proceeded—"Therefore as a. b. is equal to c. d. also equal to e. f. "tc, &." Nothing could be better than the firm assured statement of the proposition, and it was followed with manifest apprehension, and it was followed with manifest apprehension by the youths present. We heard a lesson in Grammar, and another in Dictation, each being given in a thoroughly earnest business like way. But perhaps the one that interested us most was the reading lesson in History. In which, not unkindly but with strictest severity, the students are held down to clearness in what to the Oriental is an abiding difficulty, the correct counciation of "the Queen's English". It was delightful to mark the determination displayed by the teacher to keep "that well of English" undefiled. "What is the meaning of the Word 'ruin'? To damage, spoil. "It is a noun in this place you know, give me a noun." A momentary hesitation. "Next boy!" As quick as lightning. Next boy was pat with the answer "destruction," and the lesson proceeded. "How do you pronounce e. a. t. ?" from the President. "Eat" was the reply. "And how do you pronounce i. t. ?" The vocalization was too much alike. "Be careful of your short i, long e, is eat, short i, is it. Remember!"

It was impossible to come away without the conviction that the University had begun its work in good earnest, that its talented promoters and their Chinese staff mean business, and that an excellent beginning has been made of a work, the value of which is immeasurable, and for which all will wish a long future history of intellectual triumph. And, is it too much to say, a new epoch in China's history has commenced!

While the appointments are by no means as elegant and complete as characterize a Western University, they are everything that could be desired for utility, cleanliness and success, and it is most creditable that so much has been accomplished at such short notice. Great praise is due to the Customs Taotai H. E. Sheng to the Directors and to the President for the successful inauguration of what in Chinese language will be called the 北洋大学堂.

《京津泰晤士报》1895 年 12 月 7 日第 367 页

部分段落译文：

该机构获得官方许可创立，从开学到现在已经有两个礼拜了。该校现在所作的准备，基本够第一年学习活动之用；原本在聘任总教习（President）之外，又拟聘任六位教授（Professor），但时间仓促，还未能如愿。最初创校人计划第一年招收 120 名学生，平均分成 4 个班，英文要稍有基础。天津、上海和香港三地都设有考场，通过考试选拔共已招到 95 名学生。目前这些学生分成 4 个班，各由一名中籍教师管理。学生上课从早上八点半至正午，从下午两点至五点半，有时晚上八点到十点也有课。

……二等预备学堂的课程有：英文基础、阅读、语法、书信写作、翻译、算术、测量、代数、地理、平面几何、英文写作、科学与历史基础知识；高等学堂（College Grade，或可译为学院级别）的课程有：基础物理、立体与球面几何、绘图、化学、天文学、植物学、生物学、矿物与地质学、政治经济学、国际法，还有较专门的土木、电气、采矿和机械工程学的课程。住宿学生的补助都很优厚，其他的杂费支出也不少。现在头等和二等学堂都已创立，要入学的话，都要通过考试，顺利入学的，前几年无需费用。

由以上内容可知，这篇文章采访于北洋大学堂成立两周后。而且当时头等学堂和二等学堂均已创立。由记录下来的有关课程的目录可见：二等预备学堂的课程，都是中学水平的基础课程，但这是为了培养适合进入高等学堂的学生；而高等学堂所开办的课程，已经属于较完整的综合性大学的课程体系。

虽然现在的安排，比起严格意义上的西方大学来说，谈不上精致和完整，但论效能和整齐的程度，大致令人满意，可以算是很成功的了，尤其在这么短的时间内办成这么多事，更值得赞许。多亏了道台盛宣怀、学堂总办和总教习的努力，才有这所高校（中文称为"北洋大学堂"）的成功创办。

阐释：

政府认可与社会评价。

北洋大学堂是直隶总督上报光绪皇帝批准后建立的，自然是"政府认可"的，其后《劝令加捐》文告更是政府对其经费使用的批准。当年出版的英文版《京津泰晤士报》即表达了社会的认可。

3. 第一次、第二次教育年鑑

第一次中國教育年鑑　丙編　教育概...

（十五）國立北洋工學院　校址——天津

一　沿革

該學院初名北洋大學，創設於清光緒二十一年。初設於海大道之梁園門外，分頭二兩等學堂——即本科預科——每等學堂四年；頭等學堂第二班始分法律採礦機械土木工程四門。二十四年設鐵路專科兩班，會庚子亂作，未及畢業，此後校舍劃歸德國租界，乃就西沽武庫舊址建築新校舍，二十九年重行開辦，曾附設譯學班及師範班，不久均停辦，三十四年鑑

職　名	姓名	就職年月	離
督辦	李岷琛		
督辦	梁敦彥		
督辦	唐紹儀		
督辦	錢明訓		
總辦頭等學堂	王修植		

文科研究所工作之一部交史哲教育亦擬另闢部門從事研究

（四）理學院數學化學兩系以歷史較長人事穩定雖無研究所之設而教授個人研究工作未嘗間斷研究結果在中外學術刊物中發表者亦已多種今後更將充分利用理學院之人力物力以從事純粹科學之研究。

貳拾　國立北洋大學

校址　天津西沽武庫

校長　張含英

一　沿革

該校成立迄今已五十二年，前清光緒二十一年津海關道盛宣懷呈准創辦，由總辦葉紹基總教習丁家立會同合辦，校址設天津海大道之梁園門外，初名天津大學堂，旋改名為「北洋大學堂」，分頭二等學堂（即本科預科）二等學堂四年畢業升入頭等學堂，庚子變作學務中止，二十八年收回天津，乃就西沽武庫舊址重建校舍，次年春落成，前臨北運河，後帶桃花堤，佔地三百四十八畝有奇，即今之校址。國民政府試行大學區制，後將該校列北平工業大學之後，更名為「北

一三七

（六二五）

　　《第一次中国教育年鉴》是中国历史上第一次引入年鉴体制记录全国的教育状况，因此第一次年鉴也对以往的教育状况进行梳理，可谓是一部近代教育概况的全记录，其中提到北洋大学（其时改称"国立北洋工学院"）的介绍，明确提到创办于光绪二十一年（1895 年）。

第一節　高等教育之變遷

我國高等教育，依其演進可分為下列各時期。

一、清季　此一時期又可分為二：

（一）同治元年至正式學制公佈以前　清同治元年，設同文館於北京聘請英籍教師二人培養翻譯人才從事外交專務二年又在上海廣州設立廣方言館與同文館目的全同而課程微異同治五年同文館加設天文算學光緒十九年湖北設立自強學堂造就翻譯人才外復注意技術人才及海陸軍人才之養成二十一年重定同文館分年課級辦法課程分為八年加設各國地圖各國史略格物化學萬國公法地理金石及富國策等內容逐漸擴充不僅限於語文之翻譯矣此等學堂雖論其性質非正式高等教育然追溯其源實為外國之大學堂之小學堂分頭等二等兩種修業期限各為四年二十二年即復在上海設立南洋公學修業八年分上院中院外院上院即

第二次中國教育年鑑　第五編　高等教育

　　《第二次中国教育年鉴》出版于 1949 年，材料搜集从 1947 年就开始了。在第五编第一章第一节"高等教育之变迁"中，也明确提到"在天津设立西学学堂，分头等、二等两种。头等即外国之大学"。

4. 徐宗亮 1899 年《天津府志》

北洋大学堂，在海河南岸梁家园南，光绪二十一年（1895 年）八月奏建。初，前津海关道周馥议设博文书院，会讲中西之学，购置地基一区，旋以经费不足中止。今太常寺少卿盛宣怀任海关道时，乃请于北洋大臣总督王，就原基捐建学堂一所，招考头等、二等学生，并延中西积学之士分班教习。章程略仿西法，长年经费约五万金有奇，由海口煤税、米麦税及招商、电报两局捐款济用，不领公帑。

资料来源：徐宗亮《（光绪）重修天津府志》卷二十四，清光绪二十五年（1899年）刻本。

阐释：

此处为北洋大学堂建立不久之后，天津地方所修志书对北洋大学堂之记载。文中北洋大学堂"章程略仿西法"，可辅证北洋大学堂为仿照西方模式所办的中国近代大学。

5. 1896 年《教务杂志》之一

Li Hung-chang as a Patron of Education.

An Address at the Waldorf Dinner, August 29th, 1896.

BY DR. W. A. P. MARTIN,

President Emeritus of the Imperial University of Peking, China.

AMONG all the sons of China the name, after that of Confucius, best known in foreign lands, is that of Your Excellency. It was his work as an educator—the educator of a nation—that gave to Confucius his enduring fame; and though Your Excellency has many claims to immortality one of the strongest is undoubtedly your patronage of education. This it is which has made Tientsin (the seat of your vice-royalty) a focus of light to the Chinese empire. As the traveller approaches the emporium of the north on his way to the Imperial capital his attention is arrested by a conspicuous pile of buildings on the banks of the Peiho. That is the nucleus of a new university, now under the presidency of an American (Mr. C. D. Tenney), who was helped to that post of influence by the favor and protection of Your Excellency.

That young university is the latest (let us hope not the last) in a long series of educational enterprises, initiated or fostered by Your Excellency. Beginning twenty-five years ago with the "educational mission" of Dr. Yung-wing, you share with the first Marquis of Tseng the honor of having encouraged the sending Chinese youth to this country for education. Your next step was to establish in your own country institutions for the cultivation of the arts and languages of the West.

实线内文字为：As the traveler approaches the emporium of the north on his way to the Imperial capital his attention is arrested by a conspicuous pile of building on the banks of the Peiho. That is the nucleus of a new university，now under the presidency of an American（Mr. C. D. Tenney），who was helped to that post of influence by the favor and protection of Your Excellency.

参考译文：旅行者若穿过北方的这个商业重镇到首都去，会被北运河沿岸这一系列显眼的建筑所吸引。这就是新成立大学的核心区域，总教习是美国人（丁家立），当然这些都要拜您（李鸿章）所赐。

资料来源：The Chinese Recorder. V. 27. Shanghai：Presbyterian Mission Press，1896，p. 577.

阐释：

Mr. C. D. Tenney（Charles Daniel Tenney）即为北洋大学堂第一任总教习丁家立。当时对"北洋大学是一所新大学"的提法，以目前史料所及，没有公开的反对意见。

6. 1896 年《教务杂志》之二

> Last year a large university for several hundred students was established at Tientsin from funds chiefly arising from the profits on the imperial telegraph service. It was placed under the presidency of Mr. C. Tenney, who had for some years been private tutor to the sons of Li Hung-chang. A staff of English and American professors has been engaged, and the university is fast filling up with a good class of students, all of whom have to pass a thorough English examination before they can enter. A similar university is about to be established in Shanghai.

该部分转写文字为: Last year a large university for several hundred students was established at Tientsin from funds chiefly arising from the profits on the imperial telegraph service. It was placed under the presidency of Mr. C. Tenney，who had for some years been private tutor to the sons of Li Hung-chang. A staff of English and American professors has been engaged，and the university is fast filling up with a good class of student，all of whom have to pass a thorough English examination before they can enter. A similar university is about to be established in Shanghai.

参考译文: 去年一座可以容纳数百学生的新大学在天津成立，经费主要来源于中国电报局的收入，由校长丁家立管理，此人曾为李鸿章儿子的私人教师数年。一批美国教授也正在聘请，现在也招到一大批学生，通过英语测试才能入学。上海也将要办一所这样的大学。

资料来源: The Chinese Recorder，v. 28. Shanghai：Presbyterian Mission Press，1896，p. 383.

阐释：

由上文可见，北洋大学堂建立之初，即被视为西方意义上的"大学"（University），聘请的都是美国教授（Professor）。

7.《王文韶日记》

932　　　　　　　王 文 韶 日 记

头应办事宜。

初八日（2月20日）　晴。见客一班一起，吕道生。美署领事丁家立带同大学堂教习克赖福，又潘子俊带同俄国萨宝实行东四达尔祚福先后来见，聂功庭、胡云楣、贾制堂、吴瑞生、袁慰庭公请，席设海防公所，申初赴之，亦有戏，戌正归。

初九日（2月21日）　晴。见客四班一起，功亭辞行。汪伯棠由京来晤，申初赴浙江会馆团拜，先行香，有五处与云楣同席，是日戏颇出色，亥初二刻归。

初十日（2月22日）　晴。见客四班，礼和洋行承办格鲁森厂军火人连纳来见，该厂军火专归该行经手，领事官有倍知会也。

十一日（2月23日）　晴。见客两班，本日忌辰客少，案头积件清理不少。

十二日（2月24日）　晴。午初二刻，出辕赴紫竹林答拜英法俄德美日六国领事，每处约二刻，往返六刻，申正归。飞千病痊过谈，钱夫人生忌。

十三日（2月25日）　晴。见客四班，省署幕友陈雨樵维蕃到津来晤，初次见面也。阅电抄邵积诚升黔藩，文海升黔臬，唐艺农病故遗缺。奉到正月十二日寄谕一道，严禁制钱私贩外运，饬统抚福润奏请。上灯祀先。是日毓庆宫撤讲。

十四日（2月26日）　晴。见客两班两起，一韩镜夫，一汪萧九。信义洋行承办克鹿卜厂军火人满德来见，陈六舟京兆书来商论本年应办河工，苦心经营极为周至，洋洋二千徐言，随即据实答之，亦满八行书七纸矣。

上元节（2月27日）　晴。见客两班两起，一吴调卿，一傅懋元，又税务司德璀琳来见，午刻出门答拜，雨樵辞回省署。

十六日（2月28日）　晴。见客三班两起，一云楣，一介艇，吴

资料来源：袁英光、胡逢祥整理：《王文韶日记》，中华书局，1989年，第932页。

阐释：

　　此条日记记于1896年2月20日，可见北洋大学堂建立之初即被上奏清廷设立此学堂的北洋总督称为"大学堂"。

8. 盛宣怀《愚斋存稿》记载

"谨将电报商局光绪八年第一届起至光绪二十四年第十六届止，收支各款开具简明清单，恭呈御览。计开：

第十四届……又捐助北洋大学堂洋银一万一千六百六十六元六角六分六厘。

第十五届……又捐助北洋大学堂洋银二万元。

第十六届……又捐助北洋大学堂洋银二万元；又南洋公学堂洋银五万三千三百三十三元三角三分。"

资料来源：盛宣怀《愚斋存稿》卷三，《遵查轮电两局款目酌定报效银数并陈办理艰难情形折》，光绪二十五年（1899 年）七月。

阐释：

据此可见，北洋大学堂建立当年（第十四届，1895 年）即获得轮船局、电报局的资助。亦可见在北洋大学堂创始人盛宣怀之处，北洋大学堂建立之初也被称为"大学堂"。

9. 徐润《徐愚斋自叙年谱》记载

"四儿建侯，年三十一岁，是年得中三十二名商科举人。四儿初随丁家立先生在天津北洋大学堂读书四年。庚子，始自备资斧，随傅兰雅先生赴美洲读书五年。毕业考得商务、机器毕业文凭各一纸，计前后九年，所费近三万两，诚不易易。谨将中国学部毕业文凭式样列后……"

资料来源：徐润《徐愚斋自叙年谱》，民国十六年香山徐氏本。

阐释：

徐润史称"近代茶王"，民国著名商业领袖，由文中可知，徐润第四子为北洋大学堂第一届学生，北洋大学堂建校之初即为此名。

10. 陈衍《石遗室文集》记载

石遺室文集卷十一

侯官陳衍

次兒聲漸哀辭　有敍

光緒二十六年夏京師諸孽臣鼓煽拳匪與旅華外人作
難不兩月京師淪陷吾次兒聲漸肄業天津北洋大學輟
轉死焉嗚呼此中致死之由何其曲而毒也兒幼患目眚
醫治數年右目瞖開左猶微瞖讀書甚強記學為文清暢
千百言十餘歲始課之為時藝文如論說不能中繩尺則
聽其為時事策論之文歲庚寅余客上海製造局劉康侯
兵備所兼為方言館漢文教習兒獨喜西人語言文字欲
入館肄業余以旁行書筆畫微細恐傷目力又未習吳語

资料来源：陈衍《石遗室文集》卷十一，清刻本。

阐释：

陈衍，近代文学家，学部主事、京师大学堂教习。文中记载了光绪二十六年（1900年），作为北洋大学堂学生的陈衍次子死于庚子之乱事。由文中可见，北洋大学堂当时在民间已有"北洋大学""天津大学"之称呼。

11. 1896 年《申报》招生广告

天津大学堂现须挑取二等头班学生十名，必须读过英文三四年以上，通晓地理、算学、代数学，华文亦须精通，能做讲、论，年轻体壮、身家清白者，即日到陈家木桥电报学堂挂号。洋文总教习丁家立、汉文教习郑膏民等准于三月初九日早八点钟在电报学堂面试，幸勿迟误。

资料来源:《申报》，1896 年 4 月 17 日。

12.《清朝续文献通考》

（光绪二十九年，1903 年）署闽浙总督崇善奏……伏查设立学堂，振兴教育，当以端正心术为根基……福建自上年设立武备学堂，至本年五月，正届速成学生一年毕业之期……见奉旨整顿学堂，应加严密。当饬总办武备学堂孙道仁认真整顿……其日课之法，定列课表，分为学、术两科。每日学生分正科、速成两班。正科三年毕业，教授普通军事。速成一年毕业，教授大概军事……正科毕业后，即拟附送北洋大学堂肄业。俾资历练，储为将材。

资料来源:《清朝续文献通考》卷一百九《学校考》。

阐释：

据此可见，北洋大学堂在当时教育层次上高于一般的武备学堂，也是该类学生选择继续学习的地方。

13. 北洋大学堂合并其他高等学堂为预科

（1）天津访事，友函云芦汉铁路工程浩大，在在需人。前在北洋大学堂内附设铁路学堂，考取已习西学之高材生，课以工程，俾异日派司铁路事宜。去岁曾由总办王菀生观察委令总教习赴上海、福州等处考取若干人到津肄业，但工大事繁，而人数较少，仍属不敷差遣。本年正月，观察又示期十五日，招考身体结实、汉文通顺、十六岁以上、二十岁以下之学生入堂肄业。计报名者一百五十九人，到考者一百二十一人。榜发，计正取二十人，备取十四人。示期十八日到堂覆试，再定去留。大约此次留堂以二十人为额。大学堂亦拟招考新生十五名，预期出示，于上月廿六日考试。

资料来源：《申报》1898 年 2 月 27 日。

（2）水师设学。天津友人来函，云北洋大学堂就西沽分设水师学堂，以崔君昌熙为总办，刻已布置齐备，招齐学生，定期三月某日开学矣。

资料来源：《申报》1903 年 2 月 20 日。

（3）院校合并

1903 年后将保定直隶高等学堂并入北洋大学堂，作为北洋大学堂预科。

（4）开办师范科

《学部奏议覆直隶高等学堂及北洋大学堂预备科师范班毕业生请奖分别准驳折（续）》

大学堂师范班学生齐国梁等三十七名系由中学堂升入高等学堂，其时以中学师资缺乏，劝令该生改习师范一年，递升北洋大学堂加习一年。至本年六月毕业，计已肄业五年或六年之久。其张锡周等四名入堂较后亦肄业有四五年，核其成绩均优美，拟请比照上次预备班毕业生侯景飞等请奖办法，视其程度高下分别核奖等语。臣部查该生等由高等改习师范，虽与定章未合，系因当时中学堂师资难得，变通办理。经咨明臣部有案，自应酌核给奖。惟请比照该学堂预备班给奖举人之列，未免过优，拟请比照中学堂毕业给与奖励，经将送到试卷详加校阅。除钱树纶、王文华、戴涛等三名因毕业无分或学期不足，无庸取录外，其赵象文、齐国梁、刘炎高、张锡周、朱汝楷、王汝城、张蓝田、吕廷勋等八名应列入最优等，拟请奖给拔贡。李大本、刘延佐、赵子璧、钟一德、陈则君、黄金华、杨世廉、李建勋、李晓泠、刘令德、李钧、李大椿、张大寿等十三名应列入优等，拟请奖给优贡。王试功、秦士瀛、刘延俊、任廷荃、张海滨、董之骧、董世芳、刘国桢、杨鹤升、张廷锐、杨宝书、冯荣绂、田柏龄等十二名应列入中等，拟请奖给岁贡。庶于鼓励之中仍不乖核实之义。如蒙俞允即由臣部行知该督钦遵分别办理所有议覆。直隶总督具奏直隶高等学堂毕业及北洋大学堂预备科示范班学生请奖分别准驳缘由，谨恭折具陈再，此案因饬令高等学堂学生补考并校核试卷，是以覆奏稽迟合并陈明伏乞。

皇上圣鉴谨。

奏宣统二年二月初五日奉旨依议钦此。

资料来源:《顺天时报》1910 年 3 月 23 日。

阐释:

据此可见，铁路学堂、水师学堂、直隶高等学堂等，附设于北洋大学堂，北洋大学堂办学层次高于铁路学堂等。北洋大学堂办学层次高于省立高等学堂，相当于大学本科层次。北洋大学堂还附设师范班、外文班等，为综合性质大学。

14.《北洋大学预科之奖励》

北洋大学堂预科毕业生共一百〇二人，除侯景飞等十六名已奖给举人外，所有回堂补习之胡振褆等三十八名平均分数皆在八十分以上，由学部奏明均奖给拔贡生。并申明该生等已升入分科大学，将来大学毕业考验合格者应仍准其照大学堂奖章，给予进士以资鼓励云。

资料来源：《顺天时报》1910年6月18日。

盛宣怀在开办北洋大学堂奏章中提出"头等学堂每年需经费银三万九千余两，二等学堂每年需经费银一万三千余两，……是以常年经费甚巨，势难广设。现拟在天津开设一处以为规式"。事实上北洋大学堂也起到了"先在天津开设一处，以后由各省会推而至各郡县，由各通商口岸推而至各镇市"的作用。当时两江总督刘坤一就去函向盛宣怀索取北洋大学堂办学章程："闻公在津新设学堂，章程甚佳，即祈钞示全卷，以便将来仿办。"1896年春，盛宣怀禀明两江总督刘坤一，筹款议建南洋公学，"初议筹设南洋公学，拟照天津分设头等二等两学堂"。并随即着手南洋公学的筹建。10月间，他奉命离津海关道职，接任铁路总公司督办，长驻上海，并开办南洋公学。

北洋大学堂的开办得到了社会各界的支持，在盛宣怀的笔记《愚斋存稿》中记载了轮船局、电报局对于北洋大学堂的资助："谨将电报商局光绪八年第一届起至光绪二十四年第十六届止，收支各款开具简明清单，恭呈御览。计开：

第十四届……又捐助北洋大学堂洋银一万一千六百六十六元六角六分六厘。

第十五届……又捐助北洋大学堂洋银二万元。

第十六届……又捐助北洋大学堂洋银二万元；又南洋公学堂洋银五万三千三百三十三元三角三分。"

在清末一些社会名流的记载中也可看出其影响。民国著名商业领袖，史称"近代茶王"的徐润在《徐愚斋自叙年谱》中记载："四儿建侯，年三十一岁，是年得中三十二名商科举人。四儿初随丁家立先生在天津北洋大学堂读书四年。庚子，始自备资斧，随傅兰雅先生赴美洲读书五年。毕业考得商务、机器毕业文凭各一纸，计前后九年，所费近三万两，诚不易。"

　　曾任孙中山国民临时政府外交总长的王宠惠在留美期间曾给盛宣怀写信，信中将美国加州的伯克利学校与北洋大学堂作了比较："生等顷在学堂（卜忌利大学，Berkeley）中已居毕业之列，学堂所教授之书，类多在北洋大学堂时已习闻，欲求新学，无几矣。"可见当时北洋大学堂的教学水平已与伯克利大学相当。

　　民国政府教育部长王世杰（武汉大学首任校长）主持编纂的《第一次中国教育年鉴》中记载："我国新教育，发轫于清同治初年，当时所办京师同文馆算学馆等，专以适应对外之需要，并无整个的计划，故无学校系统之可言。至光绪二十一年，津海关道盛宣怀创设北洋西学堂，分头等、二等学堂各一所，均四年学业。……相当于现在之大学及高等专门学校。"

　　北洋大学堂的示范作用影响了其后的中国大学，因此，潘懋元在《中国高等教育百年》中认为："中国近代大学是在 19 世纪末开始萌芽的，盛宣怀主持创办的天津中西学堂的头等学堂是其标志。"

　　潘懋元在《高等教育学》中进一步肯定："1895 年，津海关道盛宣怀在天津设立中西学堂，其教学内容完全不同于以'儒学'为主课的旧式学校。它除了'中学'之外，特别注意机械和法律等科目，并以外语和先进的科技为主课。该学堂的开办是由盛宣怀奏议、光绪帝亲自批准，由国家举办。学校经费由国家拨款，学生一切费用也是由国家负担。因此，天津中西学堂可看作是我国近代第一所公立大学"。

七、北洋大学堂的创办者与管理者

1. 直隶总督与北洋大学堂

《中国历代官制大辞典》解释："总督：总管监督。""明清官名，……清沿明制，并正式以总督为地方最高长官，辖一省或二、三省，综理军民要政。官阶为正二品，加尚书衔者为从一品。总督有节制文武之权。"

直隶总督名列全国八督之首，权重位显，集军事、行政、盐务、河道及北洋大臣于一身，并且统管山东、河南一切军政事务，其权力大大超过直隶省范围。因直隶拱卫京师，稍有动乱，便会危及朝廷，故直隶总督一衔非重臣莫属。

清康熙八年（1669年），直隶巡抚移驻保定府，至清朝灭亡（1911年），近二百五十年间保定一直是直隶省的政治中心。

"清廷调署理两江总督李鸿章为直隶总督和首任北洋大臣。"

从这一段表述中我们可以了解到以下内容：一是直隶总督和北洋大臣的关系，乃直隶总督兼任北洋大臣；二是北洋大臣与津海关道的关系，是同一时间设立，上下级的关系；三是天津与保定的关系，保定为总督督府所在，天津乃北洋大臣行府，但由于北洋大臣由直隶总督兼任，因此也成为总督常驻之地；四是"督抚还用钦差官的体制，不给印而给关防"；五是李鸿章虽然不是首任直隶总督却是首任北洋大臣。以上五点在以下表述的文字内容中多有涉及。

直隶总督的正式官衔为总督直隶等处地方提督军务、粮饷、管理河道兼巡抚事，是清朝九位最高级的封疆大臣之一。

李鸿章于1870年接替曾国藩出任直隶总督兼北洋大臣，光绪八年（1882年）三月丁母忧离任，首任直隶总督任期十一年六个月。光绪九年（1883年）六月回任直隶总督，先为署理，光绪十年（1884年）八月授，光绪二十一年（1895年）正月应诏回京，授全权大臣赴日议和。从时间上看，李鸿章 1895 年正月离开天津，北洋大学堂 1895 年 10 月建立，两件事相差八个月之久，似乎没有实质性联系。但是，这不等于北洋大学堂的创建没有受到李鸿章的影响。

上海图书馆藏《盛宣怀档案》中有一份 1895 年丁家立草拟的计划在《申报》《直报》上刊登的《北洋大学堂成立及招生公告》，其中有盛宣怀亲笔批改的这样一段文字："前任北洋大臣大学士李未及举行，今复请于现任北洋大臣王。""复请"，即重复请示。说明北洋大学堂的成立是李鸿章没有来得及办的一件事，同时也说明此前盛宣怀向李鸿章报告过成立大学堂的计划或是李鸿章指示盛宣怀落实的一件事。李鸿章应诏回京后，接任其直隶总督、北洋大臣职务的人是王文韶。

王文韶在直隶总督、北洋大臣任内的一大政绩就是创建了北洋大学堂，开启了中国高等教育之先河。

1895 年 9 月 19 日（清光绪二十一年八月初一日）时任津海关道的盛宣怀将草拟的筹划建立北洋大学的章程《拟设天津中西学堂章程禀》呈送王文韶，在章程的首行可见："拟设天津中西学堂章程，请奏明立案，禀北洋大臣王。"

1895 年 9 月 30 日北洋大臣王文韶将盛宣怀的奏折择要改拟为《津海关道盛宣怀创办西学学堂禀明立案由》，并于 1895 年 9 月 30 日（清光绪二十一年八月十二日）具奏光绪皇帝审批。

在 9 月 19 日至 9 月 30 日这段时间里，王文韶以盛宣怀的奏折为底本，重新起草了给光绪皇帝的奏折。对比两个奏折，我们可以看到盛宣怀提议的"中西学堂"被王文韶改为了"西学学堂"；删除了盛宣怀奏折中关于头等学堂和二等学堂具体的课程及管理的内容；保留了盛宣怀奏折的主要内容和精神，奏折更加精练。以上史料证明盛宣怀拟建北洋大学堂得到了两任直隶总督、北洋大臣的支持，筹划于李鸿章，完成于王文韶，批准于光绪皇帝。

由此我们可以得出结论：北洋大学堂属于国批官办，不是地方开办的学校。正是因为北洋大学堂属于国批官办，他的办学情况须直接请示直隶总督、北洋大臣，而不是报告给地方教育部门。北洋大学堂的学生毕业由国家殿试，给予出身和奖励。

第三位与北洋大学堂有关系的直隶总督、北洋大臣是裕禄。裕禄是代理直隶总督。但是在北洋大学堂第一届毕业生的"钦字第壹号"考凭上这样书写，"钦差大臣办理北洋通商事务直隶总督部堂裕，为给发考凭事照得天津北洋大学堂……"，时间是光绪二十六年正月，印章是"钦差大臣关防"。

　　杨士骧，1907 年出任直隶总督、北洋大臣。在《中国近代教育史资料汇编》收录的几份奏折中有杨士骧关于北洋大学堂的几份奏折，原件收藏于台北故宫博物院。

《奏为酌拟北洋大学堂预备班学生奖励按照程度量予变通分别准驳折》
　　恭折具陈，仰祈圣鉴事。
　　窃查北洋大学堂学生吴敏向等毕业奖励一案，前经臣部奏明，此案毕业学生其肄业年限与奏章不合，惟据原咨内称：学生多招自上海、广东、香港各处，或由各学堂拔入，故所学科目及程度不能一律，容有变通办理之处。此次核给奖励，自应以程度为衡，请由臣部咨行该督，将该学堂教员科学讲义、学生笔记成绩送部复核。如果程度相符再行给奖。奉旨：依议，钦此。当即行知直隶总督钦遵办理。嗣据直督启送该堂教科书籍暨学生考试卷册到部，臣等查该学堂学生并非由高等小学及中学毕业层累递升，且肄业年限亦较定章尚短两年，故根底间有未清，程度亦未尽及格。惟有认真甄录，慎重去取，以端学术而维士风。现经督同司员悉心校阅，大概外国文学暨各科学俱尚相符，惟中学各门试卷，理解纯正、文笔条畅者固不乏人，而词旨驳杂、文义不甚明通者亦属不少，似未便一律给奖，致滋倖滥。拟请按其程度分别办理，其中西文理俱优及中文优等、西文优等、中文中等者，均给奖励。其中文未及格或西文未及格，应令照章补习后再行考试。查奏大学预科暨高等学堂奖励章程，考列最优等、优等、中等者均作为举人外，仍分别奖以实官。近年山西大学堂西学专斋学生毕业系参照高等学堂请奖成案，只给举人不奖实官。此次直督原拟奖励亦系只给举人，核与山西办法相符，拟将所有中文、西文俱优等之侯景飞、张炳文、董锟三名，中文优等、西文中等之孙澄、茹鼎、万金寿黄中强、颜景岚、张清泉等六名，西文优等、中文中等之于震、张茂菊、李成章、何林、冯熙运、朱兆莱、马寅初等七名，均拟请作为举人。其西文优等、中文最下等之王恩泽等十四名，西文中等、中文下等之郭登瀚等二十八名，西文中等、中文最下等之王微善等三十四名，中文中等、西文最下等之冯家遂等两名，中文下等、西文最下等之杨福保等四名，中西文俱最下等之孙亦谦等四名，均仍应照章补习预科课程一年后，再行考试，分别办理。其严江等六名，均于预备科毕业后陆续离堂，其叶德言等二名，请假未与考试，均无试卷可核，应请毋庸置议。如蒙俞允，即由臣部行知直隶总督钦遵办理。所有酌议北洋大学堂预备班学生奖励分别准驳各缘由，谨缮折具陈。
　　伏乞，皇太后、皇上圣鉴。谨奏。学部为钦奉七月初十日本部，具奏北洋大学预备班学生奖励，分别准驳一折奉旨依议钦此相应恭录，谕旨抄黏原奏咨呈，贵处查照可也须至咨者，右咨呈，军机处，光绪三十四年七月十二日。

《杨士骧片》

再北洋大学堂预备科学生吴敏向等应届毕业请奖，经部议复将中西文理俱优之侯景飞等十六名奖给举人；王恩泽等八十六名中西文高下不等仍应补习预科一年，再行考试，等因分别办理立案。兹查是项学生于光绪三十二年预科毕业，迄今已越两年，有留堂补习分科者，有改习师范一年者，有派赴外洋留学及毕业后自谋生计者。体察情形，一律招回补习。拟将派赴外洋留学及离堂自谋生计者学生如唐暑祥，现在留堂补习分科之冯熙敏等三十七名，展长毕业期限，已满二年以所习两学年分科课程推为补习预科三年期，造诣自加深邃。其安尚敏等十二名改入该堂中学师范班，即以加习一年之成绩，作为补习预科之课程，所选应如加完密，并应考试给奖。俾面向隅经，臣督同考校除临时未经应考各生不计所有胡振褆等三十八名，核其成绩尚与预科毕业程度相符，由习开具分数请照章补奖前来，臣复核无异，推悉天恩敕部核议给奖以昭激励，出自鸿施，除将册卷咨部补理合附片具陈。伏乞圣鉴训示，谨禀。

光绪三十四年十二月廿七日草

旨览：钦此。

《杨士骧片》

再北洋大学堂预备科学生吴敏向等一百一十名，于光绪三十二年肄业期满，经前督臣袁世凯附片禀请，分别给奖，并声明颜景岚系壬寅科，补行庚子辛丑科河南乡试举人，嗣准学部议覆，以中文优等、西文中等者一律作为举人。奉旨允准。业因颜景岚原系举人，曾经注册以知县拣选，今经议部议仍奖给举人，系属重复提，学司傅增湘详请禀明补奖前来。臣查山西大学堂西学专斋第二、三期毕业内有原系举人，优等毕业之贾暎南等，经部议以知县，不论双单月归部选用。又京师大学堂师范科毕业内有原系举人、拣选知县，优等毕业之张家驹等，均以原官原班补用。又由云馼等均以中书科中书，尽先补用。各在案该举人颜景岚事同一律自应援案变通改奖。伏侯，敕部核议施行。除将牒咨部外理合附片具奏。伏乞圣鉴训示。谨禀。

宣统元年闰二月二十二日草

朱批：该部议案，钦此。

通过这三个奏折我们可以看到作为钦差大臣的杨士骧对于北洋大学堂的督查和管理是非常负责的，尤其是奖励毕业生并给予出身的事都是亲自禀呈皇帝报批、符合清廷规范的。

陈夔龙，宣统元年（1909年）调任直隶总督北洋大臣。《中国近代教育史资料汇编》也收录了几份陈夔龙关于北洋大学堂的奏折。

《陈夔龙北洋大学堂预科学生补习期满请照章给奖由》

三月二十五日

北洋大臣直隶总督臣陈夔龙跪禀，为北洋大学堂预科学生补习期满仍请照章给奖，恭折具陈，仰祈圣鉴事。窃北洋大学堂预科学生胡振禔等三十八名补习期满，经前督臣杨士骧禀请给奖，旋准学部议覆以此案前因。该学生等程度未足，饬令补习预科一年再行考试，已系变通办法，今既未能遵照补习祗准所学、所请，补奖之处应弃庸议等。据查北洋大学堂预科学生吴敏向等一百二人，系于光绪三十二年暑假毕业，遂派赴外洋留学及听其出堂自谋生计外，其余各生分别升入本堂分科或令肄习师范，由前督臣袁世凯查照高等学堂毕业章程禀请给奖。光绪三十四年经部启复准以侯景飞等十六名奖给举人，其余程度不足各生，均令补习预科一年再行考试，分别办理。等侯惟事越两载势难令升学诸生，再行所回补习预科功课。是年五月，该堂复禀部示饬，将分科课程自三十二年暑假至三十四年暑假两学年内所有补习预科课程，一律剔其毕业期限延长一年。其预科毕业后入师范班者，适已于三十一年六月肄习一年期满，当即遂照部示由前督臣杨士骧，督同教习调集该堂升入分科及肄习师范一年期满毕业各学生，严加复试，作为补习期满考试并遵照补习预科功课一律剔去延长分科毕业期满一年，其已入分科者即以展长分科之一年，为补习预科之一年后入师范班者，即以肄习师范之一年为补习科之一年为限，既属相符程度亦待尺足。且该堂成立较早，而该生等虽未补习预科功课，实有一年之加习，似与部议无出入，所有胡振禔等三十八名自应量予给奖，俾免向隅。据学司傅增湘详请禀明补奖前来，臣复核无异，合望仰恳。

宣统二年三月二十五日草

朱批：学部议禀，钦此。

《陈夔龙北洋大学堂第一班师范毕业生张承荫等请奖由》

北洋大臣直隶总督臣陈夔龙跪奏，为北洋大学堂第一班师范毕业生张承荫等照章请奖，恭折具陈，仰祈圣鉴事。窃直隶各中学堂成立最早师资乏人，英文、算学教员尤难其选。曾于光绪三十二年在北洋大学堂附设师范班，以能充中学教育者为毕业之程度。前次该堂预科毕业吴敏向等，案内所称加习师范一年之，安尚敬等即为第一班师范毕业生。此次经学部议给中学奖励之齐国楔等三十七名系为该堂第二班师范毕业生，先后派赴各中学堂充当教员。在案兹查开办第一班师范时，该堂预科毕业生改入师范班者人数无多不敷分派，因将京师五城中学堂四年以上优等生张承荫等十八名考选入堂，合安尚敬等为一班。安尚敬等毕业后应得奖励，业经先后并入吴敏向、胡振褆等案内奏咨照章办理。张承荫等因系升自中学，与安尚敬等由本堂预科转学者情形不同，故未便并案核办，恣滋牵混。查安尚敬等奖案业经学部议复，张承荫等与安尚敬等系属同班毕业，未便久悬，且该生等前在中学已历四年有半，并加习师范一年，以年限论实已过中学五年之期，以程度论亦在余省中学得奖各生之上。除蔡愈、葛肇埔、沈祖彝三名不及五十分，勿庸置议外，拟请将毕业八十分以上之张承荫一名作为拔贡，七十分以上刘秉喆、邢允第、林秉珪三名总作为优贡，六十分以上之张德煊、王鸿琛、林琇、王杨、张书云五名作为岁贡，五十分以上之官傅弼、崔书荣、王孟、谢秉珪、雷肇荣、戴辉等六名作为优廪生，又戴锡书、蒋鎏二名系水师学堂修业考入该堂预科毕业改入师范班，此次毕业分数总在六十分以上，自应一并奖给岁贡，俾免向隅。提学使傅增湘详请奏咨前来，臣复核无异，除咨部补谨恭折具陈，伏乞皇上圣鉴训示，谨奏。

宣统二年五月初九日草

朱批：学部议奏钦此。

《奏北洋大学堂毕业学生引见折》

奏为北洋大学堂毕业学生遵章带领引见，恭折仰祈圣鉴事。窃臣部于本年十月初九日会同会考大臣，具奏考试北洋大学堂毕业学生情形一折，奉旨：知道了。钦此。钦遵在案。查奏定大学堂毕业奖励章程内开：考列最优等者作为进士出身，用翰林院编修、检讨；考列优等者作为进士出身，用翰林院庶吉士；考列中等者作为进士出身，以各部主事分部尽先补用。又臣部奏定考试各项学堂章程内开：大学堂毕业，经学部奏请钦派会考大臣会同考试之后，其应照章奖励者，由学部带领引见，奏请明降谕旨以示优异各等语。此次该大学毕业各生经臣部会同考试，均能及格，自应照章给奖。除取列优等之水崇逊、严治，中等之水崇庞三名现在丁忧期内，应俟服阕后再行带领引见外，谨将冯熙敏等十二名分作三排，缮具履历并奖励清单，恭呈御览。合无，仰恳天恩，明降谕旨，以示鼓励。所有臣等带领引见缘由，谨恭折具陈，伏乞皇上圣鉴，谨奏。宣统二年十一月初九日奉上谕：已录。

谨将北洋大学堂毕业生履历缮具清单，恭圣御览。

计开：

最优等三名：

冯熙敏　年二十五岁，直隶天津县拔贡生。

王正黼　年二十一岁，浙江奉化县拔贡生。

王均豪　年二十四岁，江苏金匮县拔贡生。

以上毕业生三名，均拟请赏给进士出身，授职翰林院编修或检讨。

优等六名：

朱行中　年二十二岁，江苏金匮县人。

王　瓒　年二十五岁，浙江上虞县拔贡生。

徐岳生　年三十二岁，江苏常熟县拔贡生。

卢芳年　年三十一岁，福建南安县拔贡生。

萧家麟　年二十七岁，直隶天津县拔贡生。

黄保传　年十九岁，广东高明县拔贡生。

以上毕业生六名，均拟请赏给进士出身，改翰林院庶吉士。

程良模　年二十三岁，安徽芜湖县拔贡生。

冯誉臻　年二十三岁，直隶天津县拔贡生。

叶德言　年二十五岁，浙江慈溪县人。

以上毕业生三名，均拟请赏给进士出身，以主事分部尽先补用。

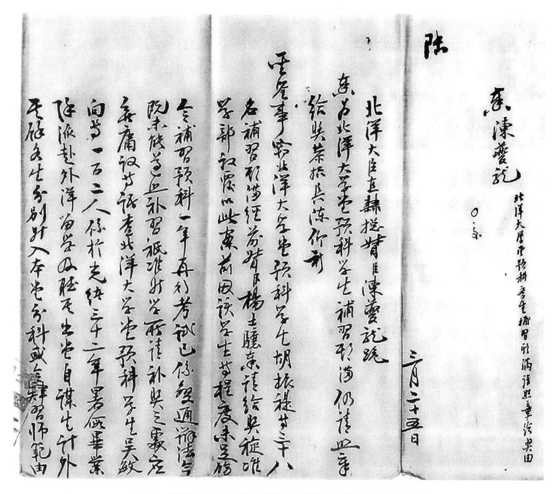

图七：陈夔龙关于北洋大学堂的奏折，台北故宫博物院藏

阐释：

　　杨士骧、陈夔龙的奏折，既反映出历任直隶总督、北洋大臣对于北洋大学堂的重视，也反映了清政府时期北洋大学堂的办学地位。北洋大学堂是清末三所国家认可的大学之一，这与民国《第一次中国教育年鉴》登载的内容相一致。奏折中提到了北洋大学堂、京师大学堂和山西大学堂。但就当时的情况看，北洋大学堂是办学层级最完整、成效最显著、形成规模最完整的大学。京师大学堂仅有示范班相当于大学预科，山西大学堂与北洋大学堂预科待遇相同，"近年山西大学堂西学专斋学生毕业系参照高等学堂请奖成案，只给举人不奖实官。此次直督原拟奖励亦系只给举人，核与山西

办法相符"。而北洋大学堂本科毕业生既给举人又给实官，见《奏北洋大学堂毕业学生引见折》，以上奏折说明北洋大学堂的本科在清末为最高学历。在《奏北洋大学堂毕业学生引见折》中有"大学堂毕业"字样，清末许多政府文件都直呼北洋大学堂为"大学堂"，而无须加具体校名，也说明北洋大学堂为清末我国最高学府无疑。

清末政府对于北洋大学堂的重视，还体现在无论是本科还是预科，毕业时不仅要通过学校组织的考试，还要经过国家组织的考核，即学部"奏请钦派会考大臣会同考试"，当地最高官员要亲自负责，与科举考试的国家级国子监考试层次相等。即便是预科生的每次考试、变动，根据考试结果给予奖励，都要报皇帝钦批，此事自光绪到宣统始终如一。

北洋大学堂毕业生的奖励是与科举取士的传统奖励等同的。《奏北洋大学堂毕业学生引见折》中写道：本科毕业生"考列最优等者作为进士出身，用翰林院编修、检讨；考列优等者作为进士出身，用翰林院庶吉士；考列中等者作为进士出身，以各部主事分部尽先补用"。中国古代科举制度中通过最后一级考试者称为进士，是古代科举殿试及第者之称，意为可以进授爵位之人。考中进士，一甲即授官职，其余二甲参加翰林院考试，学习三年再授官职。而北洋大学的毕业生考试中等以上都授进士，并给实官。翰林院编修（正七品）、检讨（从七品）、庶吉士等，入翰林院作为政府官员的历练。

《陈夔龙北洋大学堂第一班师范毕业生张承荫等请奖由》中写道：预科毕业也有拔贡、优贡、岁贡、廪生等待遇。拔贡：清朝科举制度，初定六年一次，乾隆中改为十二年一次，每府学二名，州、县学各一名，由各省学政从生员中考选，保送入京，作为拔贡，经过朝考合格，可以充任京官、知县或教职。优贡：由地方贡入国子监的生员之一种，每三年由各省学政从儒学生员中考选一次，每省仅有数名。同治时期规定，优贡经廷试后可阐释知县、教职分别任用。岁贡：由地方贡入国子监的生员之一种，清代一般每年或两三年，从府、州、县学中选送廪生升入国子监读书，因称岁贡。廪生：廪膳生员，科举制度中生员名目之一。廪生是成绩最好的生员，明府、州、县学生员，名额有定数，公家发给粮食。也就是说只要在北洋大学堂毕业，哪怕是预科末等生，国家也给予资助而衣食无忧。与传统科举制度相比，国家给予北洋大学堂学生的待遇还高于科举生员，足见清政府对于北洋大学所培养的人才的重视。

此外，陈夔龙与盛宣怀交往深厚。盛宣怀去世后，陈夔龙为其撰写了《神道碑》："公起诸生，所治皆未有故事，非素习者，徒以明敏勤恳，为中外商人所敬服，故终身锐意兴学"，列举了创办北洋大学堂、南洋公学等事迹。

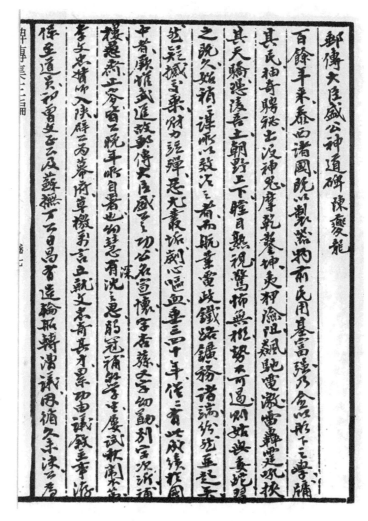

　　与北洋大学堂有关的最后一位直隶总督、北洋大臣就是袁世凯。1901 年 11 月袁世凯被任命为署理直隶总督兼北洋大臣，1902 年实授，任职到 1907 年。

　　袁世凯督直隶时期，正是天津在历史上最困难的时期之一。1900 年庚子之变，7月，八国联军攻陷天津，对天津进行了野蛮的洗劫，昔日繁华的天津成为一片瓦砾，李鸿章苦心经营的洋务成果几乎损失殆尽。不仅中国北方最大的机器制造业、军工企业——天津机器制造总局被毁之殆尽，北洋水师学堂、武备学堂被捣毁，就连北洋大学堂也先被美军侵占，后又被德国军队强占为兵营，学校被迫停课。

　　《辛丑条约》签订后，八国联军先后撤出天津，但在天津的殖民统治还在持续，天津都统衙门继续发号施令。以至于袁世凯被任命为直隶总督，却不能进驻天津，不

得不于 11 月 27 日暂时在保定接印视事。在中国政府的一再努力下，到 1902 年 7 月
18 日，八国联军不得不确定日期，将天津交还给中国。1902 年 8 月 15 日，袁世凯率
领直隶地方官员到津，正式从八国联军都统衙门手中接管天津。即便是在如此困难、
百废待兴的情形之下，北洋大学堂的重建也得到了重视。

　　1901 年底，袁世凯被委任为直隶总督兼北洋大臣，原北洋大学堂总教习丁家立于
1902 年 5 月 14 日辞去兼任的都统衙门汉文秘书一职，前往保定谒见袁世凯，商谈直
隶教育和重建北洋大学堂之事。经袁世凯批准，丁家立被聘为直隶全省学堂总教习，
并划拨天津城北八里的西沽村以北、占地 350 亩的武库为北洋大学堂的新校址。作为
北洋大学堂总教习的丁家立亲赴德国进行交涉，索赔白银五万两，用于校舍的改建，
将武库仅余的八座大库房，两座改为教室，六座改为学生宿舍。1903 年 4 月 27 日，
北洋大学在武库新校舍正式复课，校名仍为"北洋大学堂"。由此可见，1903 年北洋
大学堂的重建和复课，袁世凯起到了重要作用。

2. 盛宣怀的办学思想与实践

非常之世，必有非常之人走非常之路，成非常之业，进而对社会发展起着新的促进作用。盛宣怀不仅是中国近代轮、电、矿、路四大产业的创办者，也为中国近代高等教育的发展做出了杰出贡献。作为官僚买办，他在天津为官 20 多年，对天津的社会进步和经济发展贡献了不小的力量，他在天津创办了中国近代的第一所大学——北洋大学（天津大学），开创了中国高等教育之先河；还创办了中国第一家电信企业——天津电报总局，开创了中国电信的新纪元。

盛宣怀（1844—1916），字杏荪，一字幼勖，号次沂，又号补楼，别署愚斋，晚号止叟。江苏省常州府武进县（今常州市）人。生于 1844 年（道光二十四年）。生长在封建官吏、地主家庭。祖父盛隆，嘉庆庚午（1810 年）举人，曾任浙江海宁州知州。父亲盛康，道光甲辰（1844 年）进士，侍郎衔，1860 年前后以布政使衔任湖北盐法武昌道。盛康注重经世致用之学，辑有《皇朝经世文续编》一书。

盛宣怀在童年时，时而随在父亲的官邸，时而回常州盛氏府第读孔孟经书。在接受封建教育的同时，又受其父经世致用思想影响，比较注意社会实际问题。1866 年应试中秀才。后乡试三次不第，遂绝意科举。1870 年经人推荐为湖广总督李鸿章的幕僚。李鸿章早就与盛康关系深厚，对盛宣怀颇为器重和赏识，委派为行营文案兼充营务处会办，随侍李鸿章左右。由于其卖力地工作，深得李鸿章的信任，受到提拔。从军逾年，即被荐升知府，道员衔，并获得花翎二品顶戴的荣誉。李鸿章调任直隶总督，盛宣怀随李赴津，追随李鸿章经办以发展资本主义近代工商业为中心内容的洋务事业，成为李鸿章的左右手，历任重要职务。1873 年任轮船招商局会办，1880 年任电报局总办，1892 年任津海关道，1893 年督办华盛纺织总厂。由于办理洋务有方，1896 年接受张之洞邀请接办汉阳铁厂，兼筹办芦汉铁路。是年 10 月 20 日，经张之洞与直隶总督王文韶会奏谕准盛宣怀以四品京堂候补督办铁路总公司（该公司在上海成立）。1897 年 5 月，盛宣怀又在上海主持开办了中国第一家官办新式银行——中国通商银行。1898 年开办萍乡煤矿，后成为汉冶萍煤铁厂矿公司。盛宣怀在办理洋务事业中节节取胜，由四品衔升为一品衔，先后被清廷授太常寺少卿、大理寺少卿等官职，稍后又获太子太保衔。1901 年（光绪二十七年）升任商务大臣，1911 年又任"皇族内阁"邮传部大臣。张之洞、王文韶称赞他通晓"官法""商业"和"洋务"。在洋务派集团掌握的轮、电、煤、纺四大企业中，盛宣怀直接掌管三大企业，被称为清末洋务派中最大的官僚资本家。他所经办的轮、电、矿、路、纺等兴国之"大事"，对当时中国资本主义发生发展起了积极作用，其经济主张与实践顺应了中国历史发展的趋势。

盛宣怀一只手抓经济，另一只手抓教育，他说："得人尤为办事之先务。"论及盛宣怀的业绩，唐文治曾给予过深刻的评价："当世论公（盛宣怀）政绩者，曰轮船、铁路、邮电，而公实以学校作根砥。"

盛宣怀创建北洋大学，绝非偶然之举。他长期从事洋务实业，始终感到培养高级人才和兴办新式教育是急需解决的重要问题。他在办实业时提出："实业与人才相表里，非此不足以致富强。"他指出："日本维新以来，援照西法，广开学堂书院，不特陆军海军将弁皆取材于学堂；即今之外部出使诸员，亦皆取材于律例科矣；制造枪炮开矿造路诸工，亦皆取材于机器工程科地学化学科矣。仅十余年，灿然大备。"他说："中国智能之士，何地蔑有，但选将才于侪人广众之中，拔使才于诗文帖括之内。至于制造工艺皆取材于不通文理不解测算之匠徒，而欲与各国絜长较短，断乎不能。"他提出"自强首在储才，储才必先兴学……伏查自强之道，以作育人才为本；求才之道，尤宜以设立学堂为先"，"拟请设立头等学堂、二等学堂各一所以资造就人才"，把教育视为兴国之本。

甲午战争以后，盛宣怀认为欲图自强，应当以培养人才、设立学堂为先。他以兴办学堂为己任，自1892年任津海关道，即着手研究兴办新式学堂。他与当时在天津自办中西书院的美国人丁家立来往颇密，多有接触，研讨办学之事。后秉承直隶总督北洋大臣李鸿章的意旨，和丁家立筹办一所新式学堂，经细致的研究，将办学章则、办法、实施计划草拟完成。甲午战败后，"兴学强国"成为朝野共识，盛宣怀随之将《拟设天津中西学堂章程禀》修改后，于1895年9月19日（清光绪二十一年八月初一日）禀请继任直隶总督北洋大臣王文韶。经光绪皇帝批准，1895年10月，中国新型模式的大学——北洋大学堂在天津创办，盛宣怀出任首任督办（校长）。

建设大学，校舍土木工程浩繁，而且不可能在短期内完成，为了能够在短期内将北洋大学堂开办起来，盛宣怀想尽了办法。天津海河西岸原有博文书院旧址，该书院因经费紧张未能开办，致使将建成的校舍抵押给银行，校舍空闲了七八年。盛宣怀集资从银行赎回校舍，利用博文书院原校舍开办北洋大学堂。

　　盛宣怀为了筹措学堂开办经费煞费苦心，想尽办法。北洋大学堂是清政府批准建立的一所国立新式大学，经费本应由国家直接拨款。但是从鸦片战争开始，清王朝对外签订了一系列丧权辱国的不平等条约，割地、赔款数额巨大，使人民负担沉重，国库极为拮据。盛宣怀凭借其职权及其办理洋务的条件，从他所掌管的财政税收及电政收入中每年提取捐银五万二千两作为学堂经费。如此巨款，不是盛宣怀这样的洋务派实力人物根本无法解决。

　　盛宣怀十分重视教师的选聘和学生的招收，"头等学堂，以选延教习挑取学生两大端最为紧要。总教习不得稍有宽徇致负委任"。为此，他聘请美国学者丁家立担任学堂总教习。并不惜重金聘请洋人教习（教师），每年每名洋教习薪水银高达2400两。他本着宁缺毋滥的原则，严格挑选学生。1895年首次招生，仅香港考生报名应试者就多达1000余人，仅录取了10余名。严格选聘教师和严格挑选学生，确保了北洋大学堂的教育质量。

　　在课程设置上，盛宣怀坚持以西方先进大学为标准，头等学堂分为工程、矿冶、机械和法律四学科，开设的课程分为基础课和专门课两大类。在课程设置、教学内容、教科用书、教学方法等方面均引进西方教育模式，以美国著名大学为蓝本，从而确保了学生培养的质量与美国著名大学处于同一水平。当时的北洋大学堂毕业生进入美国著名大学的研究院深造，全部免试。

　　盛宣怀在北洋大学堂创办之初就订立了规章制度，严格管理。他借鉴以往洋务教育的教训，制定了两条规则：一是不许躐等。他说，中国过去学西方的学生成绩不显著的原因之一就是"学无次序，浅尝辄止"，本大学堂的学员必须做到循序而进，"不容紊乱"。必须坚持完成学业计划，不许中途他骛。二是学习专门科学技术，语言文字不过是工具。因此当有人提出将第一批60名学生分别改学法、德、日三国文字时，盛宣怀则断然拒绝。他认为这种做法是"为小失大，弊莫甚焉"，并指出，大学堂各专门学科的人才"以后每年每类仅得数名，正恐不敷派用，时势需才如此之急，讵可一误再误！铁路学生同习英文尚不肯假借，以损大学，况改习他国文字便须另聘他国教习。此堂隳废，即在目前，为天下笑"，实践证明盛宣怀的决定是正确的。在那时，只有像盛宣怀这类有丰富洋务经验的实践家，才能有了解西方的眼界和创办西式大学的魄力，也才能对于新式教育有如此高的认识水平。

　　1896年，盛宣怀又在上海筹建南洋公学，即今日西安交通大学和上海交通大学的前身。

这两所大学堂先后建立，是我国近代最早的高等学校。天津北洋大学堂建立头等学堂、二等学堂，南洋公学建立下院、中院、上院，对于中国新式系统学制的建立起到开拓作用，也确立了盛宣怀中国高等教育开创者的历史地位，被后人尊称为"中国高等教育之父"。

3. 丁家立担任总教习十一年

惟

蓋聞興學校即以育人才學校者人才之根本
也然欲諸求實學必自格致諸學始而後所成
之才乃為真才所學之學乃為真學知此者其

津海關道盛杏蓀方伯平方伯......議章程以冢

立為總理教習之事辦法擬以學校分為二等一為二
等學堂一為頭等學堂二等學堂擬先在天津設立
一處以後再行推廣凡欲入學堂之學生自十
三歲起至十五歲止按其年紀考其四書五經並文
理通順者酌量收錄第一年英文淺書英文功
課書英字拼法朗誦書課英文尺牘繙譯英文文法啟
蒙第三年英文繙譯文法各國史鑑地輿學英文官
商尺牘繙譯英文代數學第四年各國史鑑坡愙伯

斯第一年格物書作英文論英文尺牘繙譯英文平面
量地法四年內每日華洋字共寫若干每年分為夏冬兩
季各放假半月每遇中外節令放假凡禮拜日休息一
日每年考試兩次定其優劣或留或黜以為準程每學
生每月貼膳銀三兩第一年每學生每月膏火銀一兩
二年一兩五錢三年二兩四年二兩五錢延請華人洋文
教習為之教導此二等學堂大概情形也頭等學堂
在天津南開牆外博文書院中第一年幾何學三角
句股法格物學筆繪圖各國史鑑作英文論繙譯英

文第二年駕駛並量地法學徵分學格物學化學筆繪
圖並機器繪圖作英文論繙譯英文第三年天文工程
初學化學花草學作英文論繙譯筆繪圖並機器繪譯
英文第四年金石學地學考完畢數學萬國公法理財
富國學專門學工程一電氣一礦務一機器一律例第一
使計專門學每月津貼膏火銀四兩二兩五兩三兩六兩四
年每學生每月津貼膏火銀數名送至外國遊歷三
年以資歷練川資由學堂給發其不欲出洋者酌量

北洋大学堂是中国近代建立的第一所现代性质的大学，此前没有中国人办过大学，教育、教学如何管理，盛宣怀邀请具有教育经验的外国教育家来做。

丁家立（Charles Daniel Tenney），美籍著名教育家。1857年生于美国波士敦城。他在美国达特茅斯大学（Dartmouth College）毕业后，进入欧柏林学院（Oberlin College）研究院，获得神学硕士学位。1882年丁家立来华，在山西传教。1886年脱离了他所属的美国公理会，改以学者的身份来天津从事文化活动，并在天津美国领事馆工作任副领事，还在天津开办了一所不带宗教色彩的中西书院，自任校长。此时他结识了天津海关道盛宣怀。由此，自1895年他出任北洋大学堂首任总教习，兼任留美学堂监督、直隶高等学堂总教习、直隶全省西学督办等职，直到1908年才离开中国返回美国。丁家立在北洋大学堂担任总教习长达11年之久，贯彻实事求是的办学思想，为学堂的创建做了大量的奠基性工作。

丁家立在创建北洋大学堂时规定"头等学堂——此外国所谓大学堂也"的学校性质。按照美国大学设法律、矿冶、土木和机械四大学科，学制为四年。二等学堂为预科，学制也为四年。学堂开设的课程与美国大学相近，所聘外国教员多为美英学者。

丁家立是北洋大学堂初创时的实际掌校人。北洋大学堂创办之初设督办，即校长，由盛宣怀担任。丁家立为总教习。盛宣怀于1896年调任南洋，后续学堂督办都由津海关道兼任，他们大都不到学堂理事，实际学堂事务由总教习丁家立总理。丁家立也自以"校长"身份在学堂公文签字和著作上署名"President"。丁家立总理校务，制定规章制度、厘定课程、聘请教员等等，一心要将北洋大学堂建设成为当时中国新型大学的样板，正如盛宣怀奏章中所表示的初衷，"设立头等、二等学堂各一所，为继起者规式"。

北洋大学堂创建时设有工、法两大学科，属于综合性大学。在丁家立掌校期间于1897年增设铁路专科；1898年附设铁路班；1903年附设法文班、俄文班，培养专门翻译人才；1907年开办师范科，培养师资。在他的努力下，"北洋大学在初创时期，实已包括文、法、工、师范教育诸科，初具综合性的新式大学"。

北洋大学堂是当时中国仅有的一所大学，由于当时中国的现代教育体系不完备，因此学堂生源十分困难。为了解决学堂生源问题，1902年丁家立受袁世凯委任为保定直隶高等学堂的总教习，并将该学堂建为北洋大学堂的预备学堂。随后他兼任直隶全省西学督导，建立起由普通学堂、高等学堂到大学堂的教育系统，在河北省率先形成了完整的新型教育体系，为我国现代教育体制的建立做出了样板。

北洋大学堂创建之初就将毕业生出国留学作为一项主要内容，丁家立亲自兼任北洋大学堂"留美学堂监督"，多次带领北洋毕业生赴美留学。1901年至1907年，我国官费留美学生总计有100余人，其中北洋大学堂就占有半数以上。他们大都成为我国著名的专家学者，如王宠惠、马寅初、秦汾等等。

丁家立为重建北洋大学堂做出了重要贡献。1900年英法等八国联军入侵京津，北洋大学堂先被美军所占，后成为德军兵营，学堂被迫停办。丁家立为此亲赴德国交涉，从德国政府索赔白银五万两。后在天津北运河畔的西沽重建北洋大学堂。1903年4月27日，北洋大学堂在西沽新校舍正式复课。经过丁家立的努力，到1908年他离校时，北洋大学堂的校园环境、校舍建筑、图书资料、仪器设备乃至师资队伍、教学水平、学生质量已在全国首屈一指。

丁家立担任北洋大学堂总教习11年，他为学堂的创立和建设做出了重要贡献，也为中国近代高等教育的发展树立了典范。丁家立在创建北洋大学时，也许意识到了大学建立所带来的巨大影响；也许他对此并无意识，只是尽一位教育家的职责或良知，帮助中国建立起一所西式大学。但是他为北洋大学的建立投入了全部的心血和智慧，在建立大学的过程中，以自己的实际行动赢得了师生的尊敬和爱戴。1906年4月当他离开北洋大学堂时，北洋大学堂全体学生作《丁公家立序》，表达对其敬仰之情：

"自近世祸作，众咸知国家靡学不兴。于是则创学堂，谋教育，举国啸啸，有若发狂。迄于今智者窥神州之学程，谓金莫燕赵若，燕赵丁公所任也。夫庚子之乱，直隶当其冲，浩劫洪灾，生民昏垫。以常理衡之，则学务逊于他州，势所必至也。乃不数年间，死灰复燃，且炎炎然。枯骨在肉，且艳艳然。靡不逊已也，而实驾而上之，挢闻者之舌，而瞠见者之目，丁公之功，不其伟矣。"

4. 王劭廉、蔡儒楷的教育变革

1906 年，王劭廉接替丁家立担任北洋大学堂教务提调（总教习），到 1914 年离开北洋大学。蔡儒楷从 1906 年出任北洋大学堂监督，任职到 1911 年，和王劭廉的任期几乎重合。王劭廉和蔡儒楷在北洋大学期间，正值时代大变革时期。从清末列强入侵，清王朝日暮途穷，到辛亥革命改朝换代，建立共和，中国社会经历了一个大动荡、大变革的时期。辛亥革命结束了在中国延续了两千多年的封建社会，同时也结束了伴随封建社会两千多年的封建教育。在这样一个大动荡、大变革的时期，坚持北洋大学的先进性和办学特色，在将西学中国化的转型中把握好北洋大学的走向，使其符合社会发展的方向，并且为中国近代高等教育的发展做出了榜样。

（1）王劭廉出任北洋大学堂教务提调，进行西学中国化改造

1906 年（清光绪三十二年）北洋大学堂总教习丁家立辞职，经清政府批准由王劭廉接任，此时总教习改称教务提调。丁家立是美籍著名教育家，是英国血统的美国人。1895 年被聘任为天津北洋大学堂第一任总教习，保定"保高事件"后，1906 年清政府选送北洋大学堂学生赴美留学，派丁家立为留学监督与学生一同赴美，同时派王劭廉接手北洋大学堂教务，这是北洋大学堂治校办学之权由外国人手中归于中国人之始。美国人丁家立担任北洋大学堂总教习时，兼掌直隶全省学权，丁家立赴美后，清政府拟请王劭廉同时接掌直隶学权，王推辞，全身心致力于北洋大学堂的教育。

王劭廉继承和发扬北洋大学堂实事求是的精神，专心致志于教育事业，他一贯主张："无论治何事，作何业，均须首重实际，事之利于众者为之，否则断不屑为，不贪名，不骛远。"为人正直，不慕仕途，不屈权贵。几次被请入仕，坚决辞而不就。如袁世凯召开"约法会议"后改组参议院，请王劭廉进参议院，均被王推辞。根据北洋同学吕金藻回忆，民国成立后，袁世凯欲改帝制，几次召王劭廉入京咨询采取帝制事宜，"先生（王劭廉）在大众之中既云'既成民国不能变更'，单独召见亦云如是，毫不畏惧，终不变节。嗣发表教育部长，亦辞不就"。王劭廉常谓："教育为吾所好，当政理财平生不愿尝试也。"一生为学术努力，为教育鞠躬尽瘁。

王劭廉任教务提调从 1906 年（清光绪三十二年）至 1914 年共 9 年，历经清朝末年、辛亥革命、民国初年的变故动荡，但他不仅维持住了北洋大学堂的稳定，还对其

发展起了重要作用，做出了卓越贡献，在北洋大学发展史上有不可泯灭的地位。李书田（北洋工学院院长）曾在《北洋大学之过去五十三年》一文中，对王劭廉作了高度评价："王氏学问渊博，治校严明，校章所定，贯彻始终，不维学生敬畏如神明，外籍教授莫不心悦诚服，不稍迟误。北洋功课以森严闻世，望门墙者愈多，良风所播，直迄今兹。"北洋大学师生们称 1906 年（清光绪三十二年）至 1911 年（清宣统三年）为北洋大学第一个复兴时期。

王劭廉接管北洋大学堂教务后，首先重新厘定办学制度，进行结构调整。此时北洋大学堂经历了前所未有的体制变革。1911 年辛亥革命，1912 年南京临时政府成立，随之颁布了《普通教育暂行办法通令》。《通令》规定，清末的各种学堂一律改称为学校，监督、堂长一律通称校长。在高等以上学校规程尚未颁布时，暂按旧章办事。1912 年 9 月颁布了《学校系统令》，1913 年又颁布了《大学令》。新的规定取消了通儒院，大学部分为"大学校"，内分预科和本科。北洋大学堂符合此规定，因此，1912 年北洋大学堂改名为北洋大学校，1913 年又根据中华民国教育部令改名为国立北洋大学。在王劭廉任职期间，北洋大学完成了办学体制的变革。

1903 年清政府颁布了第二个教育管理规定，即《奏定学堂章程》，又称"癸卯学制"。这是"中国近代第一个施行了的学制，它标志着中国封建传统学校的结束，中国教育近代化的开始"。"癸卯学制"所规定的中国教育体系中，高等教育部分分为：高等学堂、大学堂和通儒院三级。明确高等学堂为大学预科，高等学堂包括高等实业学堂、译学馆、优级师范学堂等。依据此章程，不仅北洋大学堂头等学堂的性质得到更加明确的肯定，而且，二等学堂的性质也得到了进一步的确定，不属于中学，而是大学的一个层次。这里澄清了一些人的误解，认为北洋大学堂头等学堂是大学，而二等学堂是中学。证明北洋大学堂一成立就是多学科、多层次的大学。1904 年根据"癸卯学制"北洋大学堂制定了《学堂新订各规则》，内容包括：总办规则、教习规则、监学官规则、检查官规则、考试规则、杂务处规则和斋务规则等等。1906 年王劭廉接管北洋大学堂，学堂缺少总办，是"三提调"时期，即教务提调、庶务提调和斋务提调。王劭廉作为教务提调兼责监学官、检查官，实际对学校教学负起了全面责任。王劭廉严格执行《学堂新订各规则》，整顿了教学秩序。

按照新学制，北洋大学堂正科的生源来自于预科，为解决生源质量问题，王劭廉亲往保定直隶高等学堂考核办学水平，认为其第四年的毕业生水平不够进入北洋大学堂正科的程度，即令其延续一年，考核后升入北洋正科。随后，他将保定直隶高等学堂第三班以后的课程进行了调整。调整后的课程分为文、理两科，文科侧重中外文学、史地、政治和经济等社会科学，理科则侧重数学、物理、化学和实验。并且高等以上学生，必须会两国以上文字，文科除英语外加学法语，理科加学德语，均为每周八小时。月考制度极为严格，连续三次不及格者给予除名。而月考得到特等的学生则发给奖学金。经过调整，保定直隶高等学堂教育水平达到北洋大学堂二等学堂程度，毕业后即可升入北洋大学堂正科。在王劭廉任职期间，较好地解决了长期困扰北洋大学堂的生源问题。

王劭廉发扬北洋大学一贯的"实学"特色，主张办学面向社会需要，1906年应外交需要，北洋大学堂开办了法文班和俄文班，培养翻译人才。培养出法文毕业生13名，俄文毕业生14名。1907年（清光绪三十三年）、1908年（清光绪三十四年）为满足社会对师资的需要，先后开办了两期师范班，培养出师范毕业生69名，为发展我国师范教育做出了贡献。我国著名师范教育家李建勋、齐国梁等，均出于此时。在王劭廉任职期间，北洋大学堂已经发展成为以工、法为主，兼有文、师范等科的多学科、综合性大学。

王劭廉任职后继承精英教育的办学思想，着重在提高教学质量上下功夫，1908年（清光绪三十四年）春他主持重行厘定北洋大学堂功课，将高等普通科目作为预科功课，提高了课程难度。因此，培养出来的学生质量高，受到社会的认可和清廷的重视，得到皇帝派员会试的特殊礼遇。如1910年（宣统二年），皇帝亲批张亨嘉、陈宝琛等大臣会考北洋大学堂毕业学生。考毕奏折提道："臣等遵旨即会商定期于九月初九至十六日在学部署内分场局试，并由学部派司员在场内轮流监察，以防弊端，该生等亦能恪守场规，秩然有序。试毕由臣等将各场试卷详细校阅，计取列最优等三名、优等八名、中等四名，谨将分数缮具清单，恭呈御览，除该生等奖励应由学部照章带领引见，请旨办理外，所有臣等会考北洋大学堂毕业学生事竣。"奏折中列最优等三名为冯熙敏、王正黼、王钧豪。

王劭廉秉承北洋大学堂的办学特色，严谨治校。他治事有毅行，富果决，凡事认为可以办，决不犹豫，雷厉风行。在处理校务时，能采取得当措施。如原学校假期是依据外国习惯而定，他上任后把每一学年的假期，改为依据中国风俗习惯规定，以适应中国的实际，并缩短了寒暑假期，深得中国师生赞同，外国教员也无条件照办了。责人向不疾言厉色，仅坦直指示。不苟言，不苟笑，态度郑重，气度宏伟，人皆敬畏。他常言："作一件事，务须脚踏实地去作。"不走捷径，富于责任心，无论所任何事，自觉学识未足，即全力以赴。

王劭廉对校务严格管理，学校所定规章制度严格执行，以身作则。他从不迟到早退，并亲自听课。他办事认真，不讲情面，对中外各员一视同仁、一律对待。他经常到外国教员班上去听课，纠正了当时有些外国教员，特别是美国教员上课迟到早退的旧毛病，使中外教员严格遵守学校纪律。他发现问题，决不迁就。有一外国教员教课有明显的缺点，并强调为欧美习惯。王劭廉熟知欧美习惯，毫不留情地当面指出其缺点，使其知错而心服口服。由于他对中外各员同样严格，一改原校内只会恭维洋人的陋习，树立起威望。这样使中国教员更为敬服，外国教员亦能认真工作，更使学生敬佩。王劭廉治学严格之事流传于天津社会和高等学校，被世人所称赞。王在学校任职期间还先后兼任隶学务公所议长、直隶咨议局局长、天津县议事会副议长、教育部临时教育会议议长等职。王之名誉地位颇高，当时北洋大学在国内外享有盛名和王的影响不无关系。王的教学风尚所制成规、脚踏实地严谨求实的良好作风，对北洋优良校风的形成产生重要影响，后被继任的掌校人所发扬，到赵天麟时终于形成"实事求是"的校训和"严谨治学"的校风。

王劭廉留学英国，对欧洲的先进科技十分了解，深感到培养高层次科技人才对兴国的重要。王接任教务提调后非常重视选派优秀留学生出国深造。1907 年（清光绪三十三年）派马寅初、冯熙运等 14 人到国外留学。其中 13 人赴美国、一人赴德国。1908 年（清光绪三十四年），又在师范班第二班中选出 7 人资送欧美留学。1914 年又选报 2 人赴日留学。王劭廉任期内共派出留学生三批 23 人，这在当时是少有的。在资选出国留学生中，他依据每人资质，选其深造的学科，使其日后成为著名学者和高级科技人才。如资选出国的马寅初成为著名经济学家，刘景山成为著名铁路专家，李建勋、齐璧亭成为著名师范教育家，冯熙运成为著名冶金专家等等，为国家培养了大批高层次人才。

王劭廉善于吸收国外先进的教育经验，并面向我国实际。他主持教学后，对学生个人专业兴趣更为重视，学生入本科一二年内，还可要求转学门。这种因材施教，能发挥学生之所长。1907 年（清光绪三十三年）开始，他将原北洋大学堂按正科每年排一班的建制方式，改为正科新生班次按甲、乙、丙、丁……顺序排列。与此同时，他严把入学关，认为只有高质量的生源，才能培养出高质量的人才。如 1907 年（清光绪三十三年）招考本科生时，在天津、上海、汉口、广州等地报纸登广告招生，花费甚巨，结果各科考生只有法科一人考试合格，但他决不因此降低标准。结果，这一年除本校预科转升本科者外，社会招考新生只录取了这一名。

王劭廉在掌管北洋教务期间，严格学风，注重因材施教，重视教师队伍培养等习惯为北洋后期的发展打下了良好的基础。他以生源质量为重，加强后期培养，面向社会需要培养教育人才。学习外国科技，培养高质量人才的教育思想对北洋以后的发展起到重要作用。

王劭廉在任职北洋大学期间还积极进行了教学设备、图书和经费的争取工作，努力创造更好的办学条件，在他离职前，北洋大学的办学经费已经达到 20 余万元。

1914 年，教育部拟实行大学区制，令北洋大学将法科移交北京大学而改为专办工科。王劭廉认为这对于北洋大学是伤筋动骨之举，托词体弱，毅然请求辞去北洋大学职务。

王劭廉管理北洋大学教务 9 年，这一时期在北洋大学历史上是一个特殊的时期，此时学校既无督办又无校长，是"三提调"时期。王劭廉主管教务，是北洋大学实际上的校长。赵天麟在王劭廉追悼会上曾回忆道："在先生（王劭廉）离开北洋之前，北洋为三提调时代。校中分设教务、庶务、斋务三提调，直隶于教育厅，尚无校长名义。先生请辞时，荐余继续维持校务，旋被派为校长，是为北洋有校长之始。"

王劭廉离开北洋后，到开滦矿担任协理 10 年。于 1936 年 11 月 9 日病逝于天津寓所，时年 70 岁。是月 13 日，北洋同学总会、北洋同学会天津分会及全校师生组织了"前国立北洋大学教务提调王少泉先生追悼会"，参加者百余人。追悼会上对王劭廉在北洋的贡献给予了高度评价："先生为发展吾国现代大学教育之第一人，北洋大学之有今日荣誉者，胥属先生一手奠其始基，北洋毕业同学之有今日地位者，则桃李门墙春风化雨，直接间接，无不遍被先生之教泽也。且先生专心教育，始终不渝，缅怀伟大之精神，攸为后人之模范，不唯北洋之尊宿，抑亦全国之灵光。"23 日，在学校化学讲室请曾任校长的赵天麟作讲演《王劭廉先生之生平及其治校之往绩与办学之精神》。届时全校师生参加，全体静默 3 分钟以志哀悼。王劭廉在北洋大学发展历史上，乃至中国现代高等教育历史上，有着相当重要的地位。

（2）蔡儒楷的办学贡献

1895 年，北洋大学堂建立，当时清政府批准学堂设立督办一人（名义校长），总教习一人（总理教学），总办二人（头等学堂、二等学堂各一人，分理学堂事务）。首任督办盛宣怀是以津海关道兼任，总办虽然委任但直到 1897 年才实际设立，由王修植一人担任，实际到校任职的始终是总教习丁家立。

　　1896年盛宣怀奉旨南调上海，学堂督办一职由继任津海关道兼任。1906年，丁家立辞去北洋大学堂总教习一职，改设教务提调，首任教务提调王劭廉。1903年，学堂总办改为监督。1906年，北洋大学堂进入三提调时期，即教务提调、庶务提调和斋务提调，学堂监督相当于实际的校长。因此，在北洋大学校史中写道：蔡儒楷（监督、校长）。蔡儒楷从1906年出任北洋大学堂监督，任职到1911年，和王劭廉的任期几乎重合，因此，介绍王劭廉的办学思想和实践，就不能不提蔡儒楷。客观讲，北洋大学堂由西学向中国化的转型应该是王劭廉和蔡儒楷共同实现的。1906年6月21日《大公报》："记天津大学堂：天津大学堂既经新监督（蔡儒楷）整顿一切焕然改观，本年三月中又经聘定最有名誉之王少泉劭廉代充英文总教之职，师生一堂雍雍和洽，功课亦十分认真，且诸生锐意求学俱有服从文明法律之诚心，而向日浮嚣习气扫除净尽，并闻王总教习与新监督水乳交融、相助为理，故有此等效果尤望该学监督等和衷共济、始终如一、不辞劳瘁，则造福于诸生大矣。"

　　蔡儒楷科举入仕后经朝廷大挑放官直隶，初任直隶农务学堂会办，继任北洋客籍学堂监督，通达学务。蔡儒楷上任北洋大学堂，随即对校务管理进行了改革，制定了《北洋大学堂管理规则》。依照旧制，监督（总办）下设会办，最初由段守兰担任，任职半年后，会办改帮办，由李景濂继任。依照旧制，总办之外，总教习权力很大。这次改革，将总教习改为教务提调，由王劭廉担任；斋官改为斋务提调，由徐源德担任；又设庶务提调，由潘文藻担任。从此，北洋大学堂校务工作进入"三提调"时期。"三提调"的设置使旧制总办、总教习的权利得到分散，并由原来的总办管行政，总教习管教务变成监督一人统管的局面。

　　蔡儒楷任职期间，举贤任能。其初到北洋大学堂，首先聘任王劭廉为总教习；任江西同乡徐德林为正会计官；任原客籍学堂国文教员罗惇曧为国文教习；任直隶学务处日本顾问渡边龙圣为教育学教员。其中罗惇曧字掞东，号瘿公，是近代名士。喜欢历史，曾著《庚子国变记》《拳匪余闻》《京师大学堂成立记》《中法兵事本末》《中日兵事本末》等。精通京剧，提携名伶程砚秋，为其量身撰写十二出剧本。还精通诗文，被钱基博赞为"气体骏快，得东坡之具体"。

　　蔡儒楷掌校期间，还对北洋大学堂学科进行了改革。根据直隶省普及教育办学堂，师资匮乏的状况。光绪三十二年（1906年）七月一日，为培养中学师资起见，蔡儒楷禀准在北洋大学堂附设一年速成的师范科，从保定高等学堂和北京五城中学堂拨来的学生中，择其年龄稍长、国文较优、西学程度较高者肄业。第一期毕业生25人，第二期毕业生 36 人。光绪三十四年（1908 年），重新厘定大学堂课程，将高等普通科目作为预科课程，专门课程亦另编配，呈准学部立案，仍分法律、土木工及采矿冶金三学科。

争取办学经费是校长重要职责，北洋大学堂经费起初从津海关拨发，光绪三十一年（1905 年）办学经费为 48000 两。光绪三十四年（1908 年）夏季，"因扩充专门按分科大学办法办理，本校监督蔡详请直隶总督杨士骧咨准学部，以直隶每年应行解部之款，就近拨付，计每年藩署足银一万两，学务公所（学务处改称）库足银五千两，海防支应局京平银五千两，盐运署库足银四万二千两，共六万二千两，称为扩充经费。实行之初，有按年拨发者，有按半年拨发者。至宣统元年（1909 年）十月，遂改为学务公所支应局按季，其余按月"。这次办学经费的扩充，使北洋大学堂的发展有了资金保障。但晚清时代，直隶财政空虚，学堂发展的资金往往也得不到支持。如宣统三年（1911 年），北洋大学堂预算案中有书楼（图书馆）建筑费一万一千两，却遭直隶咨议局议核裁去。后来，只能在办学经费中拨发。

北洋大学堂自光绪二十八年（1902 年）复校至宣统三年（1911 年），共有 200 多名毕业生。光绪三十二年（1906 年）年至 1914 年共派出四批留学生，其中光绪三十二年（1906 年）派出 35 名学生赴美留学。

蔡儒楷比较重视对优秀学生的奖励，光绪三十二年（1906 年），北洋大学堂复校后的第一批学生毕业，其上奏袁世凯，请求按奏定章程规定，给予考试最优等及优等、中等者，一律作为举人的奖励。此事得到袁世凯的认可。袁世凯根据蔡儒楷的禀文，上奏《北洋大学堂毕业生分别请奖片》："臣于光绪二十八年间，在天津创设北洋大学堂，业经奏明在案。兹查该堂预备科学生吴敏向等一百一十名，均已先后肄业期满。据该堂监督禀经饬由提学使督同该监督及各教员等，遵照奏定学堂考试章程，严行考验，记明分数等次，详请给凭奏奖。"这份奏折得到光绪皇帝朱批，由学部讨论办法再奏。蔡儒楷的这份请奖禀文，也是为袁世凯力主复建北洋大学堂表功，为此得到高度重视。宣统二年（1910 年），蔡儒楷为冯锡敏等 12 名学生请奖。同年十一月，清廷军机大臣奕劻、毓朗签署任命"北洋大学堂毕业学生考列最优等之冯锡敏、王正黼赏给进士出身，授为翰林院编修；王钧豪赏给进士出身，改为翰林院编修检讨；考列优等之朱行中、王瓒、徐岳生、卢芳年、萧家麟、黄保传均著赏翰林院庶吉士；考列中等者程良模、冯誉臻、叶德言著赏给进士出身，以主事分部，尽先补用"。宣统三年（1911 年），清廷赏给北洋大学考列优等生朱焜等 11 人进士出身，改翰林院庶吉士；赏给考列中等生周稿川等 9 人进士出身，以主事分部门尽先补用。对北洋大学堂优秀学生的奖励，体现出清廷开始对新型大学毕业生的重视。

李书田在《北洋大学五十年之回顾与前瞻》中说："光绪末叶，需才益亟，时袁世凯任北洋大臣，先后资送北洋大学未毕业生全班赴美留学者数次，赴日留学者亦数批，成材甚伙，多为民国以还，国家社会所倚擎。我国名经济学家马寅初，名医学家刘瑞恒，名数学家秦汾，盐政名宿钟世铭、朱庭祺、马泰钧等，名银行金融家钱永铭、名冶金学家温宗禹、蔡远泽等，名法学家赵天麟、冯熙运等，名军事家温应星，交通名宿刘景山，名工程教育家罗忠忱，名师范教育家李建勋、齐国梁等，均为此一时期所孕育人才。其他尚多，兹从略。此自光绪二十六年（1900 年）以迄宣统三年（1911 年），是为北洋大学之第一次复兴时期。"北洋大学的第一次复兴时期，蔡儒楷掌校时间最长，其对人才的培养做出了一定的贡献。光绪末年，北洋大臣兼直隶总督杨士骧呈报《奖励北洋大学堂办学异常、寻常出力各员名单》，其中"监督花翎直隶试用知府蔡儒楷，请免补知府，以道员仍留原省补用，并请赏加二品衔"。

宣统三年（1911 年）五月，直隶总督陈夔龙奏《为请奖北洋大学堂办学出力各员事折》，称"该监督蔡儒楷等殚力经营，规划宏远，设备编制，均臻完善。成就学生二百余名，各有专长，呈供任使实属办事得宜，成效卓著，自应照章请奖，以资鼓励"。清廷对蔡儒楷历次嘉奖，也是对其办学成绩的认可。

光绪三十四年（1908 年）九月，卢靖调补奉天提学使，学务处会办傅增湘继任直隶提学使。宣统三年（1911 年）十月，受袁世凯委派，傅增湘随唐绍仪议和代表团南下谈判。十一月，直隶总督陈夔龙委派幕僚林葆恒代理。十二月，授予北洋大学堂监督蔡儒楷继任直隶提学使，而北洋大学堂监督一职由徐源德继任。

八、北洋大学堂掌故

1. 军机处随手档与朱批"该衙门知道"

北洋大学堂创建的奏折存于国家第一历史档案馆清军机处随手档。北洋大学堂创办的奏折是经清军机处上报光绪皇帝的，而不是通过总理事务衙门上报。

清军机处随手档记载："朱批王折报四百里马递发回——津海关道盛宣怀创办西学学堂禀明立案由。"短短的一句话，包含了许多历史知识需要说明：

（1）军机处是什么机构？为什么北洋大学堂的建立是通过军机处直接上报光绪皇帝朱批，而不是通过总理事务衙门按照政务程序上报呢？

（2）何为"随手档"？为什么建立北洋大学堂的奏折要进随手档？

（3）"朱批王折"是什么意思？光绪皇帝批的"该衙门知道"有何含义？

（4）"四百里马递发回"作何解释？包含了哪些信息？

先说军机处是什么机构。为什么北洋大学堂的建立是通过军机处直接上报光绪皇帝朱批，而不是通过总理事务衙门按照政务程序上报。

明清史专家阎崇年在《大故宫》一书中这样介绍军机处的作用："作为改革君主的雍正帝，为加强皇权，采取许多措施，……其中，建立了一项前无古人的重要机构——军机处。""为什么要设立军机处呢？雍正四年，因西北用兵，为紧急处理军务，考虑'以内阁在太和门外，儤直者多，虑泄露事机，始设'"，"以期'入直承旨，办事速密'"。"军机处与内阁有什么不同呢？军机处与内阁，既有联系，又有区别：军机处办理重大机密事务，内阁则办理日常行政事务。……清制，皇帝谕旨下达，分明寄和暗寄两种：明降谕旨，交内阁办，由内阁通过行政系统下达；暗降谕旨，如朱批奏折，由军机处密封后交兵部，传递到当事官员手里，不经中间环节，一竿子插到底。""军机处是一个力求准确贯彻皇帝旨意的御前机要处、秘书处。"经过阎崇年先生的解读我们可以了解军机处的作用，同时也可认识到清末当国家和民族危机之时建立大学，"兴学强国"多么重要，地方政府和国家都给予了高度重视。①

再解释一下何为"随手档"，为什么建立北洋大学堂的奏折要进随手档。随手档，档册名称，意为随手登记的档案，是清军机处最重要的档簿之一。清代军机处随手档的档案价值弥足珍贵。

军机处，始设于雍正年间，是清代辅佐皇帝的中枢机构，清人亦以"枢垣"或"枢廷"称之。军机处分设满汉军机大臣和军机章京，职责主要是"掌书谕旨，综军国之要，以赞上治机务"②。清朝皇帝通过军机处将机密谕旨直接寄给文武重臣，称为"廷寄"，中间不再经过内阁，对邦国大政的处理更无须议政王大臣会议决议。军机处每日将经手的朱批奏折等全部另录一份，以资归档存证。军机处自雍正七年（1729年）设立，到宣统三年（1911年）撤销，在这一百八十多年的时间里，凡有关清王朝政治、军事、经济、文化等各个方面重大事件的处理始末，无不记录在案。因此，军机处档案堪称清廷军政要务核心机密的总汇。中国第一历史档案馆所藏清代军机处档案，包括上谕档、录副奏折、档簿、来文、照会、清册、电报、函札、奏表、奏稿、杂件、舆图等，满汉文兼有，其数量巨大，且内容极其丰富。

随手登记档是军机处每日处理文档的原始登记簿。清人震钧《天咫偶闻》卷一，对军机处随手登记档这样描述："枢廷事件，皆书于册，标日随手登记。元旦则装订新册，敬书'太平无事'四字于册端。"③清人梁章钜《枢垣记略》卷二记载："直（值）日章京将本日所接奏折，所递片、单，所奉谕旨，详悉分载。朱批则全录，谕旨及折片则摘叙事由。有应发内阁者注'交'字，应发兵部者注明马递及里数。以春夏二季为一册，秋冬二季为一册，谓之随手。"④军机处随手登记档之设，始于乾隆元年（1736年），止于宣统三年（1911年），逐日登记，按年月装订成册。乾嘉时期，每半年订为一册；道咸以后，中外交涉频繁，谕旨、奏折日多，故每季成册。就其内容而言，军机处随手登记档以时间为线索，登记了皇帝谕旨和大臣奏折的梗概要点以及文书处理的结果。可以说，随手登记档不仅是清代军机处每日处理谕旨、奏折等各项事件的摘由总目和索引，可供后世查阅之用，同时也是清代乾隆朝以后枢要朝政的总

---

① 阎崇年：《大故宫》，长江文艺出版社，2012年。
② 《钦定大清会典》（卷三）。
③ 震钧：《天咫偶闻》（卷一）。
④ 梁章钜：《枢垣记略》（卷二）。

汇，其所载内容本身即具有很高的史料价值和特殊的检索功用。

通过以上文字我们可以了解到"随手档"是皇帝处理政务的重要记录，"随手"并不是"随便"，更不是"随意"，而是随时登录以便备查。直隶总督王文韶转奏的"津海关道盛宣怀创办西学学堂禀明立案由"因得到光绪帝的朱批而全文收录在随手档内。

第三点，"朱批王折"是什么意思？光绪帝批的"该衙门知道"有何含义？

"朱批王折"是指由光绪帝御批的直隶总督兼北洋大臣王文韶的奏折。"朱批"是指光绪帝用朱砂笔批写的"该衙门知道"，"王折"则是指王文韶上奏的奏折。既然奏折由盛宣怀草拟为何还要由王文韶上奏呢？因盛宣怀在起草创办西学学堂章程时仅是天津的海关道，按照清制设守、巡两道，一律称为"道员"，官阶为正四品。清朝在全国设守道 20 人，巡道 72 人，另设专掌关税者 1 人（津海关道）。天津海关道是一个外补职位，其任职人员由"直隶总督拣员请补"，清末，李鸿章任直隶总督兼北洋大臣，曾任海关道的郑藻如、盛宣怀皆为李的幕僚和亲信。官阶四品的海关道盛宣怀不能越级直接向皇帝上奏折，必须由直隶总督转奏。甲午之战后，1895 年（光绪二十一年）2 月 13 日，李鸿章被召入京，作为赴日谈判头等全权大臣，诏王文韶署理直隶总督、北洋大臣，盛宣怀创办北洋大学堂的奏折先报给继任直隶总督、北洋大臣王文韶，再由王文韶择其要点转奏给光绪帝，因此才有"朱批王折"一说。

关于光绪皇帝批的"该衙门知道"有何含义，在 2014 年 6 月 12 日《今晚报》副刊上发表了一篇谈及此事的文章，现摘要如下，恰能说明问题。

朱批"知道了"最早始于明代皇帝，清朝诸帝不过是承袭前朝成规而已。

据现有资料，以"知道了"批文始于明代宣德年间。宣德三年五月，宫中为分发宣德鼎彝等事上书皇帝，明宣宗的批文就只三个字"知道了"。后来弘治、正德皇帝也都用"知道了"批文。如明代弘治元年九月十八日大臣王恕上书，次日皇帝的批文是"知道了，钦此"。到了嘉靖年间，朱批"知道了"渐多，如嘉靖二年对大臣张原的上书朱批是"览卿等所言，具见忠爱。朕已知道了，钦此"。嘉靖六年对胡世宁所奏朱批是"览卿所奏，足见大臣爱君陈善至意。朕知道了"。此后，这个习惯一直延续到明末，天启、崇祯皇帝也都有相同的朱批。仅明末大臣倪元璐历年的奏书中，就有崇祯皇帝的十多个"知道了"朱批。可见，以"知道了"批示奏书，已成为明代皇帝的一个惯例。

"知道了"虽是一句人人都懂的大白话，但在明代皇帝的朱批中，有特定的含义。皇帝对大臣的上书，有的褒，有的贬，有的采纳，有的拒绝，所以朱批中更多的是"上从之""上不纳"等内容，而"知道了"则介乎褒贬之间。嘉靖年间的冯皋谟在《云村许先生传》中透彻地分析了这种差别："嘉靖改元以来，陛下批答言者，始曰：'所言有理'，益深嘉之；继曰：'知道了'，姑漫应之；又曰：'如何此等来说'，则怒之矣。"所谓"漫应之"就是心不在焉、敷衍了事地应付一下，不一定有什么实际结果。可见朱批"知道了"既不是正面肯定大臣奏书的价值，但也非完全否定，所以有时皇帝还要在后面加上一句"该某衙门知道"，也就是转发至某具体部门让他们注意，具体办理。

很显然，清朝皇帝的朱批"知道了"，是直接继承了明代皇帝的做法。清帝第一个用"知道了"批文的是顺治皇帝。顺治五年，他在一上书中只批"知道了"三字，顺治十三年，他又批："知道了，礼部知道。"顺治十四年，他又批："这奏事关朕躬的，知道了。"其后康、雍、乾诸帝递相效法，一直到光绪年间。

读了以上文字，对于"知道了"的含义不需要再作解释。[1]

创建北洋大学的奏折上报光绪皇帝，这正值光绪帝上谕颁布不久，各种变革方案接二连三地上奏皇帝，对于新事物采取这样的批示并给予波澜不惊的支持，使之得以迅速实现，事实证明这是正确的处理方式。朱批"该衙门知道"，是指军机处知道，同时表示同意按照清制用四百里马递的方式处理此奏折，光绪皇帝对于此事的态度已经很明确。因此该奏折在九月三十日上奏，十月二日即已返津，可见急事急办处理之迅速。

第四点，"四百里马递发回"作何解释？包含了哪些信息？

马递，指古代官府文书由驿站派马递送。沈括《梦溪笔谈》中讲："驿传旧有三等：曰步递、马递、急脚递。急脚递最速，日行四百里，惟军兴则用之。熙宁中又有金字牌急脚递，如古之羽檄也。以木牌朱漆黄金字，光明炫目，过如飞电，望之者无不避路，日行五百余里。有军前机速处分，则自御前发下，三省、枢密院莫得与也。"[2]沈括讲的是驿传的公文传递旧时有三个级别，分别叫做步递、马递、急脚递。急脚递是最快的，每天要行四百里，只在军队行动有战事时才使用。熙宁年间，又有

---

① 《今晚报》，2014年6月12日，副刊。
② ［宋］沈括：《梦溪笔谈》，官政（一）。

金字牌急脚递，如同古代插羽毛的紧急军事文书。这种急脚递用红漆黄金字的木牌，光亮耀人眼目，随驿马飞驰有如闪电，望见的行人无不躲避，每天能行五百多里。如果有军事前线需要紧急处置的机密事项，则金字牌自皇帝御前直接发出，三省、枢密院也不能参与。相传岳飞一日接到 12 道金牌，当即此金字牌急脚递。另有雌黄青字牌，日行三百五十里，军期限急速则用之，当为马递。又有黑漆红字牌，为步递。

急脚递，中国宋代创制的一种传送公文的驿传。由军兴所需而置。

官员把公文交给驿站前，会按照不同的紧急程度在封套上分别批写"马上飞递"及"×××里"等字样，这样就规定了送达速度和时限。驿站接受公文后，要确保按照封套上写明的速度进行传递，否则就是贻误，会受到责任追究。

清代驿站管理严密，整个由兵部负责，京师设皇华驿，各省腹地及盛京地区设驿，军报所设为站。凡是通过驿站发递的，都要分缓件、急件。奏折、文书、军报的驿递均有规定，对军站的利用限制很严，往往是军机处发的加封信函及返回文件，准由军站传递。其他的一般应由驿站传递，而督、抚寻常文书则应由塘铺递送，不能用马递。军机处文件，往往在公文上注明"马上飞递"字样，规定每天三百里，如遇紧急情况，可每天四百里、六百里，最快达八百里。

关于北洋大学堂创建的奏折采用了"四百里马递发回"的紧急军情形制，可见清政府对于此事的重视。

清军机处随手档"朱批王折报四百里马递发回——六、津海关道盛宣怀创办西学学堂禀明立案由"给予我们的信息是，甲午战争失败后，"中国面临着空前的民族危机"，举国上下群情激愤，光绪皇帝颁布《强国诏》急切寻求救国之策。正是在这样的背景下，北洋大学堂的建立是作为救国之策的"重大机密事务"，以"四百里马递发回"的军事急件形式通过军机处直接上报光绪皇帝的。光绪皇帝朱批后，又直接以重大机密的形式"四百里马递发回"北洋大臣王文韶，而后即刻开学。说明清末举国上下对于建立一所能够"兴学强国"的大学的高度重视，也反映出中华民族对于教育救国的殷切期望。

2. 北洋大学堂与博文书院

北洋大学堂创建校址（天津博文书院旧址）

北洋大学堂与博文书院有何关系？从"血缘"上讲没有任何关系。

博文书院由盛宣怀的前任津海关道周馥于1886年筹建，是一所课以"中西有用之学"的中等学校。此时的中国正处于洋务运动时期，开办西学是洋务派的主要任务之一，尤其是带有西文、西艺性质的中等教育比较盛行，许多通商口岸城市和省会城市都开办有这类学校，天津也是如此。基于当时的社会背景，"兴学强国"的心情远不如甲午战争以后迫切，也没有建立大学的诉求。博文书院的开办经费从海关税收中拨付，津海关道周馥与时任津海关税务司的英国人德璀琳意见不合，导致开办费用迟迟无法落实，一拖就是七八年。书院没有开办成，只好将校舍抵押给银行还贷。博文书院"胎死腹中"。

在博文书院停办七八年之后，甲午战争爆发，盛宣怀提出建立大学的主张。北洋大学堂开办时作为救国之急务，不能够等到新建好校园再开学，因此盛宣怀想办法奏请由粮道筹款从银行赎回博文书院旧址，用于北洋大学堂办学。对此，王文韶奏折《津海关道盛宣怀创办西学学堂禀明立案由》中明确写道："光绪十二年，前海关道周馥请在津郡设立博文书院，招募学生，课以中西有用之学，嗣因与税务司德璀琳意见不合，筹款维艰，致将造成房屋抵押银行，未能开办。"北洋大学堂"所有头等学堂，即照前督臣李鸿章批准周馥原议，以博文书院房屋为专堂。现经广西臬司胡燏棻设法筹款，向银行赎回"，"其二等学堂须觅地另行盖造，……房屋未成之先，借用头等学堂暂行栖止"。由此可见，北洋大学初创校址虽为博文书院旧址，但是，北洋大学并非博文书院之继续，而是从银行赎回校舍，开办大学。以上史实说明周馥开办的是中等学校的博文书院，盛宣怀创建的是北洋大学，两者既无内在联系，又非同一办学层次，更非同一人创建，仅是同一校址而已。

北洋大学创办百年后却出现了北洋大学的前身是博文书院，创建时间应为1886年等移花接木的说法，有的书中甚至有"天津大学前身饭店投资创办，津门首座学府曾称吞纳书院"等错误提法，这些都是不符合历史事实的。

1895年北洋大学初创校址为原博文书院旧址，该校址现西临解放南路，东至海河边的台儿庄路，北临南京路，南界绍兴道。此处主体区域现为海河中学使用，其余为"解放南园"公园及居民楼、办公楼，这是我国近代第一所大学的发源地，也是天津大学129年前的第一个校址。

3. 主楼与龙牌大学

天津人习惯称北洋大学堂为"老北洋"，这里表达了三层意思：第一是说北洋大学堂成立的时间早；第二是说它的办学地位高；第三表达了天津人对这所大学的尊敬和自豪之情。

北洋大学堂是天津人心目中的圣殿，因此天津人还为其起了一个雅号——"龙牌大学"，这又从另外一个侧面反映了北洋大学堂的办学地位。无论天津人怎么称呼，政府批准的名称是"大学堂"。

从北洋大学的名称上，反映出清末人们对于大学教育的认识过程。1895 年盛宣怀在筹划建立大学的章程中，学堂的名称为"中西学堂"，报给朝廷的奏折为《拟设天津中西学堂章程》。章程先报到了直隶总督衙门，当时的直隶总督是北洋大臣王文韶。甲午战败后，北洋水师覆没，《马关条约》签订，李鸿章在国人的指责中卸去直隶总督一职，此职改由王文韶担任。王文韶对盛宣怀所报章程作了仔细修改，然后呈报给光绪皇帝。王文韶的奏折为《津海关道盛宣怀创办西学学堂禀明立案由》，改称为"西学学堂"。为什么两个章程中名称不同呢？当时盛宣怀担任津海关道，官阶四品，是一名地方官员，而朝廷的办学政策是"中学为体，西学为用"，名为"中西学堂"既符合朝廷政策，又区别于教会办的西学。而王文韶则为直隶总督、北洋大臣，官阶一品，乃朝廷重臣，可以直接面奏皇帝。改名为"西学学堂"正是意在突出新办学堂的特点。

光绪皇帝接奏折御批后学校成立，名为"北洋大学堂"。很显然，使用"大学堂"的名称是采纳了盛宣怀奏折中"此外国所谓大学堂也"的意见。"大学堂"前面冠以"北洋"二字是地域概念。清末，将环黄渤海地区统称为"北洋"，而将上海、福建等地区统称为"南洋"。大学堂在当时北洋地区的重镇天津建立，因此名称为"北洋大学堂"。

北洋大学堂主楼正中有一幅行龙的图案，两条龙围绕着一颗宝珠在腾飞游走，这是带有皇权特征的图案。在清朝，龙的图案代表皇权，大致分为三种：第一种是团龙图案，皇帝专用；第二种是正龙图案，贝勒以上皇族使用；第三种是行龙图案，五品以上官员经皇帝批准才可以使用，这也是汉族官员能够享受到的最高待遇。呈报建立北洋大学堂的人是盛宣怀，当时官爵四品，而北洋大学堂又是皇帝"御笔朱批"的大学，因此学校教学主楼的大门上方允许镶嵌带有皇权特征的行龙图案。据了解，到目前为止，清末新式学堂中建筑物上有此图案的，仅北洋大学堂一家，也反映了这所学堂在当时独一无二的至尊地位。故而在当时被世人称为"龙牌大学"。

　　"北洋大学堂"成立于清末，在中国的大学中资历最老，在天津人心目中地位崇高，因此被尊称为"龙牌大学"或"老北洋"。

4. 花堤蔼蔼——桃花堤

《天津志略》《天津市政概要》和《天津游览志》对西沽桃花都有记载："天津西沽村北洋大学长堤，遍植桃花，每当春晴晓日，往游者有山阴道应接不暇之势。"这不仅反映了北洋大学与桃花堤的关系，还间接地表明了北洋大学周边的地理环境，而且是多水的地理环境。翻开天津的历史地图，可以寻觅出这一地区水文地理环境的变迁和桃花堤形成的方位。

20世纪二三十年代社会相对安定，天津经济形势也好，桃花堤的规模最大，桃花堤里的桃花园成为游人尤其是北洋学子们抒怀立志的场所。它在许多北洋大学老校友的回忆中总有一席无法割舍的位置。一位北洋大学的校友在《北洋大学之回顾》中描述了校园的环境："前临北运河，后带桃花堤，柳岸桃林，相夹成荫，蔚为津沽名胜之巨擘。""校区景色，与国内各大学相比，别具形式，且距天津市区较远，有自然之风景，无都市之烦嚣，同学课余散步，假日野餐，或河边垂钓，随兴所至，都属幽境。置身其间，心旷神怡，实为最理想的学术研究环境。地杰人灵，相应而生。"北洋学子回忆往事，倍牵情思，无时或忘，如在昨夜。《北洋大学校歌》歌中唱道："花堤蔼蔼，北运滔滔，巍巍学府北洋高。"学府周围幽雅的环境，造就了一代精英。当北洋学子在堤上气宇轩昂，激扬文字之时，各地游人如织，不惮其远，观赏桃花美景。

1928年4月7日，北洋大学以"北洋大学全部开放，今明两日招待参观"为标题，向社会公布了要招待参观者的记者公告，其写道："日来，天气和暖，西沽桃花盛开，北洋大学为引起社会对于工业之兴趣起见，特定今明两日完全开放，招待各界参观，但前昨两日赴该校参观者已不少，本报记者亦于昨日下午前往，承校长刘振华君导观全校，各部招待员试验各种机器及说明机件标本模型等，非常周至。兹记各部主要设备如左，水力实验室：反动力水轮一架、拍而唐水轮一架、离心力抽水机一架、十一马力电动机一架、汽机抽水机一架、压力水罐一个、试水速表一个、水压力试验机一架。工程材料实验室：五万千瓦试验机一架、洋灰试验机一架、一万千瓦长度二十尺试木料机一架、试扭力机一架、测弯曲度及杨氏系数（弹性模量）机一架、汽油发动机一架、普通材料实验器具三百余件。制图室：该校制图室共有六座，同时可占二百四十四人，并附有制图用品室一处，晒图室一处，制图用器四千余件。地质实验室及地质标本室：岩石显微镜十架、吹管分析用具三百余件、地质模型二件、切岩石片机一架、磨岩石片机一架、岩石矿物及古生物标本三千九百余件。试金室：试金炉十二座、精细天秤六架、普通天秤十二架、轧碎机两架、压薄片机一架、制骨灰杯器一架、矿石选样器二件、各种矿筛十件……"还详细介绍了化学设备、物理设备、选矿实验室、冶金实验室、测量仪器室里面的设备及操作流程。还有木工室、机械室、发电厂等几乎涵盖全部现代工业的制造与实验流程。让参观者在一个现代化的工业厂区见习了一次。当时的北洋大学把学校办成开放式的学府，已跟上当时先进的美国理工科大学的脚步与水平。他们抓住人们踏青赏春看桃花的时机邀请人们到学校参观，让市民对北洋大学为振兴国家工业所做的努力产生精确细致的感受。既反映出北洋大学的办学水平，又体现了当时北洋大学在承担社会责任过程中所抱有的人文关怀。

5. 执掌北洋大学堂的中国第一批留美幼童

1895 年北洋大学堂创办时，拟设督办（名义校长）1 人，总办（总理全校事务）头等学堂、二等学堂各 1 人，总教习（总管教学）1 人。督办由创始人盛宣怀兼任。盛宣怀调任后由继任津海关道兼任，沿袭成例。

1896 年 10 月，盛宣怀奉谕南调上海，学堂督办改由署理津海关道李岷琛兼任。李岷琛不懂新学，学堂事务由总办王修植主持。1902 年王修植离职，由蔡绍基接任总办。1903 年，唐绍仪接任津海关道，兼北洋大学堂督办。同年总办蔡绍基离职。1904 年唐绍仪调任，津海关道由梁敦彦担任，兼任北洋大学堂督办。1907 年梁敦彦调任驻美公使，由梁如浩接任津海关道并兼北洋大学堂督办。1908 年梁如浩离职，由蔡绍基接待津海关道，兼任北洋大学堂督办至 1910 年。此后钱明训继任津海关道，兼任北洋大学堂督办。1911 年（宣统三年）底，督办一职随清王朝的覆没而消除。

这一时期，有 4 位督办是留美幼童出身。留美幼童是中国历史上最早的官派留学生。1872 年到 1875 年间，由容闳倡议，在曾国藩、李鸿章的支持下，清政府先后派出 4 批共 120 名学生赴美国留学。这批学生出洋时的平均年龄只有 12 岁。其中的唐绍仪、梁敦彦、梁如浩、蔡绍基等近现代知名人士，分别在美国知名大学接受现代高等教育的熏陶，回国后相继担任北洋大学堂督办，为北洋大学堂的发展作出了贡献。

唐绍仪，1862 年生于广东香山县，自幼到上海读书，1874 年成为第三批留美幼童赴美留学，后进入哥伦比亚大学学习，1881 年归国。曾任驻朝鲜汉城领事、驻朝鲜总领事。1901 年，唐绍仪担任天津海关道，办理接收八国联军分占的天津城区、收回秦皇岛口岸管理权等事务，成就斐然，令同僚们刮目相看。1904 年，清朝政府任命唐绍仪为全权议约大臣，赴印度与英国代表谈判有关西藏问题。唐绍仪坚持民族立场，运用灵活的外交手段，力主推翻英国与西藏地方政府签订的所谓《拉萨条约》，挫败了英国妄图将西藏从中国领土中分割出去的阴谋。他还担任过税务处会办大臣、清末南北议和北方代表、民国第一任内阁总理等，是近代第一位致力于收回海关控制权的人，为中国主权、外交权益及推进民主共和作出了重要贡献。1902 年至 1903 年兼任北洋大学堂督办。

梁敦彦，1857年生于广东顺德，1872年作为清廷派出的首批留美幼童赴美国学习。1881年，清廷出于不断恶化的国内外形势考虑以及国内保守势力不断施压，召回了留美的官费学生，那一年梁敦彦在耶鲁大学读大三，时年23岁。而他直至1904年（光绪三十年）才在耶鲁大学各师友联名推荐下，获得耶鲁大学毕业学位、文学博士头衔。梁敦彦曾任清政府外务部侍郎、尚书，同时担任美、墨等国公使，使得他在外交领域的才华得以表现。在清朝末年，梁敦彦官至袁世凯内阁的外务部大臣，后在北洋政府徐世昌内阁任交通总长，总管全国的铁路、轮船、电报及电话，对中国的近代化做了不小的贡献。1906年至1907年任天津海关道兼北洋大学堂督办。

梁如浩，1863年生于广东香山县唐家村，1874年与唐绍仪等第三批幼童赴美留学，1881年初考入新泽西州斯蒂文斯理工学院。可惜的是，学业未成就于当年被清朝政府召回，后担任袁世凯幕僚。梁如浩对中国铁路事业贡献颇多，曾任山海关关内外铁路总办，1902年负责从八国联军手中接收关外铁路，在筹建"祭陵专线"铁路时，聘请詹天佑为总工程师，仅用4个月时间就修建完成了第一条由中国人筹建、设计、施工的铁路，梁如浩和詹天佑由此声名鹊起。1912年，梁如浩担任民国第二任外交总长，其间外蒙古分裂势力在沙俄操纵下，公然与俄签订《俄蒙协约》。在沙俄的外交压力下，梁如浩表示，"外蒙之事，全属内政问题。中国自有相当之办法，决不受第三者干涉"，并愤而辞职。1902年至1905年，他任唐山路矿学堂总办，践行他为铁路建设培育、输送优秀人才的梦想。1907年天津海关道梁敦彦调任驻美公使后，梁如浩接任兼北洋大学堂督办至1908年离职。

蔡绍基，1859年生于广东香山县，1872年入选中国首批幼童赴美留学。1879年，他在哈德福特高中毕业会上，就《鸦片贸易》一题发表演讲，结束语慷慨激昂，语惊四座："中国没有死，她只是睡着了，她最终将会醒来并注定会骄傲地屹立于世界！"1881年蔡绍基升入耶鲁大学学习法律，同年年底奉召回国，成为袁世凯幕下随员。北洋大学堂成立初期，蔡绍基就出任二等学堂总办。1900年八国联军侵占京津，北洋大学堂被迫停办的危难之际，蔡绍基挺身而出，肩负起再创北洋大学堂的历史使命。他以直隶总督府洋务官的身份与占领军反复交涉，积极争取复校，但侵略者拒不归还。他又临危受命，在天津西沽武库废墟上重建北洋大学堂。1903年北洋大学堂终于复校，他主持校务，学校在新址逐日扩充。1908年至1910年，蔡绍基就任天津海关道兼北洋大学堂督办。他在兼任北洋大学堂督办期间，兢兢业业，严谨治学，为学校的复兴打下了坚实的基础。

　　在这四位留美幼童的任期内，北洋大学堂发展极快，尤其是 1908 年蔡绍基出任督办之后，在学科设置、办学方向、学制、教学计划、功课安排、授课进度、讲授内容与方法、教科书、教员配备等方面，皆以美国哈佛大学、耶鲁大学为蓝本，成为当时中国兴办新式大学的楷模，被誉为"东方的康奈尔"。

6. 中国第一批大学留学生

在北洋大学的历史上创造了我国高等教育的许多第一，资送我国第一批大学生留学就是其中的一项。

北洋大学堂创建之初，就将资送毕业生留学作为学堂的主要任务之一。《拟设天津中西学堂章程》中规定学生毕业后"准给考单挑选出堂或派赴外洋分途历练；或酌量委派洋务职事"。同时，在头等学堂章程中列出"头等学堂年经费……所节省之经费，除另造二等学堂及每次考试花红外，其余积存生息，以备四年后挑选学生出洋川资经费"。1899年北洋大学堂第一批本科生毕业，原本毕业后即可赴美国留学，可是因为英法等八国联军攻占了天津，北洋大学堂被德军强占为兵营，学堂被迫停办，留学一事只能搁浅。

1901年，北洋大学堂创始人盛宣怀通过南洋公学资送北洋大学堂第一批学生赴美留学。这是中国首批大学出国留学生，是中国高等学校留学教育之始。当时，学堂设"留美学堂监督"一职，由学堂总教习丁家立兼任。丁家立亲自带领北洋大学堂第一批毕业生赴美留学。此批留学生共8名，具体情况是：

陈锦涛，字兰生，31岁，广东南海人，入美国耶鲁大学学习博物学（物理学）。

王宠惠，字亮畴，23岁，广东东莞人，入美国耶鲁大学学习法律学。

张又巡，又名煜全，字永云，24岁，广东南海人，入美国耶鲁大学学习法律学。

王宠佑，字佐臣，25岁，广东东莞人，入美国哥伦比亚大学学习矿学。

严一，又名炳芬，字锦榕，26岁，广东南海人，入美国哥伦比亚大学学习政治学。

胡栋朝，字振廷，26岁，广东番禺人，入美国康奈尔大学学习工程学（土建）。

陆耀廷，字佩黄，31岁，广东高要人，入美国康奈尔大学学习工程学（土建）。

吴桂龄，字猛舟，22岁，广东新安人，入美国康奈尔大学学习机械学。

这批留学生分别取得了硕士学位或博士学位，回国后大都成了国家的栋梁。王宠佑获哥伦比亚大学硕士学位，回国后曾任汉口炼锑公司总工程师，汉冶萍铁厂厂长等职，是我国著名的矿冶专家。张又巡获耶鲁大学法学博士，回国后曾任清华学校校长，是我国著名的教育家。

1901年至1907年我国官费留美学生总计有100余人，其中北洋大学堂就占有半数以上。他们后来大都成为我国著名的专家学者，如著名经济学家马寅初，医学家刘瑞恒，数学家秦汾，银行金融家钱永铭，冶金学家温宗禹、蔡远泽，法学家赵天麟、冯熙运，师范教育家李建勋、齐璧亭等等。

北洋大学堂出国留学生全部为公费派遣，除资送学生留美外，还有留英、法、德、日、比等国。由于北洋大学堂课程安排、讲授内容、所用教科书，均以美国著名的哈佛、耶鲁等大学为标准，故所培养的学生质量很高，从第一届毕业生起即可免试直接进入美国著名大学的研究院深造。北洋大学堂的出国留学教育不仅为中国培养了高层次人才，同时也为中国的高等教育争得了荣誉。

7. 我国第一张大学毕业文凭

1900 年初，清政府为北洋大学堂首届毕业生王宠惠颁发"钦字第一号"考凭，即中国第一张大学毕业文凭。北洋大学堂于 1895 年 10 月开办，在 1899 年完整地培养了一届本科生毕业生。获得钦字一号"考凭"的是北洋大学堂法科毕业生王宠惠。考凭中详细注明王宠惠四年所学课程，皆是西方大学中律例本科生应修课程。

阐释：

这张毕业文凭是中国的第一张大学毕业文凭。文凭颁发于 1900 年（光绪二十六年）正月，具有中国传统文化的韵味。文凭的最上方有"考凭"（即文凭）字样，文凭顶端是一个蝙蝠图案，寓意喜福。文凭下方为祥云纹饰，寓意吉祥。文凭的正文左右两侧各有两条大龙，跃出海水腾于空中，下方为海水波浪。文凭外围左右书有"钦字第壹号"字样，表明这是由当时清王朝皇家颁发的第一号文凭。

文凭正文开头书有："钦差大臣办理北洋通商事务直隶总督部堂裕为给发考评事，照得天津北洋大学堂，招取学生，由二等四班递升头等头班分年肄业。习汉洋文及各项专门之学，历年由该堂总办暨总教习、分教习随时考验，均能按照功课循序渐进。惟查该学堂于光绪二十一年（1895 年）九月间开办，当时所招学生有在原籍及上海等处曾习汉洋文，尽有造到该学堂所定功课四五年、二三年不等者，故自光绪二十二年（1896 年）起，随其学历深浅，分隶头等第四班及二等各班，现届四年期满，核与八年毕业章程仍相符合。""学生王宠惠，经本大臣复加考核，名实相符，行给付考单，俾该生执以为凭，以便因才录用。凡该生肄习各项学问，逐一开列于后，须至凭者。"

这张文凭中记载了北洋大学最早的法科课程设置。在律例学门 4 年的课程中，学生需要学习英文、八线学（三角函数）、几何学、格致学（物理）、化学、身理学（生理学）、天文学、富国策（西方政治经济学）、通商约章、律法总论、罗马律例、英国合同律、英国罪犯律、万国公法、商务律例、民间诉讼律、英国宪章、田产易主律例、船政律例、听讼法则等。在法律学门开设的 20 个教学科目中，自然科学占 6 门，人文和其他社会科学占 2 门，法律科目占 12 门。这种课程设计体现了头等学堂的办学目的，反映了盛宣怀、丁家立等人以美国耶鲁大学为蓝本的教育主张，表现出重视基础、文理并举、借鉴英美法系教学的特点。

当时的文凭分为左凭和右凭，左凭由北洋大学堂留档备查，右凭发给学生，因此，这张文凭上书有"右凭给士、学生王宠惠收执"。文凭上还记有王宠惠的曾祖父、祖父和父亲的名字，表明当时能够获得北洋大学的毕业证书是一件光宗耀祖的事情。

王宠惠字亮畴，广东东莞人。1881 年生于香港，幼年入香港圣保罗学校读书，后升入皇仁书院，在校期间成绩优秀。1895年考取北洋大学堂头等学堂的法科。1899年，王宠惠以最优成绩毕业，并获颁毕业文凭。从北洋大学法科毕业后，先后在美国加利福尼亚大学、耶鲁大学留学并获耶鲁大学法学博士学位。其后，王宠惠赴英国继续研究国际公法，并获得英国律师资格。

九、教育部和教育家对于北洋大学历史的认可

1. 教育主管部门的认可

（1）1995年10月2日天津大学百年校庆之际，国家教育委员会发来贺电。贺电原文写道："天津大学是我国近代高等教育史上建校最早的高等学府。"

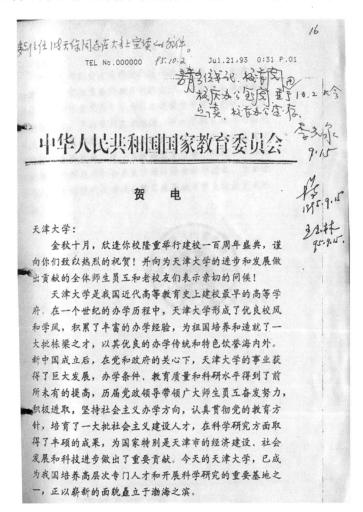

在我国向社会主义现代化迈进的世纪之交，天津大学这所百年老校担负着科教兴国的重任。国家教委热切希望你校全体师生员工在邓小平同志建设有中国特色社会主义理论指引下，坚持党的基本路线，深入贯彻实施《中国教育改革和发展纲要》，不断总结办学经验，发扬优良传统，深化学校各项改革，进一步提高教育质量、科研水平和办学效益，主动适应社会主义市场经济体制的建立，为加速我国社会主义现代化建设和繁荣高等教育事业做出更大的贡献！

一九九五年九月十四日

（2）1995年10月2日，李岚清同志在天津大学一百年校庆的讲话中指出："天津大学是我国近代建校最早的新型大学。"

（3）2000年12月25日，原教育部部长陈至立在教育部、天津市人民政府重点共建天津大学签字仪式上的讲话中指出，"天津大学有着优良的办学传统，在国内外享有崇高的声誉，天津大学的历史可以追溯到我国现代高等教育体系的发端，具有最悠久的历史"。

2013年8月3日，教育部部长袁贵仁莅临天津大学检查指导党的群众路线教育实践活动并发表了重要讲话。在讲话中，袁贵仁指出："天津大学是中国第一所大学，是当代中国最好的大学之一。"

阐释：

根据陈至立、袁贵仁部长讲话录音整理，见天津大学档案馆存档。

2. 国内教育领域专家的认同

（1）中国著名教育史学者潘懋元先生的意见：

潘懋元在《高等教育学》中指出：1895 年，津海关道盛宣怀在天津设立中西学堂，其教学内容完全不同于以"儒学"为主课的旧式学校。它除了"中学"之外，特别注意机械和法律等科目，并以外语和先进的科技为主课。该学堂的开办是由盛宣怀奏议、光绪帝亲自批准，由国家举办。学校经费由国家拨款，学生一切费用也是由国家负担。因此，天津中西学堂可看做是我国近代第一所公立大学。[①]

1958 年 8 月 13 日，毛泽东主席视察了天津大学。之所以选择天津大学视察，潘懋元先生认为：其中一个重要的原因就是天津大学不但是中国近代第一所大学，并且经过院系调整，成为当时规模最大、水平最高的多科性工业大学之一。[②]

---

① 潘懋元、王伟廉：《高等教育学》，福建教育出版社，2007 年，第 15 页。
② 潘懋元、董立平：《从"教劳结合"到"产学研"结合——纪念毛泽东主席视察天津大学 50 周年》，载于《难忘的记忆：毛泽东、周恩来、邓小平与天津大学》，天津大学出版社，2009 年。

3. 国外权威历史学家的看法

（1）美国学者费正清《剑桥中华民国史》的看法

丁家立 1886 年不再继续从事传教工作，以后的 20 年在天津从事教育活动，受到前后两任总督李鸿章和袁世凯的赞许。他于 1885 年至 1895 年任中西书院院长，从 1895 至 1906 年任天津新建的官办大学（1900 年后称北洋大学）的总教习。[①]

（2）加拿大教育史学家许美德的看法

In fact, the widely accepted date for the founding of the first modern university in most Chinese research on higher education history is 1895, when Beiyang Gongxue, the forerunner of Tianjin University was founded, followed by Nanyang Gongxue（later Jiaotong University）in 1896, and the Imperial University（Peking University）in 1898.[②]

译文：实际上，中国的高等教育史研究，普遍认为第一所中国现代大学是于 1895 年创办的北洋大学（天津大学的前身）。随后兴办的有 1896 年的南洋公学（后来的交通大学），还有 1898 年的京师大学堂（北京大学）。

阐释：

北洋大学的创立，正为民族危亡之时，是强国梦之所寄托，一开始即受到广泛关注和支持。不仅清政府、民国政府的官方文献认可北洋大学的首创意义，而且建立新中国至今，国家和领导人更加重视北洋大学（1951 年 9 月院系调整更名为天津大学）对于国家和民族所做出的贡献和影响，1995 年 10 月 2 日天津大学百年校庆之际，国家教育委员会发来贺电。贺电原文写道："天津大学是我国近代高等教育史上建校最早的高等学府。"国务院副总理李岚清在天津大学一百年校庆的讲话中指出："天津大学是我国近代建校最早的新型大学。"2000 年 12 月 25 日，教育部原部长陈至立在教育部、天津市人民政府重点共建天津大学签字仪式上的讲话中指出，"天津大学有着优良的办学传统，在国内外享有崇高的声誉，天津大学的历史可以追溯到我国现代高等

---

① ［美］费正清主编：《剑桥中华民国史》，中国社会科学出版社，1994 年，第 175 页。

② Ruth Hayhoe, China's Universities 1895–1995: A Century of Cultural Conflict, New York: Garland Press, 1996, p. 3.

教育体系的发端，具有最悠久的历史"。2013 年 8 月教育部部长袁贵仁视察天津大学指出："天津大学是中国第一所大学，是当代中国最好的大学之一。"2014 年 6 月 17 日经教育部高等学校章程核准委员会评议，教育部第 18 次部务会议审议通过《天津大学章程》，"天津大学的前身为北洋大学，始建于 1895 年 10 月 2 日，是我国近代高等教育史上建校最早的高等学府"。

　　由于北洋大学的历史地位和影响，每个时代的人都乐意将之诉诸笔墨和著作、报纸，因此从档案文献记载上看，北洋大学——天津大学作为中国高等教育划时代的产物，她的首创意义和对于中国高等教育乃至于社会发展的影响深远。有关北洋大学首创时间和机构性质的文献，从官方认可到权威学者的研究成果，历来准确而丰富，荦荦已成共识。

十、附录

北洋大学创办史实考源

（天津大学大学文化与校史研究所）

北洋大学是中国近代建立的第一所现代性质的大学，这在历史上早有定论，潘懋元等高等教育史研究专家也早有论述，但是近年来有些人对此颇有微词，为此就一些观点做出如下史实考证，并得出研究结论。更重要的是，通过对北洋大学校史的考证，了解中国高等教育初创时期的多样性探索和丰富的实践内容。

北洋大学堂建设初期的名称

北洋大学初创时期的名称应为"北洋大学堂"或"天津大学堂"。但是，在现有的教育史研究成果中使用名称多样：有的称为"中西学堂"，有的称为"西学学堂"，也有的称为"北洋大学堂"，究竟应该使用怎样的名称才符合历史事实呢？

（一）"中西学堂"的称谓见于盛宣怀草拟的办学章程

1895 年 9 月 19 日（清光绪二十一年八月初一日）盛宣怀草拟的筹划建立北洋大学的章程名为《拟设天津中西学堂章程禀》，其首行写道："拟设天津中西学堂章程，请奏明立案，禀北洋大臣王。"[1] 由此可见盛宣怀准备建立的学堂名称为"天津中西学堂"。

起名"天津中西学堂"的原因，从章程内容解读，章程中写道："光绪十二年，前

---

① 张凤来、王杰：《北洋大学－天津大学校史资料选编》（一），天津大学出版社，1991 年，第 3 页。

任津海关道周馥禀请在津郡设立博文书院，招募学生，课以中西有用之学，嗣因与税务司德璀琳意见不合，筹款为难，致将造成房屋抵押银行。蹉跎十年，迄未开办。"[1]根据章程中的文意我们可以了解到盛宣怀是要将"前任津海关道周馥"没办成的创办"课以中西有用之学"的学堂办成，因此学堂起名"天津中西学堂"。[2]

（二）"西学学堂"的称谓见于王文韶上报朝廷的奏折

1895 年 9 月 30 日北洋大臣王文韶将盛宣怀的奏折择要改拟为《津海关道盛宣怀创办西学学堂禀明立案由》，于 1895 年 9 月 30 日（清光绪二十一年八月十二日）具奏光绪皇帝审批。对比两个奏折，我们可以知道盛宣怀提议的"中西学堂"被王文韶改为了"西学学堂"，并且以此名称上报给了光绪皇帝。也就是说正式上报朝廷的学堂名称为"西学学堂"。

起名"西学学堂"的原因，从奏折内容解读，奏折中写道："所拟章程亦均周妥，应即照办。惟堂内事繁责重，必须通晓西学才堪总核之员认真经理，方不致有名无实。查二品衔候选道伍廷芳，堪以委派总办头等学堂；同知衔候补知县蔡绍基，堪以委派总办二等学堂；并延订美国人丁家立为总教习。一切应办事宜，仍责成盛宣怀会商伍廷芳等妥速办事，以免因循虚旷岁月。"[3]根据奏折中的文意我们得知该学堂的办学内容以西学为主，学堂分为头等学堂和二等学堂，头等学堂"此外国所谓大学堂也"，为"不致有名无实"故而安排"通晓西学"的要员负责学堂事务。伍廷芳，1874 年自费留学英国，后获法学博士学位；蔡绍基，1872 年首批留美幼童，入耶鲁大学学习法律；丁家立美国人，本科毕业于达特茅斯学院（Dartmouth College），硕士学位在欧柏林神学院（Oberlin Theological Seminary）获得，1882 年来华，1886 年在天津开设"中西书院"。这些人都是清末为数不多的"通晓西学"的人才。学堂所设学门为法律、工程（土木）、机械、冶金，皆为西学；开设课程皆为西学课程；聘请的教师多为欧美日俄或有留学国外经历的中国教员；管理人员也皆为留学归国人员，改称"西学学堂"准确地反映了学校的西学性质和办学层次。[4]

对于"西学学堂"的名称，在清朝记载北洋大学创办的文件中还有这样的记述，《光绪皇帝实录》载："直隶总督王文韶奏。津海关道盛宣怀倡捐集资创办西学学

---

① 张凤来、王杰：《北洋大学 – 天津大学校史资料选编》（一），第 4 页。
② 《教务杂志》，The Chinese Recorder, v. 28. p. 577.
③ 张凤来、王杰：《北洋大学 – 天津大学校史资料选编》（一），第 18 页。
④ 张凤来、王杰：《北洋大学 – 天津大学校史资料选编》（一），第 19 页。

堂。请饬立案。下所司知之。"清军机处随手档载:"朱批王折报四百里马递发回……六、津海关道盛宣怀创办西学学堂禀明立案由。"① 由此可见,北洋大学堂在创办过程中皆被称为"西学学堂",而非"中西学堂"。

(三)"大学堂"的称谓见于政府批文和英文报纸的报道。

目前,我们所见到的光绪皇帝的批准是在王文韶奏折上朱批"该衙门知道"五个字,那么"大学堂"的称谓是怎么来的呢?

《直报》1895 年 11 月 8 日刊登的清政府颁布的"劝令加捐"文告中写道:"钦命头品顶戴监督天津新钞两盐北洋大臣,冀长办直隶通道事务兼管海防兵备道盛(宣怀),为晓谕事查前因天津设立头等、二等大学堂经费浩繁,曾经该道具详于博文书院三厘米捐之外加捐二厘已奉,奏准每石收银五厘籍充学堂经费,当经本道委员劝令粮商遵照去后兹据津郡众粮商公议情愿加捐前来除详情,督宪查核立案并秉批示外合函出示晓谕,为此示仰粮商人等知悉,自本年九月十五日起,无论有无护照,凡系商贩米麦进口,每石一律捐银五厘毋得违抗,切切特示。"② 在学堂成立的第二个月的政府文告中即称为"大学堂",这是目前看到的文献记载着最早使用"大学堂"的政府文件。说明朝廷承认了盛宣怀所拟办学章程中的提法:头等学堂"此外国所谓大学堂也",并同意了经费的使用建议。

1895 年 12 月 7 日英文版的《京津泰晤士报》刊登了采访北洋大学的文章,英文标题为 "A visit to the Tientsin University"(北洋大学堂见闻)。文章开头:"This institution, established under official sanction, has now been opened about a fortnight. The arrangements are fairly complete for commencing the first year's studies, though there has not been time to secure the services of the six Professors, whom it is proposed to appoint in addition to the President. The aim of the promoters was to admit 120 youths for the first year, in four classes of thirty each, taking only such as had already a working knowledge of English. About 95 have been already secured. They have been selected by examinations held in Tientsin, Shanghai and Hongkong. At present they are divided into four classes, each under the charge of a competent native teacher. The students are in class from 8:30 a.m. to noon in the morning, and from 2 p.m. to 5:50 p.m. in the afternoon. They have in addition evening studies from 8 p.m. to 10 p.m.

---

① 张凤来、王杰:《北洋大学 – 天津大学校史资料选编》(一),第 20 页。
② 王杰、祝士明:《学府典章》,第 136 页。

... The course of study is to include, in the Preparatory Grade: the English Primer, Reading, Grammar, Letter-writing, Translation, Arithmetic, Mensuration, Algebra, Geography, Plane Geometry, English Composition, the Elements of Science and History; in the College Grade: a very comprehensive course in Physics, Solid and Spherical Geometry, Drawing, Chemistry, Astronomy, Botany, Biology, Mineralogy and Geology, Political Economy, International Law, with special courses in Civil, Electrical, Mining and Mechanical Engineering. Liberal allowance is made for the board of the students, with not ungenerous allowances for incidental expenses; and they will be admitted, now that the College and Preparatory School are founded, by examination in Chinese, and, for the first few years, without Fees." [①]

译文如下:

"该机构获得官方许可创立,从开学到现在已经有两个礼拜了。该校现在所作的准备,基本够第一年学习活动之用;原本在聘任总教习(President)之外,又拟聘任六位教授(Professor),但时间仓促,还未能如愿。最初创校人计划第一年招收 120 名学生,平均分成 4 个班,英文要稍有基础。天津、上海和香港三地都设有考场,通过考试选拔共已招到 95 名学生。目前这些学生分成 4 个班,各由一名中籍教师管理。学生上课从早上八点半至正午,从下午两点至五点半,有时晚上八点到十点也有课。

……二等预备学堂的课程有:英文基础、阅读、语法、书信写作、翻译、算术、测量、代数、地理、平面几何、英文写作、科学与历史基础知识;高等学堂(College Grade,或可译为学院级别)的课程有:基础物理、立体与球面几何、绘图、化学、天文学、植物学、生物学、矿物与地质学、政治经济学、国际法、还有较专门的土木、电气、采矿和机械工程学的课程。住宿学生的补助都很优厚,其他的杂费支出也不少。现在头等和二等学堂都已创立,要入学的话,都要通过考试,顺利入学的,前几年无需费用。"

由以上内容可知,这篇文章采访于北洋大学堂成立两周后。而且当时头等学堂和二等学堂均已创立。由记录下来的有关课程的目录可见:二等预备学堂的课程,都是中学水平的基础课程,但这是为了培养适合进入高等学堂的学生;而高等学堂所开办的课程,已经属于较完整的综合性大学的课程体系。

---

① 《京津泰晤士报》,1895 年 12 月 7 日,第 367 页。

文章结尾对于盛宣怀在如此短的时间里建成西方式的大学表示了肯定和赞赏，并用中国文字表述为"北洋大学堂"。原文如下："While the appointments are by no means as elegant and complete as characterize a Western University，they are everything that could be desired for utility，cleanliness and success，and it is most creditable that so much has been accomplished at such short notice. Great praise is due to the Customs Taotai H. E. Sheng to the Directors and to the President for the successful inauguration of what in Chinese language will be called the 北洋大学堂 ." ①

译文如下：

"虽然现在的安排，比起严格意义上的西方大学来说，谈不上精致和完整，但论效能和整齐的程度，大致令人满意，可以算是很成功的了，尤其在这么短的时间内办成这么多事，更值得赞许。多亏了道台盛宣怀、学堂总办和总教习的努力，才有这所高校（中文称为"北洋大学堂"）的成功创办。"

1896 年英文版《教务杂志》先后两期刊登了有关北洋大学堂的内容，其中一篇写道：

"As the traveler approaches the emporium of the north on his way to the Imperial capital his attention is arrested by a conspicuous pile of building on the banks of the Peiho. That is the nucleus of a new university, now under the presidency of an American（Mr. C. D. Tenney）." ②

译文如下："旅行者若穿过北方的这个商业重镇到首都去，会被海河沿岸这一系列显眼的建筑所吸引。这就是新成立大学的核心区域，总教习是美国人（丁家立）。"

从以上举例可以看到北洋大学成立后即被称为"大学堂"或"北洋大学堂"。中国政府和外国媒体都承认其为"大学堂"。从目前查阅到的资料看，在北洋大学堂成立之前没有学校使用"大学堂"的称谓，在 1898 年京师大学堂建立之前，凡使用"大学堂"字样的唯有"北洋大学堂"一所学校。

既然学校建立名称就是"北洋大学堂"，那么为什么在 1990 年出版的《北洋大学 – 天津大学校史》第一卷中有这样的表述："1895 年创办时名为'天津北洋西学学堂'，1896 年更名为'北洋大学堂'。"原因是编写校史第一卷时上述资料尚未发现，根据刘仙洲校长考证校庆纪念日的文章推断"说明 1917 年之前已称为'北洋大

---

① 《京津泰晤士报》，1895 年 12 月 7 日，第 367 页。

② 《教务杂志》，The Chinese Recorder, v. 28. p. 383.

学堂'"①。

根据以上资料可以客观反映的历史事实是：

1895 年 9 月 19 日盛宣怀草拟的章程中学校名称为：天津中西学堂；1895 年 9 月 29 日北洋大臣王文韶的奏折中学校名称为：西学学堂；1895 年 10 月 2 日光绪皇帝批准后政府称学校为：大学堂。这一名称得到了国外媒体的认可。并认为这就是中国近代第一所现代性质的大学。

北洋大学堂的校名，来源自学校建立之日，因此可以确定：学校创建之初名称即为"北洋大学堂"。根据《上海图书馆藏盛宣怀档案萃编》所撰写的北洋大学条目"天津头等学堂，亦称北洋头等学堂、天津大学堂、北洋大学堂，光绪二十一年八月十四日创立，是中国第一所新式大学"②，以上称谓罗列了盛宣怀档案中的提法，因此称为大学堂是没有异议的。

从 1900 年颁发的第一届毕业生考凭，到 1911 年所发毕业文凭，所盖学校印章皆为"监督北洋大学堂事务之关防"，这是国家批准使用的公章，因此学校名称根据公章名称确定建校名称为"北洋大学堂"是正确的。

① 张凤来、王杰：《北洋大学 – 天津大学校史资料选编》（一），第 39 页。
② 上海图书馆：《上海图书馆藏盛宣怀档案萃编》（下），第 386 页。

北洋大学建立的历史条件

任何事物的产生都有其客观条件，中国近代大学的产生也不例外。"中国的高等教育具有悠久的历史，但近代中国高等教育的产生和发展并不是中国社会内部和中国古代高等教育自身演进的逻辑结果，促使近代中国高等教育产生和发展的基本动力，首先是由于西方列强对中国的入侵所造成的深重的国家和民族危机。洋务学堂的兴起和后来大学堂的建立，无一不与中国人当时对国际和国内政治、军事形势的认识直接相关。因此，近代中国高等教育的产生与发展，并不是主动进行的，而是'被迫'进行的。"[1] 要准确地认识北洋大学的建立，必须清楚地了解当时"被迫"形成的历史条件和社会环境，这又集中反映在 3 个要素上：第一，时间节点；第二，关键事件；第三，思想认识。

首先从时空坐标上查考，现代性质的大学在中国作为一件新生事物，它的诞生一定发生在特定的时空节点上。潘懋元先生讲，中国的现代教育是"后发移植型"。"后发"是指晚于欧美国家，"移植"是指向国外学习的结果，而不是我国传统教育的延续。"后发"提出了时间要素，"移植"提出了产生的空间原因。

中国现代教育"后发"的时间起点是 1843 年。"移植"的第一个原因是 1840 年鸦片战争的爆发，其后 1842 年签订《南京条约》及 1843 年签订《虎门条约》，英国取得五口通商特权，开始在通商口岸建立教会学校。史实告诉人们，在 1840 年这个时间节点和第一次鸦片战争这个空间事件之前中国没有现代性质的学校，换言之，如果说哪所现代性质的学校建立于 1840 年第一次鸦片战争之前，那是"时空穿越"的神话。

人的思想也是受到时空制约的，表现出特有的时代特征。正是在第一次鸦片战争和第一批条约签订的影响下，中国的有识之士开始"睁眼看世界"，提出"师夷之长技以制夷"，开始有了学习西方"坚船利炮"的要求。这一时期人们的思想认识还处于对西方的直观的、物质表象的认识层面，并没有对西方现代教育有所认识，这样的思想认识与当时刚刚打开国门的历史环境是相吻合的。

"后发"的第二个时间起点是 1860 年。"移植"的第二个原因是第二次鸦片战争

---

[1]　方增泉:《近代中国大学（1898—1937）与社会现代化》，北京师范大学出版社，2006 年，第 5 页。

爆发，1860 年之后签订了一系列不平等条约，清政府和社会上层开明人士反思战争失败的原因，眼界进一步开阔，意识到在西方"坚船利炮"背后的是国家的富强，"洋务运动"兴起，开始"求富""求强"。1861 年亲身经历了两次鸦片战争的上海同文馆创始人之一的冯桂芬，陆续发表了《采西学议》和《改科举议》，代表了当时有识之士的先进思想。他指出西学中"算学，重学，视学，光学，化学等，皆格物至理；舆地书备列百国山川、阨塞、风土、物产，多中人所不及"，"今欲采西学，宜于广东、上海设一翻译公所"，强调"以中国之伦常名教为原本，辅以诸国富强之术"，[①]开始将目光注意到西式教育，并表现出"中体西用"的思想。基于此种认识，在洋务运动的实践中，中国人开始自己培养实业需要的翻译和技术人才，一批"西文""西艺"类新式学校建立，中国才有了自己开办的现代性质的学校和教育机构。对于现代教育的认识，近代中国存在着一个逐步深化的过程，首先是一个从无到有的发展过程。史实告诉人们，在 1860 年这个时间节点和第二次鸦片战争这个空间事件以前，中国没有自己开办的现代性质的学校，换言之，如果说哪所由中国政府自己建立的现代性质的学校开办于 1860 年之前，那也是"时空穿越"的神话。

"后发"的第三个时间起点是 1895 年。"移植"的第三个原因是中日甲午战争爆发，1895 年 4 月 17 日《马关条约》签订，宣布了以"求富""求强"为目标的洋务运动的失败。国人受到空前未有的打击和屈辱，总结失败教训、探求强国之策成为举国上下的行动和目标。随即，光绪皇帝发出《强国诏》，"当此创巨痛深之日"，"图自强而弭隐患"，[②]面向朝野征求"自强""求治"之策。1895 年 5 月维新派代表康有为等人"公车上书"，主张改良政体，"废科举，兴学校"，批判"中学"提倡"西学"。洋务派也在反思洋务运动的失败教训。长期从事洋务运动的盛宣怀指出："日本援照西法，广开学堂书院，不特陆军海军将弁皆取材于学堂；即外部出使诸员及制造开矿等工亦皆取材于学堂"，"仅十余年，灿然大备"，"中国智能之士，何地蔑有，但选将才于俦人广众之中，拔使才于诗文帖括之内。至于制造工艺皆取材于不通文理不解测算之匠徒，而欲与各国絜长较短，断乎不能"，"自强首在储才，储才必先兴学"，"职道之愚，当赶紧设立头等学堂、二等学堂各一所，为继起者规式"，头等学堂"此外国所谓大学堂也"。[③]正是由于甲午战争"唤起吾国四千年之大梦"，是"中国近代民

① 陈学恂：《中国近代教育文选》，人民教育出版社，1983 年，第 17 页。
② 张凤来、王杰：《北洋大学－天津大学校史资料选编》（一），第 3 页。
③ 张凤来、王杰：《北洋大学－天津大学校史资料选编》（一），第 3—4 页。

族觉醒的新起点"，中国人才有了开办高层次的新式大学的认识。"兴学强国"建立大学是清末国人选择的一条救国之策，因此才有了1895年北洋大学堂的建立、1898年京师大学堂的建立。史实告诉人们，在1895年这个时间节点和甲午之战这个空间事件以前，中国没有自己开办的现代性质的大学，换言之，如果说哪所由中国人自己建立的现代性质的大学开办在1895年之前，那肯定也是"时空穿越"的神话。

在中国，现代性质的教育的出现是一个逐步形成的过程，展开历史长卷，沿着时间轴阅读，可以清晰地认识这个过程。中国近代教育中教会学校的建立起源自第一次鸦片战争之后，地点在香港等第一批开埠之地；中国人自己开办的"西文""西艺"类新式学校起源自第二次鸦片战争之后，地点以第二批开埠之地为主；现代性质大学的建立在1902年省立大学堂建立之前，只有津京两地的北洋大学堂和京师大学堂。为什么这两个地方能成为中国近代大学的起源之地呢？我们将建立大学的历史事件回放到当时的时间、地点就可以理解为什么中国近代第一所大学建立在天津，而不是其他地点。这与天津当时的地理位置和领先于全国其他地区的发展状况有关，在中国近代史上有"近代中国看天津"的提法。

北京师范大学教育学者方增泉教授在《近代中国大学（1898—1937）与社会现代化》一书中提出："大学是工商文明的产物。尽管大学在各国产生的具体环境和条件有很大的差异，但其产生的动因可以集中于两点：第一，外部原因——政治上的分权、城市的发展和市民阶层的出现，提供了政治、经济基础和举办者；第二，内部原因——市民阶层对新知识的渴求，产生了创办大学的内部需要。"[1] 无论外部原因还是内部原因，都说明大学的产生需要具有工商业较为发达的环境和用人市场。甲午之战前后的天津在中国优先具备了这样的条件。

19世纪初，英国开始向中国大量走私鸦片，天津则是中国北方最大的走私口岸和贸易市场。第二次鸦片战争，天津被开辟为通商口岸。洋务运动发起后，天津是洋务运动的大本营，洋务运动的领袖人物李鸿章在天津经营20多年，使得天津成为开国家风气之先的实验区。随着商贸的繁荣，天津成为中国北方最大的贸易港口和工商业大城市。天津不仅经济发达而且地理位置重要，是清政府所在地——北京的门户。为此，清政府在天津设立了专职的"三口通商大臣"和直隶总督，此后，中国的外交中心由上海转移到天津，天津的政治、经济、军事地位骤然上升，成为全国的第一重镇。

---

[1] 方增泉：《近代中国大学（1898—1937）与社会现代化》，第6页。

19世纪，天津建立的许多工厂企业创造了中国之最，标志着中国近代工业在天津的萌发。1867年天津开办机器局，1878年成立了运用西法开采的开平矿务局，1880年成立了天津电报总局，1888年天津修筑了第一条铁路，1890年天津成立了"北洋官铁路局"，等等。其中，天津机器局、开平矿务局等是一批举国闻名的大型工矿企业。此时还有许多外国企业在天津投资建厂，据统计，1895年到1919年间，国外企业在天津建厂近60家，行业包括造船厂、机器厂、电灯厂、发电厂、面粉厂、化工厂等等。

此时的天津也是中国北方最大的金融中心。1880年英国在天津开设了汇丰银行，1895年英国又在天津开设了麦加利银行，1896年俄国在天津开设了华俄道胜银行，1897年德国在天津开设了德华银行，1899年日本在天津开设了正金银行，等等。

为了拱卫京畿，清政府投入巨资在黄渤海成立了当时装备先进的北洋水师，设立了培养海战人才的天津水师学堂。同时，为培养新式陆军人才成立了天津武备学堂。19世纪末的天津，成了近代中国工业、金融、商贸最发达的地区，又是政治、军事、文化重镇。而且相比于北京，天津开放而较少保守，天津先进而较少落后，天津现代而较少传统，天津工商文化发达而较少受到封建文化的桎梏。繁荣而先进的社会需要大量具有高等教育水平的人才，这也为受过高等教育的人才提供了市场。19世纪末的天津被称为华夏第一重镇，在中国率先具备了工业社会的发展因素，相对发达的经济、文化，为中国高等教育的产生营造了必要的环境。

19世纪的天津隶属于直隶省，该省是清末唯一的一个西学教育系统相对最为完善的省，这也为大学的产生提供了教育基础。高等教育之所以作为人类教育的最高层次，不可能是空中楼阁，他必须有初级教育和中级教育作为基础。天津是中国近代教育建立最早的城市之一。据统计在1842年《南京条约》签订以后，到1860年第二次鸦片战争结束之前，各国教会在广州、上海、福州等五个通商口岸建立的教会学校有50所左右，天津也建有美国基督教的学校。第二次鸦片战争之后天津成为北方洋务运动的中心，为了适应洋务运动的需要，具有中等教育水平的军事学堂、技术学堂应运而生。

1880年，李鸿章在天津开办天津电报学堂。随着电报业的发展，到1895年电报学堂已经具有相当的规模，在校学生有50人，师资力量雄厚。学堂开设的课程有：电报实习、基础电信问题、仪器规章、国际电报规约、电磁学、电测试、各种电报制度与仪器、铁路电报设备、陆上电线与水下电线的建筑、电报线路测量、材料学、电报地理学、数学、制图、电力照明、英文和中文等。北洋电报学堂的成功创办为我国近代中等工业技术学校树立了榜样，同时为我国高等工程教育的建立铺垫了基础。

1881 年天津开办了北洋水师学堂。北洋水师学堂"实开北方风气之先，立中国兵船之本"，是我国最早的军事专科学校和海军军官学校。北洋水师学堂分设驾驭、轮管两门。课程开设有：英文、地舆图说、算学至开平立诸方、几何原本前六卷、代数至造对数表法、平弧三角法、驾驶诸法、测量天象、推算经纬度诸法、重学、化学、格致等西学课程。以上课程用时四年，结束之后由北洋大臣大考，考试合格派上船实习一年。在船上一年的实习如果所习诸艺都能通晓，则准以参加春、秋两次考试，两次考试，如皆能通过，准保以把总后补。北洋水师学堂的一些教学内容、教学方法和教学环节，已经具备了近代高等教育的要素。

1885 年天津开办北洋武备学堂。北洋武备学堂为中国陆军学校，"仿照西国武备书院之制，设立学堂，选派德国人充当教师"。学堂的教学内容分为学科和术科，学科属于知识的学习，主要内容有：天文、地舆、格致、测绘、算化诸学、炮台营垒新法等；术科属于技术的培训，主要是在军营实习中学习，包括操习马队、步队、炮队，及行军布阵分合攻守诸式。"学"与"术"并重的教育思想是德国教育家洪堡的重要思想，也是德国开创的现代大学教育的理念。1890 年，北洋武备学堂还增设了铁路工程科。

1894 年天津开办北洋医学堂。天津开设的这些学堂，主要是以培养军事人才和技术人才为主，虽然性质属于"一般技艺传习"的职业技术教育的专科学校，但是开西学之新风，其重视自然科学和重视对于实用技术人才的培养，不仅为其后新式教育的发展进行了可贵的探索，也为我国高等教育的建立铺垫了基础和积累了宝贵的经验。这些学堂对于中国现代教育的影响，对于中国建立现代大学的影响为教育史研究者所共识。

更重要的是天津具有对于现代教育认识深刻的教育家，他们的思想在当时的中国处于领先水平。其中的两位重要人物为严复和盛宣怀，他们的远见卓识和首创精神，致使中国近代第一所大学得以在天津建立。

严复是 19 世纪中国向西方寻找真理的先进代表之一，也是系统地在中国传播"西学"的资产阶级启蒙思想家和翻译家，是中国近代颇有声望的教育家。严复极重视教育，曾被人们列为近代中国 12 个教育人物之一。

严复曾留学英国，有机会学习自然科学和阅读著名资产阶级思想家们的著作，并且了解当时英、法等国资本主义社会的情况。由此奠定了他的资产阶级民主主义思想和资产阶级教育思想。严复1879年回国，1880年开始先后任天津北洋水师学堂总教习、会办、总办等职，长达20年之久。严复的教育业绩与天津近代教育事业的发展有着直接的密切的联系。严复作为中国资产阶级启蒙思想家和教育家，其教育思想独具特色。他曾接受洋务派的影响，却又反对洋务派维护封建统治所采取的"中学为体，西学为用"的思想；他与康有为、梁启超共同倡议"变法维新"，并从文化教育上寻求根本出路，持"教育救国"的改良主张，然而又不同于康、梁的托古改制，而直接诉诸"新学""西学"，反对"旧学""中学"。他是中国近代第一个系统介绍西方教育思想制度的思想家。严复的教育思想在当时起到了特有的启蒙作用，具有鲜明的进步意义和特色。严复提出了著名的"西学救亡"论，主张推行西方教育以救国，将教育与挽救民族危亡，国家富强紧密联系起来，认为教育是"救亡图存"，使国家富强的基本手段。严复主张教育救国同提倡"西学"是密切相连的，认为只有用"西学"代替"中学"，认真学习西方资本主义国家先进的东西才是"救亡图存"的正确道路。西方资本主义国家之所以富强，不仅是因为他们船坚炮利，而主要是由于他们的文化教育和科学技术发达。而中国之所以贫穷受人欺侮，是由于封建文化教育禁锢了人们的头脑，阻碍了社会进步。严复指出："天下理之最明而势所必至者，如今日中国不变法则必亡而已。然则变将何先？曰：莫亟于废八股。"随后他指出八股的三大害处：锢智慧、坏心术、滋游手。"西洋今日，业无论兵农工商，治无论家国天下，蔑一事不资于学"，"救亡之道在此，自强之谋亦在此"。[1]严复主张的"西学救亡"论和同在天津的盛宣怀提出的"兴学强国"论内涵是同样的。严复的教育思想与主张，在当时的中国是先进的。他的许多有关教育的言论和思想是在天津著述、发表的，这无疑对天津教育的发展产生了巨大的影响。

与严复同时代的另一位教育家，是时任天津海关道的洋务派实力人物盛宣怀。唐文治曾经这样评价盛宣怀："当世论公政绩者，曰轮船、铁路、邮电，而公实以学校作根砥。"[2]一语中的说明了盛宣怀对于教育的重视程度。盛宣怀认为教育是救国、强国之本，应"参用西制，兴学树人"，这一认识与严复的"西学救亡"论如出一辙，在当时是不同凡响的。查阅史料可知，1986年张之洞在《劝学篇》中还在强调"中学治身心，西学应世事"的"中学为体，西学为用"原则，1898年京师大学堂还在

① 陈学恂：《中国近代教育文选》，第188、197、199页。
② 叶取源：《盛宣怀在中国教育史上的创举》，《上海交大报》，2004年5月，第31期。

遵循此原则办学，1903 年清政府颁布的学制之中还在要求"无论何等学堂，均以忠孝为本，以中国经史之学为基"。[①]而盛宣怀却主张"参用西制，兴学树人"，深刻地认识到"自强首在储才，储才必先兴学……伏查自强之道，以作育人才为本；求才之道，尤宜以设立学堂为先"[②]，提出了教育救国的主张。由此可见，长期工作在洋务运动第一线的盛宣怀，对于西方富强的根本原因的认识和对新式教育的认识比同时代的人深刻得多。

盛宣怀不仅是教育思想家，更是教育实践家。他先后创建了北洋大学和南洋公学。在《拟设天津中西学堂章程禀》和《津海关道盛宣怀创办西学学堂禀明立案由》中，盛宣怀阐明了对于新式大学办学模式和人才培养模式的具体设想。他提出："拟请设立头等学堂、二等学堂各一所以资造就人才。惟二等学堂功课，必须四年方能升入头等学堂。头等学堂功课，亦必须四年方能造入专门之学。"[③]头等学堂"此外国所谓大学堂也"，"至第四年头等头班三十名，准给考单，挑选出堂，或派赴外洋分途历练"。[④]在筹建计划的经费预算中就已经为出国留学准备了资金，"积存生息，以备四年后挑选学生出洋川资经费"[⑤]。

1900 年八国联军入侵京津，北洋大学堂校址被德军侵占，学校被迫停办，但是盛宣怀还是通过南洋公学于 1901 年资送北洋大学堂第一批毕业生赴美留学，分别入美国耶鲁大学、康奈尔大学等学校深造，这是我国第一批大学本科出国留学生。即便用今天的眼光来看，也不能不佩服盛宣怀在人才培养上的执着和远见卓识。

严、盛虽然分属维新派和洋务派，但是其"教育救国"、提倡西学、培养"学以致用"的现代人才的教育主张是相通的。盛宣怀被称为"中国近代高等教育之父"，是因为他是创办中国大学的实践者、先行者。当清朝末期许多人还禁锢在"中学为体，西学为用"的思想之中，甚至为这一思想津津乐道时，严复提出了"西学救亡"论，盛宣怀提出了"参用西制，兴学树人"的教育思想和"兴学强国"的教育主张，正是因为他们有超乎常人的眼光，才有了超乎常人的举措——创建中国的现代性质的大学。

创建大学的具体过程，更体现了盛宣怀的办事精神和能力。甲午战后，国库空虚

---

① 舒新城：《中国近代教育史资料》，人民教育出版社，1981 年，第 195 页。
② 张凤来、王杰：《北洋大学－天津大学校史资料选编》（一），第 3 页。
③ 张凤来、王杰：《北洋大学－天津大学校史资料选编》（一），第 16 页。
④ 张凤来、王杰：《北洋大学－天津大学校史资料选编》（一），第 17 页。
⑤ 张凤来、王杰：《北洋大学－天津大学校史资料选编》（一），第 7 页。

且又百废待兴，"现值国用浩繁，公款竭蹶，事虽应办，而费实难筹"①，朝廷没有钱建立大学，当时盛宣怀在天津任海关道，北洋大学堂开办耗资巨大，"头等学堂每年需经费银三万九千余两，二等学堂每年需经费银一万三千余两，共需银五万二千两左右"②，但兴办新式大学又刻不容缓，盛宣怀想尽办法，从多条渠道筹措办学经费。经费主要来源于国家收入的重要组成部分——财政税收及电政收入。盛宣怀提出："职道查津海钞关近年有收开平煤税，每年约库平银一万四五千两，为从前所无之税款，似可尽数专提，以充学堂经费。又天津米麦进口自光绪十九年禀明每石专抽博文书院经费银三厘，每年约收捐银三四千两，拟每石改收五厘，亦不为多。又电报局禀明由天津至奉天借用官线递寄海兰泡出洋电报，每字津贴洋银一角，电线通时，每年约计应交洋三四千元。营口一带线断之后，已经停止。嗣后锦州至奉天改造商线，仅借用天津至锦州官线一段占费更微。拟令电报局（盛宣怀当时为电报局、轮船招商局总办）以后不计字数，每年捐交英洋之万元。又招商局运漕由沪至津轮船，向系援照沙宁船成案，装运土货例准二成免税，藉以抵制洋商，拟令招商局以后在承运溜粮运脚免税项下，每年捐交规银二万两。以上合计每年捐银五万二千两左右，全数解交津海关道库存储，专备天津头等二等学堂常年经费。"③此奏经光绪皇帝批准专备北洋大学堂经费。至于学校创办之初，所需购买仪器设备、书籍等项，及聘请教习川资，创办应用之款，不在常年经费之内。经奏准动用光绪十九年至二十一年四月米捐存银八千余两。为此才有了《直报》1895年11月8日刊登的清政府颁布的"劝令加捐"文告。由此可见创建北洋大学堂之艰难，不是盛宣怀这样的洋务派实力人物根本无法作为。

北洋大学堂的创建采取了特事特办、急事急办的方法，因为是甲午之后清政府急于寻找救国之策的关键时刻，洋务派利用余势的特殊条件，先行一步在中国当时最开放的天津建立起现代大学。具体细节是：清军机处随手档记载："朱批王折报四百里马递发回——津海关道盛宣怀创办西学学堂禀明立案由。"④"四百里马递发回"说明建立北洋大学堂在当时是急事急办，速报速办没有丝毫耽搁，也反映出光绪皇帝寻求强国之策的迫切心情，他十分赞成奏折中提出的"造就人才尤当以学堂为急"的建议，迅速批准了王文韶的奏折，没有拖泥带水

---

① 张凤来、王杰:《北洋大学 – 天津大学校史资料选编》(一)，第5页。
② 张凤来、王杰:《北洋大学 – 天津大学校史资料选编》(一)，第5页。
③ 张凤来、王杰:《北洋大学 – 天津大学校史资料选编》(一)，第5页。
④ 张凤来、王杰:《北洋大学 – 天津大学校史资料选编》(一)，第20页。

　　没有拖延的另一个原因是奏折通过军机处上报而不是通过正常的总理事务衙门。为什么北洋大学堂的建立是通过军机处直接上报光绪皇帝朱批，而不是通过总理事务衙门按照政务程序上报？明清史专家阎崇年在《大故宫》一书中这样介绍军机处的作用："作为改革君主的雍正帝，为加强皇权，采取许多措施，……其中，建立了一项前无古人的重要机构——军机处。""为什么要设立军机处呢？雍正四年，因西北用兵，为紧急处理军务，考虑'以内阁在太和门外。僚直者多，虑泄露事机，始设'"，"以期'入直承旨，办事速密'"。"军机处与内阁有什么不同呢？军机处与内阁，既有联系，又有区别：军机处办理重大机密事务，内阁则办理日常行政事务。……清制，皇帝谕旨下达，分明寄和暗寄两种：明降谕旨，交内阁办，由内阁通过行政系统下达；暗降谕旨，如朱批奏折，由军机处密封后交兵部，传递到当事官员手里，不经中间环节，一竿子插到底。""军机处是一个力求准确贯彻皇帝旨意的御前机要处、秘书处。"①

　　读了这段文字，我们就好理解朱批"该衙门知道"的含义。随手档给予我们的信息，与阎崇年先生的清史解读是一致的。甲午战争失败后，《马关条约》的签订，"使中国面临着空前的民族危机"，举国上下群情激愤，光绪皇帝颁布《强国诏》急切寻求救国之策。正是在这样的背景下，北洋大学堂的建立是作为救国之策的"重大机密事务"通过军机处直接上报光绪皇帝的。光绪皇帝朱批后，又直接以重大机密的形式"四百里马递发回"北洋大臣王文韶，而后即刻开学。

　　厘清历史可以清楚看到，中国近代第一所大学能在天津创建绝非偶然，那真是天时、地利、人和诸因素的具备。

　　而京师大学堂的建立就没有如此得天独厚的条件。北京乃满清"龙兴"之地，封建保守势力的大本营，在此建立一所现代性质的大学，绝非易事。京师大学堂的建立就是一波三折。

　　首先，京师大学堂的创建背景与北洋大学堂不同。北洋大学堂是甲午战败后洋务派响应光绪帝《强国诏》提出的救国之策，应急之举，因此有"四百里马递发回"的紧急，有通过军机处奏办的渠道，有直接朱批的结果，表现出特事特办的救国之策的特点。而京师大学堂则是"维新变法运动的产物"②。

　　1896年6月，刑部左侍郎李端棻在维新派影响下，奏《请推广学校折》，第一

———————————

　　①　阎崇年：《大故宫》（2），长江文艺出版社，2012年。
　　②　王学珍：《北京高等教育史》，中国广播电视出版社，2010年，第131页。

次提出在京师设立大学堂,"京师为首善之区,不宜因陋就简,示天下以朴,似当酌动币藏,以崇体制"①。此后在京城建立大学的提议得到许多大臣的响应。如姚文栋呈上《京师学堂条议》,提出:"东西洋各国都城,皆有大学堂,为人材总汇之所,每年用费至二三十万之多。盖以京师首善,四方之所则效,万国之所观瞻,故规模不可不宏,而教法不可不备。"②随后有管学书局大臣孙家鼐上奏《议复开办京师大学堂折》等,就连此时在中国的美国传教士李佳白也上书清廷《拟请京师创设大学堂议》提议在京城设立总学堂:"京师者,人心与首也,提纲挈领,则势如建瓴","京师总学堂之设,又乌可须臾缓哉?"③1898年初,康有为在《应诏统筹全局折》中再次提出"自京师立大学,各省立高等中学,府县立小学及专门学"④,并建议于内廷设"学校局"专管此事。在这样的一种朝野热议的局面下,京师大学堂的建立被列为光绪皇帝维新变法的内容之一。

1898年2月,光绪皇帝发出上谕:"京师大学堂,选经臣工奏请,准其建立,现在亟需开办,其详细章程,着军机大臣,会同总理各国事务衙门王大臣,妥筹具奏。"⑤6月11日,光绪帝下《明定国是诏》,诏书重申:"京师大学堂为各行省之倡,尤应首先举办。着军机大臣、总理各国事务衙门大臣,会同妥速议奏。"⑥时隔数日,光绪皇帝于6月26日再次发出上谕:"兹当整饬庶务之际,部院各衙门承办事件,首戒因循。前因京师大学堂为各行省之倡,特降谕旨,令军机大臣、总理各国事务王大臣会同议奏,即着迅速复奏,毋再迟延。其各部院衙门,于奉旨交议事件,务当督饬司员,克期议复。倘再仍前玩愒,并不依限复奏,定即从严惩处不贷。"⑦严令军机处和总理衙门速按要求开办京师大学堂。

从京师大学堂的开办过程我们可以了解到"中国当维新之始,京师为首善之基",在京师进行维新十分艰难,顽固派对京师大学堂的建立采取拖延的策略,久议不决,决而不办。京师大学堂开办后"靡费过甚",光绪皇帝不得不下旨整顿。百日维新失败后,大学堂虽保存下来,但是学生皆为八旗子弟或候补京曹,教师皆为腐儒,大学

---

① 王学珍:《北京高等教育史》,第131页。
② 王学珍:《北京高等教育史》,第133页。
③ 王学珍:《北京高等教育史》,第131页。
④ 王学珍:《北京高等教育史》,第134页。
⑤ 北京大学校史研究室编:《北京大学史料》(一卷),北京大学出版社,1993年,第43页。
⑥ 北京大学校史研究室编:《北京大学史料》(一卷),第43页。
⑦ 北京大学校史研究室编:《北京大学史料》(一卷),第43页。

堂名存实亡。八国联军入侵北京后大学堂停办，二次维新后才得以继续。

翻阅教育史资料，以上内容随处可见。每一个历史事件的形成都离不开特定的时间和环境，中国现代性质的大学的建立，也因此形成多样化的情况，具体情况要结合客观实际具体分析。

北洋大学堂的办学层次

　　有人提出："称谓是什么并不重要，名称毕竟是一个代号，重要的是实质与内涵，看一所学校是什么程度，离不开它的办学规模、教师水平和课程设置，以及政府的认可和社会对它的评价。"[1] 我们按照此文提出的内容顺序分析一下北洋大学。

　　（一）办学规模

　　盛宣怀在奏折中提出了北洋大学堂的规模"设立头等、二等学堂各一所"，"头等学堂，本年拟先招已通大学堂第一年功夫者，精选三十名列作末班。来年即可升列第三班，并取二等之第一班三十名，升补头等学堂第四班之缺。嗣后按年递升，亦以一百二十名为额。至第四年底，头等头班三十名，准给考单挑选出堂。或派赴外洋，分途历练；或酌量委派洋务职事。此外国所谓大学堂也"[2]。盛宣怀奏折中已经讲明白：头等学堂第一年招生时一年级招生 120 名；四年制在校规模 480 名；二等学堂与头等学堂规模相同，也是 480 名。北洋大学堂四年制培养在校规模计划 960 名。

　　与京师大学堂作下比较，京师大学堂"开学时，各类学生数仅一百六十余人。后陆续添传，到次年五月才增至二百余人"，"光绪二十六年正月十九日，许景澄在《奏复大学堂功效折》中则有详细统计：'现计住堂肄业者，仕学院学生二十七人，中学生一百五十一人，小学生十七人，又附课学生四十三人'。"[3] 根据今天的大学规模来看，这两所大学堂的规模都不人，这就是中国大学初创时的客观情况，难道因此就否认他们是中国的现代大学吗？！抑或根据规模的大小来判断谁是大学吗？！

　　二等学堂相当于美国的大学预科，《上海图书馆藏盛宣怀档案萃编》中写道："二等学堂为头等学堂之预科。李家鳌在向盛宣怀上呈的《北洋议设俄文学堂章程》里，对此章程作如下评价：'查南北洋各学堂章程，以去年县台奏设之北洋二等学堂章程最合泰西学校之制。'"[4]

　　其实，办学规模不能作为衡量是否是大学的标准，是不是大学应该从学制上看，北洋大学堂与美国大学学制相同，分为预科和本科两个层次，头等学堂相当于大学

---

①　郝平：《北京大学创办史实考源》，北京大学出版社，2008 年，第 299 页。
②　张凤来、王杰：《北洋大学 – 天津大学校史资料选编》（一），第 4 页。
③　王学珍：《北京高等教育史》，第 140 页。
④　上海图书馆：《上海图书馆藏盛宣怀档案萃编》（下），第 390 页。

本科，二等学堂相当于大学预科。丁家立创建北洋大学堂的规划书的英文手稿标题为："Tientsin University"，即天津大学。正文第一段指出天津大学堂创立最初的组织结构，英文为："There should be 2 foreign Head-masters, viz. one for the Preparatory School and one for the Technical College. The latter to be one of the technical professors." 包括预科（Preparatory School）和本科（Technical College）两级学堂，聘请多名教授（professors）讲学。①

头等、二等学堂学制皆为四年，历时 8 年方能培养出高级人才。"头等学堂即现在之正科，以伍廷芳为总办；二等学堂即现在之预科，以蔡绍基为总办。"②

北洋大学堂创办之初设立二等学堂是为解决头等学堂生源问题，在王文韶奏折中写道："二等学堂，本年即由天津、上海、香港等处先招已通小学堂第三年功夫者三十名，列作头班；已通第二年功夫者三十名，列作二班；已通第一年功夫者三十名，列作三班；来年再招三十名，列作四班。合成一百二十名为额。第二年起，每年即可拨出头班三十名升入头等学堂。"③ 1903 年复校后停办二等学堂，正式改称预科，召集旧生和北洋水师学堂学生补习普通学科为预备科，1905 年毕业升入正科第三班。并将保定直隶高等学堂定为北洋大学堂的预备学堂，此学堂是直隶省的最高学府，但仅为北洋大学堂的预科，该校毕业生不经考试可直接升入北洋大学堂的头等学堂。1902 年清政府颁布《钦定学堂章程》，这是我国近代第一个具有各级学校系统的新学制。其将教育分为 3 段 7 个层次，第 3 阶段为高等教育，高等教育又分为高等学堂和大学预科两个层次。1903 年清政府又颁布了《奏定学堂章程》，也将教育分为 3 段 7 级，第 3 段为高等教育，高等教育又分为高等学堂和大学预备科、分科大学及通儒院 3 级。1912 年民国教育部公布的《大学令》，就曾规定大学预科的学生入学资格须在中学校毕业，或经试验有同等学力者。由此可见预科是大学的一个办学层次。北洋大学是学习美国大学模式创办的，美国在 19 世纪为解决大学本科生源问题就开办有预科。"美国对中国高等教育的影响是显著的，无论是预科制，还是大学模式，都曾被引入中国。"④

1899 年北洋大学堂第一届学生毕业，王宠惠获钦字第一号毕业文凭，这也是我国

---

① 上海图书馆：丁家立创建北洋大学堂的规划书英文手稿。
② 张凤来、王杰：《北洋大学 – 天津大学校史资料选编》（一），第 30 页。
③ 张凤来、王杰：《北洋大学 – 天津大学校史资料选编》（一），第 4 页。
④ ［加］许美德：《中国大学 1895—1995》，教育科学出版社，2000 年，第 37 页。

第一张大学毕业文凭。北洋大学堂毕业生可免试进入美国著名大学的研究院。如北洋大学堂的第一届毕业生王宠惠、王宠佑和吴桂龄等8人就分别进入美国耶鲁、哥伦比亚和康乃尔大学读研究生。

（二）师资水平和课程设置

北洋大学堂的头等学堂设置计划中，中外教师达到34名，其中汉文教习仅7名，洋文教习27名，洋文教习分学门聘任；二等学堂教习13人。开办后实际教习人数远远多于此，因为随后附设了铁路学堂、师范学堂、法文学堂、俄文学堂。中国教习多为硕学鸿儒，如吴稚晖、罗瘿公和庄凌孙等；外国教习多为著名学者，如美籍学者福拉尔、法籍学者吉德尔、德籍学者罗沙等。

京师大学堂开办时的教师情况为"设溥通学分教习十人、皆华人，英文分教习十二人，英人、华人各六，日本分教习二人，日本人、华人各一人，俄德法文分教习各一人，或用彼国人，或用华人，随所而定。专门学十中分教习各一人，皆用欧美洲人"[①]。计划的教师规模为37人，与北洋大学堂教师规模相差无几。

北洋大学堂的设立是盛宣怀与总教习丁家立"酌议各款折"，包括章程、功课、经费等。盛宣怀在设立北洋大学堂章程中提道："职道与曾充教习之美国驻津副领事丁家立考究再三，酌拟头等二等学堂章程。"[②]并明确提议"所有学堂事务，任大责重，必须遴选深通西学体用兼备之员总理，……拟订请美国人丁家立为总教习"[③]。

丁家立（Charles Daniel Tenney），美籍著名教育家。美国达特茅斯学院（Dartmouth College）毕业，后进入欧柏林大学研究院（Theological Seminary，1916年改称 Graduate School of Theology），获得硕士学位。丁家立1882年来华，1886年后以学者的身份来天津从事文化活动，并在天津美国领事馆任副领事，还在天津开办了一所不带宗教色彩的中西书院，自任校长。此时他结识了天津的上层政要，并与清政府洋务派实力人物李鸿章、盛宣怀交往密切。因此盛宣怀邀请丁家立参加北洋大学堂的筹建。丁家立熟悉美国的高等教育，北洋大学堂创建，他参考美国大学为蓝本，参照美国学制设计和规划了学堂学制。按照丁家立的设计，头等学堂课程分为基础课和专业课，基础课各学科的学生都要学习，如笔绘图并机器绘图、格致学、化学、微分学、重学、作英文论和翻译英文等。专业课则各有侧重，如工程学科有工程机械学、

---

① 北京大学校史研究室编：《北京大学史料》（一卷），第84页。
② 张凤来、王杰：《北洋大学－天津大学校史资料选编》（一），第4页。
③ 张凤来、王杰：《北洋大学－天津大学校史资料选编》（一），第6页。

材料性质学、桥梁房顶学、水利机器学等；矿务学科有深奥金石学、测量矿苗学、矿务兼机器工程学等；律例学科有万国公约、各国通商条约、大清律例等。1903年北洋大学堂重新厘定课程，"各学门的功课又分为主修功课、辅修功课和选修功课。主修与辅修为必修功课，选修功课为学生自由选学。毕业时，都要自著论文一篇和毕业设计"①。

北洋大学堂学科设置为头等学堂分设律例、工程、矿冶、机械和电学5个学门（科）。既有社会科学学科，又有自然科学学科，这些学科是我国高等教育设立学科之始。这些学科都是当时世界著名大学开设的前沿学科。在1916年南洋公学会议案纪要中对此就有所论述："世界著名工业学校，英国格城皇家实业学校，有土木、机械、电机、矿务、船政、建筑、纺织等科。美国麻省理工学校1865年设教授土木、机械、电机、化学制造、卫生工程、船政驾驶诸科。德国柏林高等工业学校分建筑、土木、机械、船政、化学及冶金诸科。""土木、电机、机械虽支分为三，源出于一，……无非导万有自然之力，以利人类之便用者也。……故欧洲早立之学堂，主张以三科混合教授，触类旁通。"②

其后北洋大学堂根据国家需要在办学过程中不断增设学科。1897年增设铁路专科；1898年附设铁路班；1903年附设法文、俄文学堂，培养专门翻译人才；1907年开办师范科培养师资。"北洋大学在初创时期，实已包括文、法、工、师范教育诸科，初具综合性的新式大学。"

北洋大学堂的学科设置、课程设置都体现了严谨、实用的原则。

京师大学堂的办学规划不同，办学思想是"京师大学堂为各省表率，体制尤当崇闳"。在此思想指导下，康有为起草的办学章程"略取日本学规，参以本国情形"，其中课程设置仿照日本大学的模式设计，"今略依泰西日本通行学校工科之种类，参以中学，列表如下"，随后罗列了25个学门，其中专门学10门，溥通学15门，"西国学堂所读之书皆分两类：一曰溥通学，二曰专门学。溥通学者，凡学生皆通习者也。专门学者，每人占一门者也"③。

京师大学堂所设课程参照"中体西用"的原则设置，体现"中体"的是经史子集等课程，是封建教育的延续，体现"西用"的是"泰西日本通行学校工科之种类"，

---

① 张凤来、王杰：《北洋大学－天津大学校史资料选编》（一），第31页。
② 交通大学校史编写组：《交通大学校史资料选编》（第一卷），西安交通大学出版社，1986年，第126页。
③ 北京大学校史研究室编：《北京大学史料》（一卷），第82页。

虽然课程设置丰富，但是中西课程互不融通，难以付诸实际，不付诸实际，也只能是一幅好看的图画。

（三）实际办学效果

北洋大学堂 1895 年 10 月开学，到 1899 年已经培养出第一批大学本科学生，清政府颁发的钦自第一号毕业文凭即发给法科毕业生王宠惠。1895 年至 1911 年间，法律、工程、机械、矿冶等专业毕业本科生 385 人，另有法文、俄文、师范学堂和铁路班毕业生 133 人。这是我国自己培养的第一批高级专门人才。

按照北洋大学堂的办学章程，头等学堂学生"至第四年底，头等头班三十名，准给考单挑选出堂。或派赴外洋，分途历练"。1900 年公费资送王宠惠等 8 人出国赴美留学，上海图书馆盛宣怀档案中有一份《留学美国各生姓名单》，记载有北洋大学堂和南洋公学 1900 年留美学生，其中北洋大学堂的内容是这样的："陈锦涛、王宠佑、王宠惠、薛颂瀛、胡栋朝、严锦榕、吴桂龄、张煜全，以上八名系北洋学生由南洋公学资送出洋者；谭天池、王建祖、江维善、程锡培、梁锯屏、徐田，以上六名系北洋自费出洋学生；稽芩孙、江顺德、温其濬、濮澄青、陆耀廷，以上五名亦系北洋自费出洋学生。"[1] 由此证明，北洋大学堂第一批留美学生就有 19 名。

京师大学堂"正当孙家鼐筹备大学堂开学事宜之际，光绪二十四年八月六日（1898 年 9 月 21 日），以慈禧为首的顽固派突然发生政变……办学规模、教学内容等方面大受影响"。"初创的大学堂，先设一仕学院，主要招收举人、进士出身的京官"，"住堂各学生分作三项核定名数，计仕学院三十名，中学生六十名，小学生七十名。"[2]

1900 年义和团进入北京，京师大学堂被视为洋学堂并受到冲击——"住堂学生均告假四散"。7 月 9 日，慈禧暂行裁撤大学堂。京师大学堂被迫停办近两年。1902 年 10 月京师大学堂恢复招生，"仕学、师范亮光共录取学生 130 名"。"京师大学堂本署初创，校舍不足，新的师资缺乏，之后的普通基础教育，不能提供合格的生源。加之戊戌政变的冲击，庚子之乱的摧残和科举制度未废立之前的干扰，致使 1904 年才开始招收预科生，1910 年才开办分科大学，乃至 1912 年改称北京大学时尚无一届本科毕业生。"[3]

以上是数字所反映出的办学成果，而办学内涵也很说明问题。

---

[1]　上海图书馆藏盛宣怀档案资料。
[2]　王学珍:《北京高等教育史》，第 139 页。
[3]　王学珍:《北京高等教育史》，第 192 页。

　　盛宣怀十分重视教师的选聘和学生的招收，"头等学堂，以选延教习挑取学生两大端最为紧要。总教习不得稍有宽徇致负委任"。生源方面，北洋大学堂"该道拟请设立头等、二等学堂各一所以资造就人材。惟二等学堂功课，必须四年方能升入头等学堂。头等学堂功课，亦必须四年方能造入专门之学。不能躐等，现拟通融求速"，"头等学堂，本年先招已通大学堂第一年功夫者精选三十名，列作末班，来年即可升列第三班，并取二等之第一班三十名，升补头等第四班之缺。嗣后按年递升，亦以一百二十名为额。至第四年头等头班三十名，准给考单，挑选出堂，或派赴外洋分途历练；酌量委派洋务职事。此外国所谓大学堂也"①。北洋大学堂生源是从洋务学堂中录取。教师方面，严格选拔，以掌握现代科技的洋教员为主。培养方面，北洋大学堂规定"头等学堂第一年功课告竣后，或欲将四年所定功课全行学习，或欲专习一门，均由总办总教习察看学生资质，再行酌定。然一人之精力聪明，只有此数，全学不如专学，方能精进而免泛骛。如学专门者，则次年所学功课与原定功课稍有不同。至第三、四年所学功课，与原定功课又相径庭，应俟届时再行酌定"②。北洋大学堂因材施教，精英培养。

　　孙家鼐在《议复开办京师大学堂折》中则以"款太多则筹措维艰，款太少则开销不足"为由建议缓办。但同时提出了开办京师大学堂的 6 项原则，第一条即为办学宗旨，提出："今京师创立大学堂，自应以中学为主、西学为辅；中学为体、西学为用；中学有未备者，以西学补之；中学有失传者，以西学还之。以中学包罗西学，不能以西学凌驾中学。此是立学宗旨。"③ 仅设立速成科分为两馆"一曰仕学馆，二曰师范馆。凡京官五品以下，八品以上，以及外官候选，暨因事留京者，道员以下，教职以上，皆准入考仕学馆。举、贡、生、监等，皆准应考入师范馆"④。设置经学科，开设诗、书、易、礼、春秋等课程，"以教进士举人"。"当时担任经史课程教习的大都是翰林院的官僚腐儒，他们既不懂新学，又不懂旧学，名为讲解古代典籍，实际不过是教一些八股文的做法，以为应付科举考试的手段。戊戌政变后，西太后下令完全恢复八股取士的科举制度。大学堂的学生也只有参加科举考试得中后，才能取得举人、进士出身，获得做官的资格。因此，每届科举试期，学生便纷纷请假赴考。"⑤ 这与蔡元

————————————

① 张凤来、王杰：《北洋大学 – 天津大学校史资料选编》（一），第 16—17 页。
② 张凤来、王杰：《北洋大学 – 天津大学校史资料选编》（一），第 7 页。
③ 北京大学校史研究室编：《北京大学史料》（一卷），第 24 页。
④ 北京大学校史研究室编：《北京大学史料》（一卷），第 53 页。
⑤ 萧超然：《北京大学校史》，北京大学出版社，1988 年，第 14 页。

培、冯友兰对京师大学堂的回忆一致。

在《北京大学创办史实考源》中提出京师大学堂开办就是一所大学，而北洋大学堂"1906 年经过整顿后，该校才真正成为一所大学"。史实是怎样的呢？

1900 年义和团运动后，八国联军入侵京津，北洋大学堂先后被美、德军队占为兵营，学堂被迫停课。1903 年袁世凯批准在西沽武库旧址恢复北洋大学堂，1905 年头等学堂正式复课，"至是始复有正科生"。这里的"复有"不是才有，而是重新有了正科生，说明北洋大学堂以前就有正科生。复校后北洋大学堂恢复严谨治学的作风，严把办学质量。1903 年复校后停办二等学堂，正式改办预科，召集旧生和北洋水师学堂学生补习普通学科为预备科，1905 年毕业升入正科第三班。当时为解决北洋大学堂生源问题，清政府批准将保定直隶高等学堂并入作为预科。"保定直隶高等学堂成立之年，即在督署搭棚招考新生约 250 名为第一班。第一班学生在保定直隶高等学堂读完三年，第四年转入北洋二等学堂的四年级。翌年升入头等学堂（此时头等学堂改名为正科）。第二班学生在保定直隶高等学堂读了五年，因毕业时学部认为合格准予升入北洋大学堂正科。但北洋大学堂教务提调王劭廉亲往保定甄试，认为程度不够，又续读一年，才升入正科。第三班以后的课程进度经王劭廉予以调整，才与北洋的二等学堂程度一致，毕业生届时升入北洋大学堂正科。"[①] 保定直隶高等学堂是清末北方一所办学水平很高的重要学校，但是它的毕业生离进入北洋大学堂的正科还有一段距离。由此可见，北洋大学堂的学风之优良和办学水平之高超。

再来看一下京师大学堂，蔡元培在《我在北京大学的经历》一文中讲道："尤其北京大学的学生，是从京师大学堂'老爷'式学生嬗继下来（初办时所收学生，都是京官，所以学生都被称为老爷，而监督及教员都被称为'中堂'或'大人'）。他们的目的，不但在毕业，而尤注重在毕业以后的出路。所以专门研究学术的教员，他们不见得欢迎。要是点名时认真一点，考试时严格一点，他们就借个话头反对他，虽罢课也在所不惜。若是一位在政府有地位的人来兼课，虽时时请假，他们还是欢迎得很，因为毕业后可以有阔老师做靠山。这种科举时代遗留下来的劣根性，是于求学上很有妨碍的。所以我到校后第一次演说，就说明'大学学生，当以研究学术为天职，不当以大学为升官发财之阶梯'。然而要打破这些习惯，只有从聘请积学而热心的教员着手。"[②]1916 年蔡元培主政北大之后开始对京师大学堂进行改造和整顿，"该校才真正成

① 张凤来、王杰：《北洋大学 – 天津大学校史资料选编》（一），第 48 页。
② 蔡元培：《我在北京大学的经历》，湖北人民出版社，2003 年。

为一所大学"。

（四）政府认可与社会评价

北洋大学堂是直隶总督上报光绪皇帝批准后建立，自然是"政府认可"的，其后《劝令加捐》文告更是政府对经费使用的批准。当年出版的英文版《京津泰晤士报》即表达了社会的认可。以下史实更能够说明问题：

盛宣怀在开办北洋大学堂奏章中提出"头等学堂每年需经费银三万九千余两，二等学堂每年需经费银一万三千余两，……是以常年经费甚巨，势难广设。现拟在天津开设一处以为规式"①。事实上北洋大学堂也起到了"先在天津开设一处，以后由各省会推而至各郡县，由各通商口岸推而至各镇市"的作用。当时两江总督刘坤一就去函向盛宣怀索取北洋大学堂办学章程："闻公在津新设学堂，章程甚佳，即祈钞示全卷，以便将来仿办。"②1896年春，盛宣怀禀明两江总督刘坤一，筹款议建南洋公学，"初议筹设南洋公学，拟照天津分设头等、二等两学堂"。并随即着手南洋公学的筹建。10月间，他奉命离津海关道职，接任铁路总公司督办，长驻上海，并"初议筹设南洋公学，拟照天津分设头、二等学堂"③。

北洋大学堂的开办得到了社会各界的支持，在盛宣怀的笔记《愚斋存稿》中记载了轮船局、电报局对于北洋大学堂的资助："谨将电报商局光绪八年第一届起至光绪二十四年第十六届止，收支各款开具简明清单，恭呈御览。计开：

第十四届……又捐助北洋大学堂洋银一万一千六百六十六元六角六分六厘。

第十五届……又捐助北洋大学堂洋银二万元。

第十六届……又捐助北洋大学堂洋银二万元；又南洋公学堂洋银五万三千三百三十三元三角三分。"④

在清末一些社会名流的记载中也可看出其影响。民国著名商业领袖，史称"近代茶王"的徐润在《徐愚斋自叙年谱》中记载："四儿建侯，年三十一岁，是年得中三十二名商科举人。四儿初随丁家立先生在天津北洋大学堂读书四年。庚子，始自备资斧，随傅兰雅先生赴美洲读书五年。毕业考得商务、机器毕业文凭各一纸，计前后

---

① 张凤来、王杰：《北洋大学-天津大学校史资料选编》（一），第6页。

② 张凤来、王杰：《北洋大学-天津大学校史》（一），天津大学出版社，1990年，第23页。

③ 交通大学校史编写组：《交通大学校史资料选编》（第一卷），第33页。

④ ［清］盛宣怀：《遵查轮电两局款目酌定报效银数并陈办理艰难情形折》，《愚斋存稿》（卷三），光绪二十五年七月民国刻本。

九年，所费近三万两，诚不易。"①

　　曾任孙中山国民临时政府外交总长的王宠惠在留美期间曾给盛宣怀写信，信中将美国加州的伯克利学校与北洋大学堂作了比较："生等顷在学堂（卜忌利大学 Berkeley）中已居毕业之列，学堂所教授之书，类多在北洋大学堂时已习闻，欲求新学，无几矣。"② 可见当时北洋大学堂的教学水平已与伯克利相当。

　　民国政府教育部长王世杰（武汉大学首任校长）主持编纂的《第一次中国教育年鉴》中记载："我国新教育，发轫于清同治初年，当时所办京师同文馆算学馆等，专以适应对外之需要，并无整个的计划，故无学校系统之可言。至光绪二十一年，津海关道盛宣怀创设北洋西学堂，分头等，二等学堂各一所，均四年学业。……相当于现在之大学及高等专门学校。"③

　　北洋大学堂的示范作用影响了其后的中国大学，因此，潘懋元主编的《中国高等教育百年》中认为"中国近代大学是在 19 世纪末开始萌芽的，盛宣怀主持创办的天津中西学堂的头等学堂是其标志"④。

　　潘懋元在《高等教育学》中进一步肯定："1895 年，津海关道盛宣怀在天津设立中西学堂，其教学内容完全不同于以'儒学'为主课的旧式学校。它除了'中学'之外，特别注意机械和法律等科目，并以外语和先进的科技为主课。该学堂的开办是由盛宣怀奏议、光绪帝亲自批准，由国家举办。学校经费由国家拨款，学生一切费用也是由国家负担。因此，天津中西学堂可看作是我国近代第一所公立大学。"⑤

　　新中国成立后党和国家对于北洋大学的办学历史和地位多次给予肯定。1995 年10 月 2 日天津大学百年校庆之际，国家教育委员会发来贺电，贺电原文写道："天津大学是我国近代高等教育史上建校最早的高等学府。"李岚清同志在校庆的讲话中指出："天津大学是我国近代建校最早的新型大学。"

　　历史说明北洋大学是中国大学"兴学强国"的典范，它的历史应该实事求是地载入史册。

　　同时，通过以上比较也清楚地说明，中国的大学在开办初期由于是"后发移植

---

　　① ［清］徐润：《徐愚斋自叙年谱》，民国十六年香山徐氏本。

　　② 上海图书馆：《上海图书馆藏盛宣怀档案萃编》（下），第 403—405 页。

　　③ 中华民国教育部：《第一次中国教育年鉴》（丙编），教育概况：第一学校教育概况，第 9 页。

　　④ 朱国仁：《中国近代高等教育体制的形成》，潘懋元编：《中国高等教育百年》，广东高等教育出版社，2003年，第 113 页。

　　⑤ 潘懋元、王伟廉：《高等教育学》，福建教育出版社，2007 年，第 15 页。

型"，加之当时各种社会因素的制约，表现出萌芽期的不成熟和不完善，这都属于正常现象，不能够因此而否定他们的大学地位。正是由于这种不成熟，加之所在时间、环境的差异，才形成了中国大学初创时期多种模式和多元道路的探索，使得中国的大学历史更加丰富多彩。

我国第一批大学章程的意义和影响

根据民国《第一次中国教育年鉴》的记载，清末我国有 3 所大学：北洋大学堂、京师大学堂和山西大学堂。仅以此 3 所大学办学章程作个比较，能够反映出各自的差异和对于办学道路的不同选择。探索大学之道不仅只有"中学为体、西学为用"这一种选择，也存在"参用西制，兴学树人"和介于二者之间"中西并重"的尝试。在国家大学建立之前有教会学校，其后又有私立学校的探索，中国的大学在发展的过程中表现出多样化的特点。

讲到大学初创时期的办学探索，主要为三种模式：一是以京师大学堂为代表的国家颁布的办学章程和规定的"中体西用"之路，历史证明此路不通，但在当时却被人们认为是一条通衢大道；二是以北洋大学堂为代表的官办、国家批准的办学章程和自主探索的"参用西制，兴学树人"之路，虽然在当时有特立独行之嫌，但历史证明这是一条可行之路；三是以山西大学堂为代表的省立、国批的办学章程和"中西并重""物竞天择"的中西融通之路，在"中体西用"的教育方针之下，不失为一种发展西学的权宜之策，事实证明颇有成效。

（一）北洋大学堂章程具有"为继起者规式"的开拓性

北洋大学堂是近代中国的第一所新式大学，树立了一个在中国创办西式大学的典范。盛宣怀在建立北洋大学堂的章程中写道："现拟在天津开设一处以为规式。"两江督臣刘坤一拟在上海"筹款议建南洋公学，如津学之制而损益之"[1]，即参照北洋大学堂的学制建立。"继北洋大学之后而设立之工程学府，为北京大学之工科。其次为山西大学之工科，南洋公学及唐山路矿专校。"[2] 京师大学堂所设工科，1910 年才分别按土木、矿业两学门招生，山西大学堂所设学科按照北洋大学学科设立，分为法律、工程、采矿、冶金四学门。北洋大学堂的办学模式实实在在地影响了中国近代高校的建立，确实起到了"为继起者规式"的典范作用。正如盛宣怀所言："臣前官津海关道时，当讲求学务，尚未萌芽之先，首创北洋大学堂，以开风气。"[3]

---

① 交通大学校史编写组：《交通大学校史资料选编》（第一卷），第 1 页。
② 李书田：《北洋理工季刊》，1935 年第 2 期，第 6 页。
③ 张凤来、王杰：《北洋大学 – 天津大学校史资料选编》（一），第 45 页。

北洋大学堂"参用西制，兴学树人"的实施，为探索西方科学知识打开了通道。在"中学为体、西学为用"这一保守思想流行的清末，北洋大学堂的创始人盛宣怀提出"参用西制，兴学树人"，使得北洋大学堂成为早期培养近代高级科技文化人才的发轫之地，在中国近代教育史上起了积极的影响并推动了近代教育的进步。

在"参用西制，兴学树人"思想指导下，北洋大学堂章程规定参照美国大学模式设立学科和课程，为中国近代高等学校的课程设置提供了范式。北洋大学堂所建立的学科是我国高等教育学科设立之始。而在课程设置方面，北洋大学堂的头等学堂课程分为基础课和专业课，通过这些课程内容我们可以看出该校自初创之时就突破了封建教育的束缚，体现了近代大学的基本特征。

因而，北洋大学堂在清末实实在在地培养出了我国第一批掌握现代科技知识的高级专门人才和国外留学人员。同时，它的学制影响了国家学制的确立。"1895年盛宣怀在天津创办了中西学堂，分头等、二等学堂两级。次年，他又在上海创办南洋公学，不仅创办了我国第一所新式的师范学校，而且首开近代三级设学的先例。"①

（二）京师大学堂章程具有"各省之表率"的规范性

京师大学堂创建沿袭了国子监的功能，被定性为国家最高教育管理机构及全国最高学府，体现了国家对于教育的管理权。《总理衙门奏拟京师大学堂章程》第一章"总纲"中就开宗明义地提出："各省近多设立学堂，然其章程功课皆未尽善，且体例不能划一，声气不能相通。今京师既设大学堂，则各省学堂皆当归大学堂统辖，一气呵成。一切章程功课，皆当遵依此次所定，务使脉络贯注，纲举目张。"②明确京师大学堂是全国最高教育管理机构，全国教育都由其规范和管理。这明显坚持了自汉朝以来太学在国家教育中的地位，是封建教育体制的延续。

京师大学堂章程中所规定的一套行政管理制度，规范了教育管理行为。其中有学生管理内容，如"学生入学""学生出身"等；有官员管理内容，如"设官"一章中规定了管理人员的全部职责，上至管学大臣、总办、提调，监学官、检察官，下至图书馆经理官、杂务官、卫生员、讲堂员，等等；有教师管理内容，如"聘用教习"一章中规定了西文教习、中文教习和总教习的职责和权限，以及有关课堂纪律的"堂规"和建筑、设备管理的"建置"条款。这套完整的行政管理制度不仅大学堂自身要遵守，而且颁发各地学堂，令其照办。

① 金祥林：《中国教育制度通史》（第六卷），第199页。
② 北京大学校史研究室编：《北京大学史料》（一卷），第81页。

　　京师大学堂的章程决定了课程设置"中学为主，西学为辅"。1898 年 7 月，梁启超在代理总理衙门草拟的《筹议京师大学堂章程》中，又重申了以"中学为主，西学为辅；中学为体，西学为用"的教育宗旨，并以此作为开办京师大学堂的根本原则。在京师大学堂章程所规定的十门共同必修课中，属于"中学"者占 2/3，"西学"不过 1/3，这正是"中学为主，西学为辅；中学为体，西学为用"的教育思想在京师大学堂课程设置中的具体体现，反映出在西学冲击下清政府对于教育不能不改，却又固守封建教育之本的根本立场和态度。京师大学堂章程中所厘定的学科门类和课程同时也是其他大学的执行标准。

　　但是，极为戏剧性的是，酝酿时间最久、规划内容最齐备、权威性最强、目的在于树立清末教育标杆以供全国教育效法的京师大学堂，自己就没能落实章程中规定的内容。1898 年 9 月，慈禧太后重新"训政"，光绪帝被囚禁，维新派的改革措施几乎全被废除。京师大学堂虽没被废除，但教学内容却发生了很大变化，学堂规模也较原计划大为缩小，除附设中小学外，仅设仕学馆，让举人、进士出身之京曹入院学习。"京曹守旧，耻入学"，因此，到 12 月开学时，学生不足百人。京师大学堂的腐朽与清王朝如出一辙，延续到辛亥革命后。冯友兰曾回忆道："学生们所需要的是一种将来做官的资格。他们认为，在政界混，主要的不是靠真才实学，而是靠拉拢应酬，当学生时就要在这方面学习。他们看戏、吃馆子、逛窑子。当时的'八大胡同'（妓女所聚的地方）有'两院一堂'之说。'两院'指当时的国会，参议院和众议院，'一堂'指北京大学（当时称为'大学堂'）。'两院一堂'就是说，去逛八大胡同的，以国会议员和大学生为最多。这些大学生当然谈不上什么学术，即是读书的一部分学生，其中的多数也是认为，读书是求利禄的一个途径。"

　　对于"中体西用"的教育宗旨，昌切先生在《清末民初的思想主脉》一书中一针见血地指出："'中学为体，西学为用'，实质上是变相地运用'华夏中心论'，裁取和套评中西文化，为守体取用、固本开新的策略张目。"[①] 讲明白"中学为体，西学为用"就是"以道为体，以器为用"，为了遏制危及大清帝国前途的历史潮流，抛出"中体西用"的策略，以借西学之"长技"，巩固封建制度之本。"中体西用"既是教育的方略，也是治国的方略。在此宗旨下统一规范的办学章程是清政府为封建制度"固本开新"的策略，并非是近代中国的大学之道。

---

　　① 昌切：《清末民初的思想主脉》，东方出版社，1999 年，第 31 页。

《钦定京师大学堂章程》作为国家颁布的办学范本，是清末众多大学堂章程中内容最详备的一个章程，可谓精心构建了一个"中体西用"的教育模式，其中引入"西学"有着积极的进步意义，但又顽固地坚持封建的"中学"，尤其是"中学"中为帝王统治所用的教育主体，因而充斥着"中体"与"西用"的矛盾，"深刻地反映着清末民初中国社会转型、中国文化在西方文化最初的撞击下进惧退忧、亦进亦退、进退失据的时代特点"[①]。

北京大学校史评价京师大学堂"实质上处于由封建的太学、国子学（国子监）向现代大学转变和过渡的阶段"。

（三）山东大学堂章程"通行各省，立即依照举办"的示范性

山西大学堂是仿照山东大学堂章程兴办，因此分析一下山东大学堂章程。

1901 年 9 月 14 日，光绪皇帝下令全国各地书院分别改为大中小学堂。上谕云："人才为政事之本，作育人才，端在修明学术……除京师已设大学堂，应行切实整顿外，著各省所有书院，于省城均改设大学堂，各府及直隶州均改设中学堂，各州县均改设小学堂，并多设蒙养学堂。"[②] 于是，各地督抚纷纷遵旨办理，很快在全国范围内掀起了一个书院改学堂的热潮。在山东，山东巡抚袁世凯积极操办此事，起草了试办山东大学堂的奏折及暂行章程，于是年 9 月 24 日上奏光绪皇帝批准。光绪皇帝在批复开办山东大学堂的谕旨中明令："着政务处将该署督原奏并单开章程，通行各省，立即依照举办，毋许宕延。"[③] 1902 年 2 月 2 日，光绪皇帝又一次下诏："前经通饬各省开办学堂，并因经费难筹，复谕令仿照山东所拟章程，先行举办。乞今数月，各该省如何办理，多未奏复，即间有奏到，亦未能详细切实。……如再观望迁延，敷衍塞责，咎有攸归，不能为该督抚等宽也。"[④] 显然光绪皇帝是在用山东大学堂这个典型，催促各省尽快把书院改学堂的事情落实。《山东大学堂章程》在中国近代书院改学堂的过程中发挥了普遍意义的示范作用。光绪皇帝所下的上谕，只是要求各地将书院改为学堂，至于应该怎样改，改了以后又应该如何办理，并没有给出明确指示。而《山东大学堂章程》恰恰在这种情况之下，提供了一个应该如何改和怎样办理学堂的具体而又可以操作的模式。这种模式得到了各省的认同和仿效。

---

① 昌切：《清末民初的思想主脉》，第 31 页。
② 山东大学百年史编委会：《山东大学百年史》，山东大学出版社，2001 年，第 5 页。
③ 郑登云：《中国近代教育史》，华东师范大学出版社，1994 年，第 156 页。
④ 郑登云：《中国近代教育史》，第 156 页。

《山东大学堂章程》是光绪皇帝下令将书院改学堂运动中产生的第一个创办地方大学堂的章程，成了各省改书院为学堂的范本。许多地方的督抚、学政在有关书院改学堂的奏折中均直言不讳，称学堂"课程、等级、班次不外山东章程，先从正斋、备斋入手，再习专斋之意"，或者是"仿照山东章程，就本省情形、现有财力"变通办理。^①山西巡抚岑春煊在筹建山西大学堂章程中明确表示："谕旨饬令各省开办学堂，并令仿照山东章程举办。会商再四，佥以为山东学堂章程本极周密，既当仿照。"^②江苏巡抚聂辑在1902年1月13日的奏折中说："其课程、等级、班次、不外山东章程，先从备斋，正斋入手，再习专斋之意，并拟购置各种图书、仪器、添设德文、俄文。又编制中西学分年课程表。"^③由此可见，山东大学堂的办学章程在各省改书院为学堂的过程中确实起到了示范作用。

山东大学堂的章程回避了"中学""西学"之分，采取了"中学""西学"并存，专斋（专科和大学）、正斋（中学）、备斋（小学）具备的层次教育的模式。山东大学堂的章程不同于京师大学堂的"中体西用"，也不同于北洋大学堂的"参用西制"，而是采取了西方教育系统中的层次教育模式。学堂创立之初，实行的是分斋督课，设立专斋、正斋和备斋。专斋相当于专科和大学，正斋相当于中学，备斋相当于小学。除了经学外，开设了二十多门课程，包括社会科学、自然科学和外国语。这些课程主要有：文学、历史、地理、法制、理财、兵学、格致、心理学、算学、物理、化学、博物、地质矿物、英文、德文、法文、日文、图画、音乐、体操，等等。采取了"中""西"学并存，不分"体""用"的办学模式。这样的办学模式和课程设置，为各省设立大学堂所效仿。

山东大学堂的办学模式更具灵活性，给各省因地制宜进行书院改学堂提供了经验。北洋大学堂"常年经费甚巨，势难广设"，京师大学堂更是规制宏大难以效仿，山东大学堂的因地制宜颇受欢迎。

管理结构上，比之京师大学堂简单，且分工明确。《山东大学堂章程》规定"中学教习暂派六名，专授中学课程，由总办、监督选派，仍由总教习随时稽查。俟学生名额加多，再行酌量添派"，"西学华教习暂派六名，专授西学课程，由总教习选派，仍由总办、监督随时稽查。俟学生名额加多，再行酌量添派"，"西学洋教习暂派三

①《光绪谕折汇存》（卷二十二）。
②　[清]甘韩辑：《皇朝经世文新编续集》（卷五），《学校》上，商绛雪斋书局，1902年，第16页。
③　璩鑫圭、唐良炎：《中国近代教育史资料汇编》，上海教育出版社，1991年，第61页。

名，专授西学课程，由总教习选荐、订立合同，呈候抚院派充，并由总办、监督随时稽查。俟学生名额加多或设立专斋时，再行酌量添派"。① 这里总办、监督、总教习之间的分工是有区别的，对于中学、西学教习的管理权限也不同，既避免了矛盾又切实可行。各省大学堂多有类似的做法。

由以上事例不难看出，19 世纪末的中国社会正处于新旧社会形态的交替时期，在寻求社会进步上教育作出了积极的探索。无论是被清政府认定为大学的北洋大学堂、京师大学堂、山西大学堂，还是被认定为高等学堂的山东大学堂、浙江求是大学堂、贵州大学堂等，这些中国近代初创时期的大学堂，为新教育的发展起到了率先垂范的作用，为新的学校体系的诞生作出了积极的贡献。他们在办学模式上的差异和特点，正反映出我国对于近代高等教育之路探索的多样性和积极的求索精神，正是这些积极的探索，推动了清末中国封建传统教育向近代教育的转型，以至于影响到中国近代社会的变革。同时，为新的社会形态的诞生作了文化、教育和人才的储备。中国近代高等教育初创时期的经验，影响了中国近代教育百年，至今仍值得我们全面审视和认真借鉴。

---

① 王杰、祝士明：《学府典章》，天津大学出版社，2010 年，第 179 页。

天津大学章程

THE CONSTITUTION OF TIANJIN UNIVERSITY

序　言

天津大学的前身为北洋大学，始建于 1895 年 10 月 2 日，是我国近代高等教育史上建校最早的高等学府。1951 年 9 月，经国家高等教育院系调整，由中央人民政府政务院批准，定名"天津大学"。1959 年，被中共中央确定为国家重点大学。2000 年，被确定为国家"985 工程"重点建设的高水平研究型大学。

Preface

Tianjin University is the first institution of higher education in China, pioneering the development of modern Chinese higher education. Its history can be traced back to Peiyang University, which was founded in October 2, 1895, and renamed Tianjin University in September 1951 with the approval of the Government Administration Council of the Central People's Government during the nationwide education restructuring of colleges and departments. In 1959, Tianjin University was appointed as one of the National Key Universities by the Central Committee of the Communist Party of China, and in 2000 was selected as one of the high-level research universities to be supported by Project 985.

自强首在储才，储才必先兴学。学校以兴学强国为办学宗旨，穷究学理，作育人才，传承文明，振兴中华，塑造未来；以建设成为综合性、研究型、开放式、国际化的世界一流大学为目标，努力为国民经济和社会发展、世界文明进步作出重要贡献。

To build a strong nation, it is crucial for the education system to be set up and developed for the preservations of China's talents. The establishment and operation of the University aim to promote education for an ultimate improvement of national strength and prosperity, tied in with it are multiple tasks to encourage undaunted inquiry into academic truth，to bring up competent talents，to pass on cultural heritages，to buttress the rise of our nation and to create a promising future. The University aims to be an international，world-class，comprehensive research university，making great contributions to the social and economic development of China and advancement of the world civilization.

第一章　总则
Chapter I　General Provisions

第一条　为推进依法治校，完善现代大学制度，保障师生员工基本权益，促进学校科学发展，根据《中华人民共和国教育法》《中华人民共和国高等教育法》等法律法规及教育部相关规定，结合学校实际，制定本章程。

The Constitution of Tianjin University was formulated in accordance with the laws and regulations of the Education Law of the People's Republic of China and the Higher Education Law of the People's Republic of China，and relevant specifications of the Ministry of Education，with concern of university's current practices included. The Constitution serves to further develop and govern the university in accordance with the law，to foster institutionalization needed by a modern university，to secure the basic rights and privileges of the faculty，staff and students，and to promote the scientific development of the university.

第二条　学校中文名称为天津大学，简称"天大"；英文名称为 Tianjin University，缩写为"TJU"。

Article 2　The official Chinese name of the University shall be "Tianjin Daxue"（天津大学），abbreviated as "Tianda"（天大）. The official name in English is "Tianjin University"，with "TJU" being its abbreviated form.

第三条　学校由国家举办，由国务院教育行政部门主管，并由国务院教育行政部门和天津市人民政府共建。

Article 3　The University is established by the State，administered by the administrative department of education under the State Council，and jointly sponsored by the administrative department of education under the State Council and Tianjin Municipal People's Government.

学校具有事业单位法人资格，校长是法定代表人。

The University is a qualified legal entity and the president is the legal representative of the University.

第四条 学校法定住所地为天津市南开区卫津路 92 号，设有卫津路校区、北洋园校区和滨海工业研究院校区

学校网址是 http://www.tju.edu.cn。

学校根据发展需要，经主管部门批准，可变更住所地，调整校区。

Article 4 The University's registered address is 92 Weijin Road，Nankai District，Tianjin. The University is comprised of three campuses located at：Weijin Road，Peiyang Education Park and Binhai Industrial Research Institute.

The University website is http://www.tju.edu.cn.

With the approval of the authoritative department，the locations and campuses of the University are subject to change as required.

第五条 学校的校训是"实事求是"（英文为 Seeking Truth from Facts）。学校弘扬严谨治学的校风，秉承爱国奉献的传统。

Article 5 The University's motto is "Seeking Truth from Facts". The University exalts preservation of its own traditions，of which the spirit of "precise in learning and strict in teaching" is encouraged，and patriotism and devotion to the country is also considered worth holding on to.

第六条 学校按照"形上形下、达材成德"的理念，致力于培养具有家国情怀、全球视野、创新精神和实践能力的卓越人才。

Article 6 Holding an idea of training well-rounded talents to be good at both theoretic reasoning and down-to-earth practice，at the same time with integrated virtues in skills and morality，the University is committed to shape its students into qualified persons who uphold a national identity，global perspective，innovative spirit and practical abilities.

第七条 学校的主要教育形式是全日制本科教育和研究生教育，同时开展非学历教育和培训，提供终身教育服务。

学校依法颁发学历证书，依法授予学士、硕士和博士学位。

Article 7 The University shall adopt a combined multiple-end educational structure，consisting of an essential task to provide full-time undergraduate and graduate curricula，a minor offering of non-certificate education and training, and other life-long educational services.

The University shall award academic certificates and confer bachelor, master and doctoral degrees in accordance with the relevant provisions of the law.

第八条　学校面向世界学术前沿和国家战略需求，遵循人才培养规律，不断调整优化学科结构，巩固工学优势，大力发展理学和人文社会科学，形成优势突出、特色鲜明、交叉融合、协调发展的综合性学科布局。

Article 8　In order to keep pace with the international cutting-edge academic progress and meet the demands of national strategic deployment, the University shall constantly adjust and optimize disciplinary arrangement in accordance with the general education practice for qualified graduates, to extend from the already full-fledged field of engineering to rather less explored fields of natural sciences, social sciences and humanities. Thus a comprehensive disciplinary layout shall be created featuring characteristics of advancement, distinction, integration and coordination.

第九条　学校实行中国共产党天津大学委员会（以下简称"学校党委"）领导下的校长负责制，推进教授治学、民主管理，建立健全师生参与、专家咨询和集体决策相结合的机制。

Article 9　The University shall implement the system whereby the president takes overall responsibilities under the leadership of the University Committee of the Communist Party of China（hereinafter referred to as the University Party Committee）. The University shall promote the rights of the professors over academic affairs, and participation of faculty, staff and students in democratic management. A management system shall be formed featuring the involvement of faculty, staff and students, consultation of experts, and collective making of decisions.

第十条　举办者为学校提供办学经费，保障学校基本办学条件，依法对学校办学活动进行宏观指导，参照有关规定任免学校主要负责人。

Article 10　The sponsors of the University shall offer funds for the University, provide general guidance for its operation, and appoint or remove its leadership in accordance with the relevant regulations.

第十一条　学校依法依规享有人才培养、科学研究、队伍建设、内部管理、校园规划建设等方面的办学自主权，独立承担法律责任，不受任何组织和个人的非法干涉。

Article 11　The University shall enjoy autonomy in accordance with the law and regulations when conducting educational activities regarding talents cultivation, scientific research, faculty and staff development, internal management and campus planning and construction, and bear legal liability independently, subject to no illegal interference by any organizations or individuals.

第十二条　学校分立、合并、终止及更名应当征求师生员工和校友意见，并报举办者批准。

Article 12　The University shall consult with faculty, staff, students and alumni about the separation, amalgamation, termination and name change of the University, and submit them to the sponsors for approval.

第二章　学校功能
Chapter II Functions of the University

第十三条　学校坚持以人为本，围绕立德树人，进行教育教学、科学研究、社会服务、文化传承和创新。

Article 13　The University shall function to orient itself towards its people, centering on ethical and moral education, carrying out teaching, scientific research, social services, and cultural inheritance and innovation.

第十四条　学校秉承"育人为本、质量第一"的理念，参照德智体美全面发展的教育方针，实施素质教育，对学生进行综合培养。

Article 14　The cultivation of the University's students shall encompass its most foundational philosophy with quality teaching being made a priority. The University shall implement quality education and comprehensive training following the educational aim for developing all-round students with good moral judgment, intelligence, physical fitness and aesthetic sense.

第十五条　学校坚持聚焦国家重大战略需求、聚焦世界科技发展前沿，崇尚科学，矢志创新，促进人才培养，推动学术进步、科技发展和成果转化。

Article 15　The University shall focus on the nation's major strategic needs and the global development of modern technology. Scientific discovery and technical innovation shall be advocated，as well as the cultivation of talents，academic progress，and industrial application of technological advancements.

第十六条　学校健全社会服务体系，提供人才和智力支持，促进国家和区域发展，推动社会进步。

Article 16　A complete social service system shall be organized by the University to provide personnel and intellectual support，and to promote national and regional development and social progress.

第十七条　学校注重文化育人，持续提升师生的人文素养、审美情操和价值追求。学校弘扬"日新又新"的人文精神，坚持文化传承创新，引领社会风尚，服务文化强国建设。

Article 17　The University shall emphasize the role of culture in education and uplift humanistic qualities，aesthetic appreciation and sense of value in its faculty，staff and students. The University shall carry forward the humanistic moral of constant progress，adhere to cultural inheritance and innovation，lead societal trends and help build China into a culturally powerful country.

第三章　学生
Chapter III　Students

第十八条　学生是指被天津大学依法录取、取得入学资格，具有天津大学学籍的受教育者。

Article 18　Students are referred to those who are legally enrolled and granted admission to Tianjin University and who possess the status and education permitted to Tianjin University students.

第十九条　学生的基本权利：

Article 19　Students shall have the following rights：

（一）享有学习自由，按照学校培养方案、相关规定和程序可自主选择专业、选修校内外课程；

1. To enjoy the academic freedom to independently choose one's major and both on-

campus and extramural courses in accordance with program requirements，regulations and the University procedures；

（二）公平接受学校教育、使用学校公共教育资源，公平获得各种奖励和荣誉称号；

2. To have fair access to education，public resources，awards and honors of the University；

（三）达到规定学业水平，获得相应的学历、学位证书；

3. To receive corresponding academic certificates or degree certificates upon the completion of the elected program's requirements；

（四）参照法律法规和学校规定，组织、参加学生自治组织和学生社团；

4. To enjoy the right to organize and participate in student groups and associations in accordance with the law and the rules and regulations of the University；

（五）参与学校管理，知悉学校改革、建设和发展情况，知悉涉及切身利益的重大事项；

5. To participate in the University management and administration，and be informed of the reform，construction and development of the University and any major matters regarding the interest of students；

（六）对学校给予的处分或者处理表达异议，提出申诉；

6. To file complaints or appeals if students hold objections to disciplinary measures or punishment imposed by the University；and

（七）法律法规规定的其他权利。

7. To enjoy all other rights as specified by the law.

第二十条　学生的基本义务：

Article 20　Student shall have the following obligations：

（一）以学校人才培养目标为指引，修德践行，勤奋学习，健康身心，全面发展；

1. To take the University's educational objectives as the guide to cultivate and practice moral judgment，diligently undertake studies，improve mental and physical health，and strive for all-round development；

（二）为人诚信友善，尊敬师长，团结同学；

2. To uphold the virtues of integrity and kindness，respect teachers and cooperate with

fellow students;

（三）弘扬校誉，爱护教育设备、生活设施，维护学校利益；

3. To enhance the University's reputation, use facilities with care and protect the interests of the University;

（四）遵守学术规范，恪守学术道德；

4. To comply with academic norms and ethics;

（五）按规定缴纳学费及有关费用；

5. To pay tuitions and other relevant fees as required;

（六）遵守学校规章制度；

6. To comply with rules and regulations of the University; and

（七）法律法规规定的其他义务。

7. To fulfill other obligations specified by the law.

第二十一条　学校对取得突出成绩和为学校争得荣誉的学生集体或个人进行表彰奖励；对违纪学生给予相应的纪律处分。

Article 21　The University shall recognize and award individual students or groups for outstanding achievements or serving to increase the University's credits, and impose due disciplinary measures to students who violate the rules and regulations of the University.

第二十二条　学校建立学生权利保障机制，成立学生申诉委员会，维护学生合法权益。

学校鼓励和支持学生参与学校民主管理，对学校工作提出意见和建议。

Article 22　The University shall set up a procedure to protect the lawful rights and interests of students by establishing a committee to deal with students' complaints. The University shall invite and encourage students to participate in the democratic management of the University and to put forward their opinions and suggestions for the management of the University.

第四章　教职员工
Chapter IV　Faculty and Staff

第二十三条　学校教职员工由教师、其他专业技术人员、管理人员和工勤人员等组成。

Article 23　The University personnel consist of faculty and technical，administrative and logistic staff.

第二十四条　学校建设师德高尚、潜心育人、业务精湛、结构合理、充满活力的具有国际竞争力的高水平师资队伍。

Article 24　The University shall build a well-balanced，dynamic，world-class faculty with high professionalism regarding ethics，expertise and commitment to the education of students.

第二十五条　学校建立和完善现代大学人事管理制度，形成分类清晰、系统协调的岗位聘用制度、综合培养制度、评价激励及奖惩制度、薪酬保障制度、流转退出制度等，激发教职员工的活力与创造力。

Article 25　The University shall establish and improve upon a human resources management system to stimulate the vitality and creativity of the faculty，which includes classified and coordinated systems of employment，training，assessment，reward and penalties，salary assurance，relocation and resignation.

第二十六条　教职员工的基本权利：

Article 26　Faculty and staff shall have the following rights：

（一）教师享有学术自由，可自主选择学术方向；

1. To have academic freedom in the choice of research fields；

（二）公平获得自身发展必需的工作、学习机会和条件，公平使用学校公共资源、享受福利待遇；

2. To have fair access to opportunities and conditions necessary for personal development in work and further study，and to public resources，welfare and benefits provided by the University；

（三）获得品德、能力和业绩等方面的公正评价，公平获得各种奖励和荣誉称号，就职务聘用、福利待遇、评优评奖、纪律处分等事项表达异议、提出申诉；

3.　To have fair access to evaluation regarding ethics，capability and achievements，and conferment of awards and honors，and to express complaints or appeals in terms of appointment，welfare and benefits，merit appraisal，and disciplinary actions；

（四）知悉学校改革、建设和发展情况，知悉涉及切身利益的重大事项；

4. To have access to information regarding the reform，construction and development of the University，and any other matters of interest of faculty and staff；

（五）参与民主管理，对学校工作提出意见和建议；

5. To participate in the democratic management of the University and express opinions and suggestions for the development of the University；

（六）聘约规定的权利；

6. To have the rights specified in the employment contract；and

（七）法律法规规定的其他权利。

7. To have all other rights specified by the law.

第二十七条　教职员工的基本义务：

Article 27　Faculty and staff shall have the following obligations：

（一）教书育人、管理育人、服务育人；

1. To educate students through teaching，administration and service；

（二）为人师表，恪守忠诚不倦、业务精湛、挚爱学生、率先垂范的师德规范；

2. To be models for students，be faithfully committed to education，excel in their fields，and exhibit a love for students' wellbeing；

（三）教师应以兴学强国为己任，主动聚焦国家重大战略需求、聚焦世界科技发展前沿进行学术研究，为科教兴国和文化强国作出应有贡献；

3. To take responsibility of developing education towards national strength and prosperity，to focus academic research on the nation's major strategic needs and the global development of modern technology，and to contribute to the rise of the nation through developing science，education and culture；

（四）履行岗位职责；

4. To fulfill the obligations of their positions；

（五）遵守学校规章制度，维护学校声誉和利益；

5. To comply with the rules and regulations and to protect the reputation and interests of the University；and

（六）法律法规规定的其他义务

6. To fulfill other obligations specified by the law.

第二十八条　学校尊重和爱护人才，为教职员工工作和发展提供必要的条件和保障。

Article 28　The University shall respect and value its faculty and staff，and provide the conditions necessary for their work and development.

第二十九条　学校建立教职员工权利保障机制，成立教职员工申诉委员会，维护教职员工合法权益。

教职员工可通过教职工代表大会、工会、教授会和其他民主形式参与学校管理，监督学校工作，维护自身权益。

Article 29　The University shall set up a procedure to protect the lawful rights and interests of faculty and staff by establishing a committee to manage their complaints.

The faculty and staff may participate in and supervise the democratic management of the University to protect their rights and interests through the Faculty and Staff Representative Assembly，Trade Union，Professors Association and other means.

第五章　校友
Chapter V　Alumni

第三十条　校友包括曾经在学校历史沿革的各个阶段学习、工作、进修的人员和获得名誉学衔、荣誉学衔的人员等。

Article 30　The alumni body includes those who have once studied，worked or received training throughout the development of the University，and those who have obtained honorary degrees or titles at the University.

第三十一条　校友既是学校办学质量和人才培养质量的重要标志，又是学校教育质量的监督者、学校服务社会的中介者、学校事业发展的支持者、学校声誉的传播者，是学校的宝贵财富。

Article 31　The University's alumni represent the quality education of the University，and serve as supervisors over the provision of quality education. Other roles of alumni are mediators between society and the University，supporters for the University developments and disseminators of reputation of the University.　They are the treasure of the University.

第三十二条　校友对学校发展规划、人才培养、科学研究、学科建设等重大事项有知情权、建议权。学校为校友发展、建功立业、报效国家提供服务。

Article 32   Alumni shall have the right to be informed of and make proposals for any major matters regarding the University's developmental planning, talent cultivation, scientific research and disciplinary development. The University shall render services for alumni's career development and their willingness to serve the country.

第三十三条　学校设立校友总会，加强校友与母校以及校友之间的联系，促进合作，凝聚力量，服务校友事业，助力学校发展。

Article 33   The University shall establish an Alumni Association to strengthen the relationship, advance cooperation and increase cohesion between the University and alumni, assisting developments in both alumni's careers and the University.

第六章　管理体制和组织结构
Chapter VI   Administrative System and Organizational Structure

第一节　管理体制
Section 1 Administrative System

第三十四条　学校党委统一领导学校工作，支持校长依法独立负责地行使职权。

学校建立健全决策权、执行权、监督权相互协调制约的权力结构和运行机制。

Article 34   The University Party Committee shall have unified leadership over the management of the University and support the president to perform responsibly and independently his or her powers and duties in accordance with the law.

The University shall establish a strong authoritative structure and operational system, guaranteeing the coordination and balance of the powers in its decision-making, execution and supervision.

第三十五条　学校党委在学校工作中发挥领导核心作用。其主要职责是：

Article 35   The University Party Committee shall play a core leadership role in the management of the University, and primarily perform the following duties:

（一）宣传和执行党的路线方针政策，坚持社会主义办学方向，领导学校的思想政治工作和德育工作，培养德智体美全面发展的中国特色社会主义事业合格建设者和可靠接班人；

1. To disseminate and adhere to the political line, principles and policies of the Party,

abide by the socialist orientation of the University's management and direct the University's ideological and political work and moral education. Additional duties also include fostering all-round students with good moral judgment，intelligence，physical fitness and aesthetic sense，and helping them become qualified builders and reliable successors for the socialist cause with Chinese characteristics；

（二）审议确定学校重要规章制度，讨论决定学校改革发展稳定以及教学、科研、行政管理中的重大事项；

2. To review and approve the major rules and regulations of the University，and discuss and decide on major matters regarding reform，development，stability，teaching，research and administration；

（三）讨论决定学校内部组织机构的设置及其负责人的人选；

3. To discuss and decide on the establishment of the University's organizational structure and selection of departmental heads；

（四）负责学校党组织的思想建设、组织建设、作风建设、反腐倡廉建设和制度建设，维护学校安全稳定；

4. To be responsible for the Party's development on its ideology，organization and work style，to combat corruption and uphold integrity，to build an efficient system and to maintain a stable and sound environment in the University；

（五）领导学校教职工代表大会和学生代表大会；

5. To lead the University's Faculty and Staff Representative Assembly and the Student Representative Council；

（六）领导学校工会、共青团、科协、学生会等群众组织和离退休工作；

6. To lead the University's Trade Union，Communist Youth League，Association of Science and Technology，Student Union，Association of Retired Faculty and Staff，and other mass organizations；and

（七）做好统一战线工作，对学校民主党派的基层组织实行政治领导，支持他们按照各自章程开展活动。

7. To appropriately perform the work of the united front by exercising political leadership over democratic parties in the University，and to support their operations in accordance with their respective constitutions.

第三十六条　学校党委全体会议由党委书记或党委书记委托其他党委委员主持。

学校党委全体会议闭会期间，由其常务委员会行使其职权。中国共产党天津大学委员会常务委员会（以下简称"学校党委常委会"）会议由党委书记或党委书记委托其他常务委员主持。

Article 36　The plenary sessions of the University Party Committee shall be chaired by the Party Secretary or one of the committee members assigned by the Party Secretary.

When the University Party Committee is not in session，the Standing Committee of Tianjin University Committee of the Communist Party of China（hereinafter referred to as "the Standing Committee of the University Party Committee"）shall exercise the powers and duties of the University Party Committee. The meetings of the Standing Committee of the University Party Committee shall be chaired by the Party Secretary or one of the standing committee members assigned by the Party Secretary.

第三十七条　学校党委常委会按照"集体领导、民主集中、个别酝酿、会议决定"的原则对学校重大决策、重要人事任免、重大项目安排和大额度资金使用等事项进行决策。特别重大的事项，可提请学校党委全体会议讨论。

Article 37　Under the principle of "collective leadership，democratic centralism，individual consultations and decision-making at meetings"，all matters such as important decisions，appointments and removals of important personnel，arrangements of large projects，and large expenditures shall be managed by the Standing Committee of the University Party Committee. Extremely important matters shall be submitted for discussion to plenary meetings of the University Party Committee.

决策程序主要包括确定议题、调查论证、听取意见、集体讨论、会议决定等环节；特别重大的事项，在决策前应进行可行性论证和风险评估。决策后，应以适当方式公开，并对执行情况进行督查督办。

The decision-making process shall include the processes of agenda establishment，investigation and verification，opinion collection，collective discussion，and decision-making at meetings. A feasibility analysis and risk evaluation shall be conducted before making a decision regarding extremely important matters. The decisions shall be disclosed in an appropriate manner and their execution should be supervised.

第三十八条　校长全面负责学校教学、科学研究和其他行政管理工作。其主要职权是：

Article 38   The president shall undertake the overall responsibility for the University's teaching，research，and administration. The president's powers and duties shall be：

（一）拟订学校重要规章制度、发展规划和年度工作计划，并组织实施；

1. To draft important rules and regulations，development plans and annual work plans，and to ensure implementation；

（二）组织教学活动、科学研究、国际交流与合作和思想品德教育；

2. To arrange activities involving teaching，research，international exchanges and cooperation，and ideological and moral education；

（三）拟订内部行政组织机构的设置方案，推荐副校长人选，任免内部行政组织机构负责人；

3. To draft plans for the internal administrative structure，nominate candidates for vice presidents，and appoint and remove heads of administrative departments；

（四）聘任与解聘教职员工，对学生进行学籍管理，对教职员工和学生实施奖励或者处分；

4. To employ and dismiss faculty and staff，manage the student roll，and grant awards or impose disciplinary measures to faculty，staff and students；

（五）拟订和执行年度经费预算方案，保护和管理学校资产，维护学校合法权益；

5. To draft and implement the annual budget，and to be responsible for the properties and lawful rights and interests of the University；

（六）对外代表学校；

6. To represent the University in external relations；and

（七）法律法规规定的其他职权。

7. To fulfill other powers and duties specified by the law.

第三十九条   校长主持校长办公会，按照"集体研究、校长决定"的原则处理学校的教学、科学研究、行政管理等重要行政事务。

校长办公会组成人员包括学校校长、副校长、校长助理、总会计师，列席人员包括校长办公室主任、学校新闻发言人、监察室主任，也可根据议题内容安排其他人员列席。

Article 39   The president shall direct President Administrative Meetings. Through collective discussion regarding major matters in teaching, research and administration, the president shall make the final decision.

The President Administrative Meeting shall consist of the president, vice presidents, assistant presidents and the general accountant. The director of the president's office, the spokesperson, the director of the office of administrative supervision, and other persons as required in accordance with the subjects under discussion may also attend the meeting as non-voting members.

第四十条　中国共产党天津大学纪律检查委员会是学校的党内监督机构，在学校党委和上级纪律检查委员会的领导下，维护党的章程和其他党内法规，检查党的路线、方针、政策和决议的执行情况，协助学校党委加强党风建设和组织协调反腐败工作，保障和促进学校事业健康发展。

Article 40   Tianjin University Commission for Discipline Inspection of the Communist Party of China is the supervisory body of the Party in the University. Under the leadership of the University Party Committee and the higher-level Commissions for Discipline Inspection, Tianjin University Commission for Discipline Inspection functions to uphold the Constitution and other statutes of the Party, to check up on the implementation of the political line, principles, policies and resolutions of the Party, to assist the University Party Committees in improving the Party's style of work and in organizing and coordinating the work against corruption, and to promote and guarantee the sound development of the University.

第四十一条　学校深化纪检监察、审计监督机制，强化民主监督、信息公开，构建制度完善、权责明晰、系统全面、精准有力的监督体系，保障决策依法规范，执行高效到位。

Article 41   The University shall improve its system and procedure of discipline inspection, supervision, auditing and monitoring. The University shall strengthen the democratic control and disclosure of appropriate information, and establish an efficient comprehensive system of internal supervision with complete regulations and clarified rights and responsibilities. Additionally, lawful and normative methods of decision-making shall be ensured and implemented efficiently and thoroughly.

第四十二条　学校参照精简、统一和效能的原则，根据事业发展需要和师生需求，设置教学科研、党政管理、保障服务等内设机构。其职责和使命是：执行学校决策，为师生提供高效、优质服务，以服务创造价值。

根据工作需要，学校可成立各类委员会或领导小组，统筹开展相关工作。

Article 42　Under the principle of simplified, unified and efficient administration, the University shall decide on its internal structure of teaching, research, administrative and servicing departments in accordance with the University's development and the needs of faculty, staff and students. The departments shall implement the University policies and provide faculty, staff and students with efficient and excellent services;

In accordance with work requirements, the University may set up committees or taskforces to organize and perform relevant operations.

第二节　学术组织

Section 2　Academic Organizations

第四十三条　学校坚持教授治学，强化学术权力，保障学术自由。学校以天津大学学术委员会（以下简称"学术委员会"）为核心，不断完善学术治理体系，提升学术治理能力。

Article 43　The University shall adhere to the authority of the faculty regarding academic matters, emphasize the power of academic organizations, and ensure academic freedom. The Academic Committee of Tianjin University (hereinafter referred to as the "Academic Committee") shall be taken as the core institution to improve academic management system and capability.

第四十四条　学术委员会是学校最高学术机构，统筹指导各级各类学术组织参照各自职权开展工作。

Article 44　The Academic Committee shall be the chief academic institution of the University. Other academic organizations of all levels shall be supervised by the Academic Committee to fulfill their respective powers and duties.

学术委员会可以就学科建设、教师聘任、教学指导、科学研究、学术道德等事项设立若干专门委员会。根据需要在学院（学部）设置学术分委员会，也可以委托基层学术组织承担相应职责。

The Academic Committee may set up several specialized committees for matters such as discipline development, faulty appointments, teaching supervision, scientific research and academic morality. It may also set up subcommittees in the schools and colleges，or authorize the primary academic organizations to carry out its powers and duties as required.

第四十五条　学术委员会委员应具有高尚的学术品德、较高的学术水平和广泛的代表性。

Article 45　Members of the Academic Committee shall possess noble academic ethics and a high academic level，and represent a wide range of disciplines. Candidates for the committee should cover all disciplines of the University.

学术委员会中担任学校及职能部门党政领导职务的委员，不超过委员总人数的1/4；不担任党政领导职务及院系主要负责人的专任教授，不少于委员总人数的1/2。

The number of the members of the Academic Committee who assume the administrative positions of leadership at the University level or in the administrative departments shall not exceed one fourth of the total number of the members. At least one half of the members shall be professors without any positions of leadership in the administrative departments，schools or departments of the University.

学术委员会委员的产生，应当经自下而上的民主推荐、公开公正的遴选等方式产生候选人，由民主选举等程序确定，充分反映基层学术组织和广大教师的意见。

Candidates for the members of the Academic Committee shall be recommended and selected from the primary levels of the University with democratic procedures and in a fair and public manner. Members of the Academic Committee shall be elected to reflect the wishes of the primary academic organizations and faculty.

校长是当然委员，校长可提名委员候选人。

The president shall be an ex officio member of the Academic Committee and he or she may nominate candidates for positions within the committee.

第四十六条　学术委员会设主任1名，设副主任若干名，主任、副主任经学术委员会全体会议选举产生。

Article 46　The Academic Committee shall have one chairperson and several vice-chairpersons. The chairperson and vice-chairpersons shall be elected at the plenary session of the Academic Committee.

第四十七条　学术委员会委员由校长聘任。学术委员会委员实行任期制，任期一般可为4年，可连选连任，但连任最长不超过2届。学术委员会每次换届，连任的委员人数应不高于委员总数的 2/3。

Article 47   Members of the Academic Committee shall be appointed by the President, and generally serve for a four-year term of office, and are eligible for re-election for one additional term. The number of the re-elected members shall not exceed two thirds of the total number of the members for each re-election.

第四十八条   学术委员会对学术事项具有咨询、评定、审议和决策权，其主要职责是：

Article 48   The Academic Committee shall have full power to advise, evaluate, review and decide on academic matters, and primarily perform the following duties:

（一）审议学科、专业建设规划；

1. To review the planning and development of disciplines and specialties;

（二）审议学位授予标准；

2. To review the standard of degree conferment;

（三）审议科学研究规划；

3. To review the planning of scientific research;

（四）审议教学科研成果评价标准；

4. To review the criteria of assessment on teaching and research achievements;

（五）审议教师专业技术职务评聘标准；

5. To review the criteria of assessment and appointment of professional titles;

（六）审议学术机构设置方案；

6. To review the planning of academic institutes;

（七）审议其他学术组织的人员组成原则和议事规则；

7. To review the policy on memberships and rules of procedure in other academic organizations;

（八）审议学术道德规范、学术争议处理规则；

8. To review the academic ethics and regulations for academic disputes;

（九）评定引进人才、拟聘任或推荐人选的学术水平，审核批准名誉教授；

9. To evaluate academic competence of candidates that are to be recruited, appointed or recommended, and review and approve titles given to honorary professors;

（十）受学校委托，对全局性重大发展规划、国内外重大合作办学项目等提供咨询意见；

10. To present advice, under the auspices of the University, on matters such as major plans of overall development and academic cooperation between Chinese and foreign institutions; and

（十一）研究处理学术委员会章程规定或校长委托的其他学术事务。

11. To discuss and handle other academic matters stipulated in the Academic Committee Charter or authorized by the President.

凡属学术委员会应当审议的重要事务，学校决策前须先提交学术委员会审议，或者由学校党委常委会、校长办公会委托学术委员会审议并决定。

The Academic Committee shall review or directly decide on the matters expressed in the terms stated in the preceding paragraphs under the auspices of the Standing Committee of the University Party Committee or the President Administrative Meeting.

第四十九条　学校依法设立学位评定委员会，负责拟订学位授予标准及规则，作出是否批准授予学士、硕士、博士学位的决定，通过授予名誉博士学位的提名，作出撤销已授学位的决定，审议学位、研究生指导教师评聘考核等相关工作。

Article 49　The Academic Degree Evaluation Committee shall be established in accordance with the law to formulate degree standards and rules, and make decisions on approval or disapproval of conferring bachelor, master and doctoral degrees, nominations of candidates for honorary doctoral degrees, and revocation of conferred degrees. The Committee shall review work regarding the conferment of degrees, and the appointment and evaluation of graduate supervisors.

学位评定委员会成员依据法律和国务院学位委员会的有关规定聘任。

Members of the Academic Degree Evaluation Committee shall be determined in accordance with the law and the relevant regulations stated by the Academic Degrees Committee of the State Council.

第五十条　学校设立教学指导委员会（或专门委员会），负责对教学工作进行指导、研究、咨询和督导。

Article 50　The Teaching Advisory Committee（or a specialized committee）shall be established and take the responsibility for the direction, research, consultation and supervision of teaching affairs.

教学指导委员会委员应具有较高的学术水平和丰富的教学经验。

Members of the Teaching Advisory Committee shall possess a high academic level and rich teaching experience.

第五十一条 学校设立专业技术职务评聘委员会（或专门委员会），负责评议、审定专业技术人员是否符合相应专业技术职务任职条件，确定其专业技术职务任职资格。

Article 51 The Professional Title Evaluation and Appointment Committee（or a specialized committee）shall be established and take the responsibility for assessing and reviewing whether specialized personnel meet the specified requirements for particular professional titles in correspondence to relevant disciplines and specialties，and determining their qualification for certain professional titles.

第三节 民主管理制度

Section 3 Democratic Management System

第五十二条 学校坚持民主管理，建立民主协商机制，支持和保障师生员工参与学校决策、执行和监督，依靠师生员工推动事业发展。

Article 52 The University shall adhere to a democratic management，establish democratic consultative procedures，support and ensure the participation of faculty，staff and students in decision-making，execution，and supervision of university matters，and promote the University's development.

学校讨论决定校内分配实施方案、聘任考核办法等直接涉及全校教职员工切身利益的重大事项，必须经教职工代表大会讨论通过；讨论决定学生培养总体方案、学位授予办法等直接涉及全校学生切身利益的重大事项，必须听取学生代表大会的意见。

Major matters directly related to the rights and interests of faculty and staff，such as allocation of benefits，procedures of appointments and performance evaluations，shall be discussed and approved by the Faculty and Staff Representative Assembly. Major matters directly related to the rights and interests of students such as overall educational plans and degree regulations shall be discussed with the Student Representative Council.

校长定期向教职工代表大会、学生代表大会汇报学校工作。

The president shall make periodic reports to the Faculty and Staff Representative

Assembly and Student Representative Council.

第五十三条　教职工代表大会是全校教职员工依法参与学校民主管理和民主监督的基本形式。其主要职权是：

Article 53　The Faculty and Staff Representative Assembly shall serve as the basic means for faculty and staff to legally participate in the democratic management and supervision of the University's administration. The Assembly shall be responsible for the following powers and duties：

（一）听取学校章程的制定和修订情况报告，提出修改意见和建议；

1. To hear reports and provide feedback and suggestions regarding the formulation and amendment of the University's draft constitution；

（二）听取学校发展规划、教职工队伍建设、教育教学改革、校园建设以及其他重大改革和重大问题解决方案的报告，提出意见和建议；

2. To hear reports and provide feedback and suggestions on the University's development planning，faculty development，educational and teaching reform，campus construction，major reforms and solutions to major problems；

（三）听取学校年度工作、财务工作、工会工作报告以及其他专项工作报告，提出意见和建议；

3. To hear annual work reports and provide feedback and suggestions regarding administration，finance，trade union operation，and other relevant matters of the University；

（四）讨论通过学校提出的与教职工利益直接相关的福利、校内分配实施方案以及相应的教职工聘任、考核、奖惩办法；

4. To discuss and adopt proposals and plans related to the interests of faculty and staff，such as the allocation of benefits，procedures for faculty appointment，performance evaluations，and reward and penalty schemes；

（五）审议学校上一届（次）教职工代表大会提案的办理情况报告；

5. To review reports regarding the processing of proposals presented at the latest Faculty and Staff Representative Assembly session；

（六）按照有关工作规定和安排评议学校领导干部；

6. To appraise the University's leadership performance according to relevant provisions

and procedures;

（七）通过多种方式对学校工作提出意见和建议，监督学校章程、规章制度和决策的落实，提出整改意见和建议；

7. To provide feedback and suggestions regarding the management of the University by various channels, and exercise supervision over the implementation of the University's rules, regulations, decisions and constitution; and

（八）讨论学校提出的其他事项。

8. To discuss other matters as proposed by the University.

学校教职工代表大会在教职工代表大会代表中选举产生执行委员会。教职工代表大会闭会期间，可授权执行委员会代行其职。

Members of the Executive Committee of Assembly shall be elected from representatives of the University's Faculty and Staff Representative Assembly. When the Faculty and Staff Representative Assembly is not in session, the Executive Committee can be authorized to perform the duties of the Assembly.

学校可在院级单位建立院级教职工代表大会制度或教职工大会制度。

Within academic schools, the University may establish faculty and staff representative assembly systems or faculty and staff conferences.

第五十四条　学生代表大会是全校学生行使民主权利、参与学校民主管理和民主监督的基本形式，是学校联系学生的重要桥梁纽带。其主要职权是：

Article 54　The Student Representative Council shall be the basic means for students to exercise their democratic rights and to participate in the democratic management and supervision of the University's administration, serving as a bridge between the University and its students. The Council shall be responsible for the following powers and duties:

（一）团结和引导同学提高思想道德修养，刻苦学习科学文化知识，不断提高身心健康水平，积极投身社会实践，努力成长成才；

1. To guide and unite students to improve their ideological and moral standards, pursue their studies in science and culture, improve their physical and mental health, take an active part in social activities, and grow up in maturity and talents;

（二）弘扬良好的校风、学风，倡导昂扬向上的精神风貌，营造多元文化交融互动的校园文化氛围；

2. To cultivate a good school ethos and academic atmosphere，and to create a high-spirited，interactive and multiple campus culture；

（三）代表全体同学参与涉及学生的学校事务民主管理，听取学校工作报告，讨论学生培养总体方案、学位授予办法、学生奖惩办法、奖学金评定方案等涉及全校学生切身利益的重大事项，提出意见和建议，维护学生的正当权益；

3. To engage in the democratic management of student affairs on behalf of the University's students and protect their lawful rights and interests，which involves receiving administration work reports，discussing major student matters such as general educational plans，degree requirements，schemes of reward and penalty and scholarship evaluation procedures，and providing feedback and suggestions；

（四）倡导和鼓励同学进行自我服务、自我管理、自我教育，协助学校解决学生在学习生活中遇到的问题和困难。

4. To advocate a spirit of self-service，self-management and self-education，and to assist students in dealing with problems and difficulties presented in their studies and life；and

（五）制定、修订学生会章程，审议学生会工作报告。

5. To formulate and revise the Student Union Charter，and to review the Student Union work reports.

学生代表大会选举产生学生委员会，在学生代表大会闭会期间代表全体学生行使前款职权。

The Student Committee shall be elected by the Student Representative Council. When the Student Representative Council is not in session，the Student Committee will assume the powers and duties expressed in the terms stated in the preceding paragraphs.

第四节　咨询监督组织
Section 4　Advisory and Supervisory Body

第五十五条　学校建立健全咨询机制和监督机制，促进科学决策和民主管理，提升办学水平。

Article 55　The University shall establish complete advisory and supervisory systems to promote scientific decision-making and democratic management and to improve the overall educational level.

第五十六条　学校设立理事会，作为面向社会开放式办学的咨询监督机构。

Article 56　The University Council shall be established as an advisory and supervisory body through which the University is open to the public community for consultation.

理事会参与学校重大事项的咨询审议，监督学校办学质量，促进学校科学民主决策；推动学校与社会的协同合作，促进学校提升办学水平；通过各种方式争取办学资源，支持学校事业发展。

The University Council shall participate in the consultation and review of major matters of the University, which include supervising the quality of education, promoting democratic and scientific decision-making, advocating cooperation between the University and society, improving the overall educational level, and seeking resources to support the development of the University.

理事会由政府、学校、校友、企业、社会知名人士、理事单位、师生等方面代表组成。

The University Council shall consist of representatives from the government, the University as well as the alumni, staff and student, community eminent persons, enterprises, and other organization members.

学校党委书记和校长是理事会的当然成员。

The Party secretary and the president shall be ex officio members of the University Council.

第五十七条　学校设立招生委员会，作为招生录取工作的咨询监督机构。

The University Admission Committee shall be established as an advisory and supervisory body for admission.

招生委员会听取学校年度招生录取工作情况报告，就招生简章、招生计划、招生方案、录取原则等提供咨询意见和建议，对招生录取工作进行监督。

The University Admission Committee shall receive annual work reports on admission, provide advice and suggestions regarding the brochure, plan, scheme and policies, and supervise the procedure of admission.

招生委员会由学校领导、教师、学生和校友等有关方面代表组成。

The University Admission Committee shall consist of members from the university leaders, faculty, student and alumni.

第五节　教学科研机构
Section 5　Teaching and Research Institute

第五十八条　学院是人才培养、科学研究、社会服务和文化传承创新的具体组织实施单位。

Article 58　Schools shall be the academic units responsible for talent cultivation, scientific research, social services, cultural inheritance and innovation.

学校根据事业发展需要设立、变更、合并或撤销学院。

The University may establish, alter, merge or terminate a school in accordance with the needs of development.

学校可根据学科交叉集成、资源配置或体制机制改革需要成立学部。

The University may also establish a college in accordance with the needs of interdisciplinary integration, resource allocation and institutional reformation.

第五十九条　学院根据学校的规划、规定或授权，享有以下职权：

Article 59　A school, in accordance with the University's development plans and provisions or authorization, shall exercise the following powers and duties：

（一）制定学院发展规划、学科建设计划、师资队伍建设计划、课程建设和教学计划，并组织实施；

1. To draft and implement school plans for overall developments regarding disciplines, faculty, curriculum plans, and syllabus；

（二）组织开展教学、科学研究、国际交流合作、社会服务等活动和思想品德教育；

2. To arrange activities regarding teaching, research, international exchange and cooperation, social services, and ideological and moral education；

（三）设置内部机构，制定内部工作规则和办法；

3. To set up internal structures and draft internal work rules and procedures；

（四）负责学院教职员工的聘用、管理和考核，负责学院学生的教育和管理；

4. To take charge of internal employment, management and evaluation of faculty and staff, and the education and administration of students；

（五）管理使用学校核拨的办学经费和资产；

5. To manage and utilize assets and funds allocated by the University；and

（六）学校赋予的其他职权。

6. To fulfill other powers and duties entrusted by the University.

第六十条　党政联席会是学院的决策机构，学院通过党政联席会讨论和决定本单位的重要事项。党政联席会一般由院长主持。

Article 60　The Party and Administration Joint Meeting is the decision-making body responsible for discussing and deciding upon the major matters of the school. The dean of the school shall normally chair the meeting.

第六十一条　院长是学院的主要行政负责人，在学校领导下，全面负责学院的学科建设、教学科研、队伍建设、行政管理、对外交流与合作等工作，每年向学院教职工代表大会报告工作。

Article 61　The dean is the principal administrator of a school. Under the direction of the University，the dean shall have responsibility over the development of disciplines，teaching and research，faculty and staff development，administrative management，and international exchange and cooperation. The dean must also make annual reports at the school Faculty and Staff Representative Conference.

第六十二　院级党委、党总支、直属党支部按照《中国共产党普通高等学校基层组织工作条例》的规定开展工作，围绕中心，服务大局，发挥保证监督作用。

Article 62　The Party Committee within a school shall operate in accordance with the Regulations for Primary Organizations of the Communist Party of China in Institutions of Higher Education. The Party Committee shall carry out its central task through service and supervision.

第六十三条　学院坚持教授治学，依法保障学术自由，成立院级学术委员会，结合实际形成系统完整的学术组织体系，就教师聘任、专业技术职务评聘、教学指导、学科建设等学术事务发挥咨询、评定、审议作用。

Article 63 Schools shall adhere to professors' management of academic affairs and ensure academic freedom in accordance with the law. Schools shall establish an academic committee and form academic organizations to participate in the consultation, assessment and review of academic affairs，such as faculty appointments，evaluations of the appointment of academic titles, teaching supervision and discipline developments.

第六十四条　依托学校建设的国家重点实验室、国家工程中心等按照各自章程或有关规定承担人才培养、科学研究、国际交流合作、社会服务等任务。

Article 64　In according with respective regulations, the university-based state key laboratories and national engineering centers shall undertake the tasks of talent cultivation, scientific research, international exchange and cooperation, and social services.

第六十五条　学校根据学科发展规划或重大研究任务需要，可设立交叉学科研究中心或直属科研机构，统筹组织科学研究等工作。

Article 65　The University shall establish interdisciplinary research centers or research institutes to coordinate research work in accordance with the University's development plans and needs of major research projects.

第七章　经费、资产、校园管理
Chapter VII　Funds, Assets and Campus Management

第六十六条　学校坚持勤俭办学，办学经费优先用于人才培养，优先满足教学需要。

Article 66　The University shall persist in the diligent and thrift management and give priority to the cultivation of students.

第六十七条　学校经费来源以财政拨款为主、其他多种渠道筹措办学经费为辅，来源形式包括财政补助收入、事业收入、经营收入、上级补助收入、附属单位上缴收入、社会捐赠收入和其他收入。

Article 67　The University's operating funds shall be derived mainly from the finances allocated by the government, and supplemented by funds raised through various other channels, such as financial subsidy income, income from undertakings, operating income, grants from the higher authority, payments from the affiliated organizations, donations and other sources.

第六十八条　学校健全财务预算、绩效管理、经济责任、信息公开等制度，保障资金安全、高效运行。

Article 68　The University shall perfect its systems of financial budgeting, performance management, economic liability and information disclosure so as to ensure the security and efficient utilization of its funds.

第六十九条　学校财务管理工作坚持"统一领导、分级管理"的原则，根据各单位实际情况分别实行"一级核算、二级管理"、"二级核算、二级管理"或"独立核算"的管理体制。

Article 69　The University shall adhere to the principle of unified leadership and decentralized management of finance，and implement the first-level，second-level，or independent financial accounting system as is required in the situation of each internal unit.

第七十条　学校对占有、使用的国有资产依法进行管理和使用。学校建立健全资产管理制度，优化资源配置，提高资源使用效益。

Article 70　The University shall manage and utilize，in accordance with the law，the state-owned assets that it possesses and utilizes. The University shall establish a sound assets management system to optimize resource allocations and improve the effectiveness of its utilization.

学校附属的具有独立法人资格的经营性单位，对占有、使用的学校资产负有保值增值义务。

University-affiliated businesses with independent legal entities shall have obligations over maintaining the value and appreciation of the utilized University assets.

第七十一条　学校保护并合理利用校名、校誉和校有知识产权等无形资产。

Article 71　The University shall protect and reasonably utilize intangible assets such as the name，reputation and intellectual property rights of the University.

第七十二条　学校统筹校内外资源，完善后勤保障体系，为师生员工的学习、工作和生活提供高质量的后勤服务。

Article 72　The University shall make arrangements regarding internal and external resources，and strive to improve logistic support systems to provide faculty，staff and students with high-quality services in their work，study and life.

第七十三条　学校科学进行校园规划和建设，合理定位校区功能，注重保护历史风貌建筑，不断改善基础设施条件和校园环境，为教学、科研及改革发展提供支撑。

Article 73　The University shall take a scientific approach to the plans and construction of campuses，determine the reasonable functions of campuses，preserve the style and features of historical buildings，and improve campus infrastructure and environment，providing support for teaching，research，reform and development of the University.

第八章 外部关系
Chapter VIII External Relations

第七十四条 学校重视外部关系，广泛开展国内外交流与合作，不断适应、服务、引领社会发展。

Article 74 The University shall place a high value on its external relations, promote local and global exchange and cooperation, and endeavor to adopt, serve and lead social developments.

第七十五条 学校设立教育发展基金会，拓展经费来源，争取校友和社会各界的捐赠与资助，助力事业发展。

Article 75 The University shall establish an education development foundation to expand the sources of funding and seek support and donations from alumni and all circles of society for the purpose of promoting education development.

学校本着节俭高效的原则使用捐赠，保证捐赠目的实现。

The University shall guarantee that donations are to be used in accordance with the principles of frugality and high efficiency.

第七十六条 学校可与政府、国内外高校、科研院（所）、行业、企业、公民个人等进行交流与合作，共同开展人才培养、科学研究、技术开发等活动；也可共同设立合作办学机构，建立联合研究中心、研究院、实验室等机构。

Article 76 The University shall conduct various collaborative innovations with Chinese and foreign individuals, universities, research institutes, industries and enterprises for joint research, talent cultivation and technological development.

第七十七条 学校坚持信息公开，接受社会各界监督。

Article 77 The University shall adhere to the principle of information disclosure and shall be subject to supervision by all circles of society.

第九章 学校标识
Chapter IX University Identity

第七十八条 学校校庆日为每年公历 10 月 2 日。

Article 78　October 2 is Tianjin University's annual Foundation Day.

第七十九条　学校校徽为圆形。校徽中间为盾形主体，主体上部为篆书"北洋"，底部为数字"1895"。盾形外侧为"TIANJIN UNIVERSITY（PEIYANG UNIVERSITY）"和"天津大学"均匀排列。校徽边沿为 51 个齿状修饰。

Article 79　The Tianjin University badge is a circular plate with a shield in the center. There are two Chinese seal characters "北洋"（Peiyang）on the top of the shield and the number "1895" at the bottom. Around the shield are the words "TIANJIN UNIVERSITY （PEIYANG UNIVERSITY）" and "天津大学"（Tianjin University）. The badge edge is embellished by 51 indentations.

第八十条　学校校色为"北洋蓝"。

Article 80　Tianjin University's official color is "Peiyang Blue".

第八十一条　学校校旗为长方形，长宽比为 3：2，"北洋蓝"色。中间上为白色校徽，下为白色"天津大学"及"Tianjin University"字样。

Article 81　The Tianjin University flag is rectangular shaped with a length-width ratio of 3：2. Against the background color of "Peiyang Blue"，the white university badge is located in the upper-middle part，and under it are the white Chinese characters "天津大学"（Tianjin University）and English words "Tianjin University".

第八十二条　学校沿用 1935 年 9 月 23 日确立的校歌，词作者廖辅叔、曲作者萧友梅。歌词内容为："花堤蔼蔼，北运滔滔，巍巍学府北洋高。悠长称历史，建设为同胞。不从纸上逞空谈，要实地把中华改造。穷学理，振科工，重实验，薄雕虫。望前驱之英华卓荦，应后起之努力追踪；念过去之艰难缔造，愿一心一德共扬校誉于无穷。"

Article 82　Tianjin University Anthem was first adopted on September 23，1935. The lyrics were written by Professor Liao Fushu and the music was composed by Mr. Xiao Youmei. The lyrics go as follows：

At the flowery dikes of the Northern Canal stands a towering university in China，Peiyang. With a long history and built for our compatriots，the University encourages no armchair theorizing，but urges practical actions to remold China. Probing into science and promoting engineering，we put experimental work over impractical trivia. Our elite forerunners with their great resplendence determine us successors to catch them up. With their pioneering efforts of the past in mind, we shall strive, with one heart, to uphold our glorious Peiyang for ever and ever.

第十章　附则
Chapter X　Supplementary Provisions

第八十三条　学校章程的制定和修改需经学校教职工代表大会讨论，校长办公会讨论通过，由学校党委讨论审定，并报教育部核准。

Article 83　Formulations and amendments of the University Constitution shall be discussed by the University Faculty and Staff Representative Assembly, adopted by the President Administrative Meeting, reviewed by the University Party Committee, and submitted to the Ministry of Education for approval.

依据上位法变更而对章程进行的修改，由学校党委常委会讨论通过后生效实施。

Amendments, in accordance with the alternation of higher-level laws, shall go into effect after discussion and approval by the Standing Committee of the University Party Committee.

第八十四条　本章程由学校党委负责解释。

Article 84　The University Party Committee shall reserve the rights to provide explanation for the Constitution.

第八十五条　本章程自国务院教育行政部门核准之日起生效实施。学校原有规章制度内容与本章程规定不一致的，以本章程为准。

Article 85　The Constitution shall take effect on the day of its approval by the administrative department of education under the State Council, and the Constitution shall prevail in case of any discrepancy between this Constitution and the original rules and regulations of the University.

2014 年 6 月 17 日经教育部高等学校章程核准委员会评议，教育部第 18 次部务会议审议通过，2014 年 7 月 21 日核准施行。

参考文献

1. 北京大学校史研究室编:《北京大学史料》(一卷),北京大学出版社,1993 年。

2. 蔡元培:《我在北京大学的经历》,湖北人民出版社,2003 年。

3. 昌切:《清末民初的思想主脉》,东方出版社,1999 年。

4. 陈学恂:《中国近代教育文选》,人民教育出版社,1983 年。

5. 方增泉:《近代中国大学(1898—1937)与社会现代化》,北京师范大学出版社,2006 年。

6. [美]费正清主编:《剑桥中华民国史》,中国社会科学出版社,1994 年。

7. [清]甘韩辑:《皇朝经世文新编续集》(卷五),《学校》上,商绛雪斋书局,1902 年。

8.《光绪谕折汇存》(卷二十二)。

9. 郝平:《北京大学创办史实考源》,北京大学出版社,2008 年。

10. 胡显章:《当代中国大学精神研究》,高等教育出版社,2017 年。

11. [清]黄本骥:《历代职官表》,上海古籍出版社,2005 年。

12. 金祥林:《中国教育制度通史》(第六卷),山东教育出版社,2000 年。

13.《京津泰晤士报》,1895 年 12 月 7 日。

14. 交通大学校史编写组:《交通大学校史资料选编》(第一卷),西安交通大学出版社,1986 年。

15.《教务杂志》,The Chinese Recorder, v. 28. Presbyterian Mission Press, 1896.

16. 来新夏:《天津大词典》,天津社会科学院出版社,2001 年。

17. 李国钧:《清代前期教育论著选》(中册),人民教育出版社,1990 年。

18. 李家俊:《西北联大与"兴学强国"精神》,刊于《光明日报》,2013 年,第 1 期。

19. 李书田:《北洋理工季刊》,1935 年第 2 期。

20. 罗志田:《权势转移》,北京师范大学出版社,2014年。

21. 罗竹凤:《汉语大辞典》,上海辞书出版社,1993年。

22. 梅贻琦:《大学一解》,刊于《清华学报》,1941年,第13卷第1期。

23. 潘懋元、董立平:《从"教劳结合"到"产学研"结合——纪念毛泽东主席视察天津大学50周年》,载于《难忘的记忆:毛泽东、周恩来、邓小平与天津大学》,天津大学出版社,2009年。

24. 潘懋元、王伟廉:《高等教育学》,福建教育出版社,2007年。

25. 璩鑫圭、唐良炎:《中国近代教育史资料汇编》,上海教育出版社,1991年。

26. Ruth Hayhoe, China's Universities 1895–1995: A Century of Cultural Conflict, New York: Garland Press, 1996.

27. 山东大学百年史编委会:《山东大学百年史》,山东大学出版社,2001年。

28. 上海图书馆:《上海图书馆藏盛宣怀档案萃编》(下),上海古籍出版社,2008年。

29. 上海图书馆:丁家立创建北洋大学堂的规划书英文手稿。

30. [宋]沈括:《梦溪笔谈》,官政(一)。

31.《省署变迁略述》,刊于《河北》,1936年。

32. [清]盛宣怀:《遵查轮电两局款目酌定报效银数并陈办理艰难情形折》,《愚斋存稿》(卷三),光绪二十五年七月民国刻本。

33. 舒新城:《中国近代教育史资料》(下册),人民教育出版社,1961年。

34. 舒新城:《中国近代教育史资料》,人民教育出版社,1981年。

35. 台北故宫博物院清朝档案资料。

36. 天津大学校史编辑室:《北洋大学－天津大学校史》(一卷),天津大学出版社,1990年。

37. 天津大学校史编辑室:《北洋大学－天津大学校史资料选编》(一卷),天津大学出版社,1991年。

38. 天津地方志编修委员会:《天津简志》,天津人民出版社,1991年。

39. 天津社科院历史所天津简史编写组:《天津简史》,1987年。

40. 天津市历史研究所:《天津历史资料》(4),天津市历史研究所出版社,1965年。

41. 王杰:《学府探赜》,天津大学出版社,2015年。

42. 王杰、张世轶:《大学文化讲演集》,天津大学出版社,2018年。

43. 王杰、祝士明:《学府典章》,天津大学出版社,2010 年。

44. 王杰主编:《天津大学志·综合卷》,天津大学出版社,2015 年。

45. 王学珍:《北京高等教育史》,中国广播电视出版社,2010 年。

46. 萧超然:《北京大学校史》,北京大学出版社,1988 年。

47. 徐连达:《中国历代官制大辞典》,广东教育出版社,2002 年。

48. [加] 许美德:《中国大学 1895—1995》,教育科学出版社,2000 年。

49. [清] 徐润:《徐愚斋自叙年谱》,民国十六年香山徐氏本。

50. 阎崇年:《大故宫》(2),长江文艺出版社,2012 年。

51. 叶取源:《盛宣怀在中国教育史上的创举》,《上海交大报》,2004 年 5 月,第 31 期。

52.《1896 至 1897 美国与外国商业关系(Commercial Relations of the United States with Foreign Countries,1896,1897)》(第一卷),美国国务院外国商业署发行,华盛顿政府印务局,1896 年。

53. 袁英光、胡逢祥整理:《王文韶日记》,中华书局,2014 年。

54. 张诚:《从博文书院到北洋大学堂》,王杰、张世轶编著:《北洋大学与天津》,天津大学出版社,2017 年。

55. 张凤来、王杰:《北洋大学 – 天津大学校史资料选编》(一),天津大学出版社,1991 年。

56. 张凤来、王杰:《北洋大学 – 天津大学校史》(一),天津大学出版社,1990 年。

57. 张瑞璠:《教育哲学史》,山东教育出版社,2000 年。

58. 郑登云:《中国近代教育史》,华东师范大学出版社,1994 年。

59.《直报》,光绪二十一年九月二十二日,第二百四十六号;1895 年 12 月 20 日,一版;1896 年 3 月 18 日,一版;1904 年 3 月 20—22 日,一版。

60. 中国第一历史档案馆、天津大学编:《中国近代第一所大学——北洋大学(天津大学历史档案珍藏图录)》,天津大学出版社,2005 年。

61. 中华民国教育部:《第一次中国教育年鉴》(丙编),教育概况:第一学校教育概况,商务印书馆,1933 年。

62. 朱国仁:《中国近代高等教育体制的形成》,潘懋元编:《中国高等教育百年》,广东高等教育出版社,2003 年。

63. 朱其华:《天津全书》，天津人民出版社，1991 年。

64.［清］朱寿朋:《光绪朝东华录》，中华书局，1958 年。

65. 左森主编:《回忆北洋大学》，天津大学出版社，1989 年。

后 记

2012 年，教育部提出依法治校的要求，《高等学校章程制定暂行办法》开始实行，各高校着手制定学校的办学章程。部分历史悠久的高校涉及不同历史时期所形成的章程的回溯，由此开启了对于早期大学章程的研究。

天津大学早在 2007 年，就由王杰教授立项进行了中国近代大学章程的研究，并于 2010 年出版了研究成果《学府典章》一书。天津大学的章程研究工作进展顺利，得益于上海图书馆藏盛宣怀档案和相关资料的丰富性，较早取得了北洋大学章程研究的初步成果，支撑了《天津大学章程》的制定、申报工作。其中，关于北洋大学初创时期的史料和观点，得到了教育部的肯定。

在北洋大学章程的研究过程中，项目组认识到北洋大学作为中国近代第一所大学，其创建意义非凡。先立典章，后建大学的制度设计；兴学强国、家国情怀的精神追求；实事求是、严谨治学的校风、学风；"穷学理、振科工"，"实地把中华改造"的行动等等，皆"为后起者规式"。为了进一步丰富成果，天津大学大学文化与校史研究所和上海图书馆历史文献中心的同志们精诚合作，十年磨一剑，终成此书。研究得到学校社科创新项目"中国大学文化历史渊源与当下表达"（2022XSC-0015）的大力支持。2023 年 5 月，王杰、张世轶专程访问了上海图书馆，并且在商务印书馆编辑老师的指导下，确定该书选题。在此，向所有参与和支持该书出版的单位和个人表示衷心的感谢！

编者

2024 年 1 月

图书在版编目(CIP)数据

北洋大学及其章程考证研究 / 王杰，张世轶编著.
北京 : 商务印书馆，2024. — ISBN 978-7-100-24526-5

Ⅰ. G649.282.1

中国国家版本馆 CIP 数据核字第 2024AX7623 号

北洋大学及其章程考证研究

王 杰 张世轶 编著

商 务 印 书 馆 出 版
（北京王府井大街 36 号 邮政编码 100710）
商 务 印 书 馆 发 行
艺堂印刷（天津）有限公司印刷
ISBN 978-7-100-24526-5

2024 年 10 月第 1 版   开本 787 × 1092   1/16
2024 年 10 月第 1 次印刷   印张 16¼

定价：88.00 元